SOUVENIRS
DU
COMTE DE TRESSAN

LOUIS-ÉLISABETH DE LA VERGNE

Membre de l'Académie Française

D'APRÈS DES DOCUMENTS INÉDITS

RÉUNIS PAR SON ARRIÈRE-PETIT-NEVEU

LE MARQUIS DE TRESSAN

VERSAILLES

HENRY LEBON, IMPRIMEUR-ÉDITEUR

17, RUE DU POTAGER, 17

1897

SOUVENIRS
DU
COMTE DE TRESSAN

Le Comte de Tressan

(Reproduction du Tableau du Palais de Versailles)

SOUVENIRS

DU

COMTE DE TRESSAN

Louis-Élisabeth de la Vergne

Membre de l'Académie Française

D'APRÈS DES DOCUMENTS INÉDITS

RÉUNIS PAR SON ARRIÈRE-PETIT-NEVEU

LE MARQUIS DE TRESSAN

VERSAILLES
HENRY LEBON, IMPRIMEUR-ÉDITEUR
17, RUE DU POTAGER, 17
—
1897

OUVRAGES CONSULTÉS

BACHAUMONT, *Mémoires secrets*. (Londres), 1777, 30 vol. in-12.

Marquis D'ARGENSON, *Mémoires et journal inédits publiés et annotés par le marquis d'Argenson*. (Paris), Junet, 1857, 5 vol. in-12.

BARBIER (*Journal de*). 8 vol. in-12 (Paris), Charpentier.

Président HÉNAULT (*Mémoires du*). 1 vol. in-8°, Dentu (Paris), 1855.

Duc DE LUYNES (*Mémoires du*). 12 vol. publiés par DUSSIEUX, Firmin-Didot (Paris), 1865.

Comte D'HAUSSONVILLE, *Réunion de la Lorraine à la France*, Michel Lévy (Paris), 1860.

Arsène HOUSSAYE, *Galeries du xviii° siècle*, Hachette, 5 vol. in-12 (Paris), 1858.

Mme la Marquise DES RÉAULX, *Le roi Stanislas et Marie Leczinska*. Plon et Nourrit (Paris), 1895.

NOMS DES DIFFÉRENTS PERSONNAGES

ACADÉMICIENS, PHILOSOPHES DE L'ÉPOQUE

DONT LES LETTRES SONT REPRODUITES DANS CET OUVRAGE (1)

ALEMBERT (D').
BASTIDE (Chiniac DE), auteur de l'*Histoire des lettres*.
BAUFFREMONT (Prince DE).
BOISMONT (l'abbé DE), académicien.
BONGARD (le chevalier DE).
BOUFFLERS (la marquise DE).
BOUFFLERS (le chevalier DE), fils de la marquise.
BRANDT (comte DE).
BRECQUIGNY, académicien.
BUFFON, le naturaliste.
CALVIERRE (le lieutenant général marquis DE).
CAMALDULES (le général DES).
CAT (LE), chirurgien célèbre.
CASSINI DE THURY (le comte), académicien.
CONDAMINE (LA), savant.
DAUPHIN (le), fils de Louis XV.
DELILLE (l'abbé).
FLORIAN (DE), le fabuliste.
FONTENELLE (DE), académicien, petit-fils du vieux Fontenelle.
FRANKLIN.
FRÉDÉRIC II (roi de Prusse, dit le Grand).
GENLIS (Mme DE).

---

(1) D'après les originaux existant dans la collection d'autographes de l'auteur.

Houdetot (comtesse d').
Harpe (la).
Lemierre, académicien.
Louis XVIII.
Lowendal (le maréchal de).
Mauduyt, savant qui un des premiers appliqua l'électricité à la médecine.
Maupeou (la marquise de), fille du comte de Tressan.
Menou (le R. P. de), confesseur de S. M. le roi Stanislas.
Montazet (de), évêque de Senlis.
Montcrif.
Musset (Louis A. M. de Musset).
Nassau (le prince de).
Nivernais (le duc de).
Palissot de Montenoy, littérateur.
Paulmy (le marquis de).
Richmond Lennox (lord).
Riccoboni (Mme).
Rousseau (Jean-Jacques).
Roy (le), physicien qui fit une étude toute particulière de l'électricité.
Schmidt (baron de), conseiller de la Margrave de Bade.
Saint-Cyr (l'abbé).
Saint-Lambert.
Stanislas Leczinski, roi de Pologne.
Suard, académicien.
Tourette (la), de l'Académie des sciences.
Tressan (l'abbé de), fils du comte.
Voltaire.

PRÉFACE

> L'histoire n'est jamais faite,
> on la refait sans cesse.
> (Voltaire.)

Les œuvres du comte de Tressan ont paru une première fois en 1787-1791. Une nouvelle édition a été publiée en 1823, mais en plus de ces ouvrages (romans de chevalerie, qui pourraient encore présenter quelqu'intérêt aujourd'hui), M. de Tressan a laissé des écrits nombreux, un recueil manuscrit de poésies, ainsi qu'une correspondance importante échangée avec les plus hauts personnages de son temps.

Ces papiers furent laissés à mon père, en même temps que la terre et le château de Bellot, par Mme *la marquise Le Vayer, née de Maupeou, petite-fille du comte de Tressan, morte à Paris, le 1*er *février 1833. Les trois fils du comte de Tressan étant morts sans enfants, mon père et mon grand-père étaient alors les seuls représentants du nom.*

Élevé auprès de Louis XV, grand maréchal de la maison du roi Stanislas, ami de Voltaire, de

Montesquieu, de Fontenelle, etc..., admis dans la société intime de la Reine Marie-Leczinska, le comte de Tressan, mieux que tout autre, est à même de nous fournir des documents intéressants sur cette partie du XVIII° siècle qui commence à la Régence pour finir à la Révolution.

On a beaucoup écrit sur cette époque, de nombreux mémoires ont paru et pourtant d'après M. Arsène Houssaye :

« Pour avoir aujourd'hui, à tous les points de vue, une idée vraie de l'histoire du XVIII° siècle, il faudrait bien lire cinq cents volumes, sans compter Voltaire ; il faudrait avoir fouillé tous les cabinets d'autographes, tous les musées, toutes les traditions. Si on achetait seulement les mémoires qui ont paru ou qui vont paraître sur cette époque si grande, si étrange, si complexe, il faudrait faire bâtir un pavillon du Louvre pour y loger sa bibliothèque, c'est la tour de Babel, les plus doctes et les plus subtils ne s'y entendent plus. »

J'ai pensé que les lettres nombreuses que je cite dans cet ouvrage pourraient présenter de l'intérêt ; étant d'avis : que l'homme qui rédige les mémoires de sa vie ne met pas toujours dans le récit des faits l'abandon et la véracité avec lesquels, dans les temps qui se sont éloignés, il en parlait dans sa correspon-

dance. C'est qu'on écrit les lettres avec les passions et les intérêts du moment, et que, plus tard, lorsqu'on retrace pour la postérité les événements où l'on prit part, les passions se sont amorties ou les intérêts se sont modifiés.

Le comte de Tressan a eu des détracteurs nombreux, quelques-uns furent particulièrement acerbes; ne pouvant être juge et partie, mon rôle doit se borner à celui de l'historien fidèle de mon arrière-grand-oncle. Je soumets donc au public la copie exacte des manuscrits authentiques, que j'ai entre les mains; comme contre-partie, j'ai cru devoir donner des extraits des mémoires du temps.

Que mes lecteurs se fassent eux-mêmes leur opinion.

Marquis DE TRESSAN,
ANCIEN OFFICIER SUPÉRIEUR DE CAVALERIE.

Versailles, le 25 décembre 1897.

CHAPITRE PREMIER.

Origine des La Vergne. — Le comte de Tressan raconte les premières années de sa jeunesse. — Il accompagne le duc d'Orléans envoyé à Strasbourg pour épouser au nom du roi la princesse Marie Leczinska. — Ses relations à la Cour et à Paris. — Vers adressés à Madame de Pompadour.

Si je crois devoir donner quelques détails sur ma généalogie, c'est uniquement parce qu'il me faut expliquer quelle influence eurent, sur la vie et les goûts du comte de Tressan, les origines de sa famille. Au surplus ce sont des actions de ses ancêtres et non de leurs titres dont je veux parler et j'estime que ces actions forment une partie du patrimoine de ses descendants.

Les La Vergne étaient établis en Languedoc lors de la guerre des Albigeois, fidèles à leur prince Raymond, comte de Toulouse, ils se virent dépouiller de leurs biens par Simon de Montfort et abandonnèrent leur patrie. Un siècle après, un Cardinal de La Vergne, Archevêque de Sens, acheta la terre de Tressan, dont la branche des La Vergne, à laquelle j'appartiens, a depuis toujours porté le nom, cette branche embrassa au xvi° siècle la religion réformée. A la bataille de Jarnac, un La Vergne, suivi de vingt-cinq de ses neveux, défendit longtemps le prince de Condé blessé et abandonné de son armée. Quinze de ces beaux chevaliers y périrent, la plupart furent blessés ou faits prisonniers.

Un autre La Vergne, ami de Coligny, le suivit au mariage de Henri IV; mais plus défiant que l'Amiral, il prévit la trahison que l'on tramait contre son parti, rassembla chez lui les gentilhommes qui l'avaient suivi à la guerre, arma ses domestiques et au premier bruit du massacre fit monter sa troupe à cheval, chargea celle des meurtriers qui entouraient déjà sa maison, les dispersa et courut se réfugier dans ses terres.

Le fils de ce La Vergne commandait l'infanterie de l'aile droite à la bataille d'Ivry (1590) et y reçut trois blessures. Il eut pour fils François de La Vergne, bisaïeul du comte de Tressan; il avait épousé Louise de Monteynard, femme d'un grand caractère, qui, à une grande force d'âme, joignait beaucoup d'élévation et de fierté.

Elle était dans Béziers, lorsque le duc de Montmorency y fut assiégé, elle demanda au commandant de l'armée du roi ou plutôt du duc de Richelieu, la permission de sortir de la ville, l'obtint et emmena avec elle, dans sa voiture, le duc de Montmorency caché sous son vertugadin. Le Cardinal ne put s'empêcher de louer hautement cette action qui lui enlevait cependant une victime, à la vérité pour bien peu de temps.

Elle eut vingt-deux enfants dont dix-neuf vécurent plus de soixante-dix ans.

Ma famille s'était retirée à Turin, après la bataille de Jarnac; elle quitta la religion réformée et produisit même un missionnaire célèbre qui, sous le règne de

Louis XIV (1), convertit beaucoup de protestants et n'en fut pas moins persécuté comme janséniste.

Voici en quels termes le Comte de Tressan nous parle des premières années de sa vie :

« Je naquis au Mans le 4 novembre 1705, pendant un séjour de mes parents chez mon grand oncle, évêque de cette ville ; ma petite enfance se passa chez cet oncle bien-aimé, puis mon éducation fut continuée au collège de La Flèche et à celui de Louis-le-Grand. Je me trouvais avoir alors de bons parrains à la Cour, étant petit-neveu de Mme la duchesse de Ventadour, gouvernante du roi. Mon oncle, Mgr de Tressan, Évêque du Mans (abbé de Bonneval) (2), frère de la maréchale de La Motte-Houdancourt (qui avait été dame d'honneur de la reine Marie-Thérèse), était le grand aumônier de M. le Régent. C'est grâce à lui que je fus placé, à l'âge de treize ans, auprès de la per-

---

(1) La famille de La Vergne avait été appelée à la Cour par Louis XIII.

(2) Il est question de ce prélat dans l'histoire de la ville de Bonneval ; on peut lire en effet dans l'intéressante notice que M. Rabouin vient de faire paraître :

« Bonneval, lieu d'étape avait beaucoup à souffrir du passage continuel des troupes très souvent indisciplinées, toujours disposées à agir comme en pays conquis, se faisant livrer de force par les habitants tous les vivres et le vin dont ceux-ci pouvaient disposer et parfois même violentant les personnes.... La ville, pa. l'influence de Monseigneur de Tressan, abbé de Bonneval ... à 1713), beau-frère de la Motte-Houdancourt, ministre de ...us XIV, obtint que le passage des troupes fut modifié. »

Notice sur Bonneval, par M. Rabouin.
(Châteaudun, librairie Pouillier.)

sonne du roi Louis XV et c'est ainsi que je partageai les études et les amusements de l'enfance du Monarque. Je rencontrai souvent chez mon oncle le grand aumônier, l'abbé de Chaulieu, qui avait été l'ami intime du marquis de Broussin, Fontenelle, Voltaire, le Président de Montesquieu, le Président Hénault, Massillon, l'abbé Nollet, Moncrif et autres hommes célèbres composant cette société brillante du Palais-Royal, à laquelle s'était réunie celle du temple. Mlle de Tressan, qui tenait la maison de son frère, leur donnait à souper. Ce fut cette fréquentation qui m'inspira le goût de la poésie et de la littérature, de l'histoire et de la philosophie qui sont la consolation de ma vieillesse.

Une date de ma jeunesse dont je me souviendrai toujours est celle du 2 décembre de l'année 1723. Nous soupions chez M. de Coigny, MM. d'Argenson, de Morville, le Président Hénault et moi, lorsqu'on vint nous annoncer la mort de M. le duc d'Orléans, frappé d'apoplexie à six heures du soir, à l'âge de quarante-neuf ans et quatre mois, étant né le 2 août 1674. On peut imaginer quelle nouvelle ce fut pour M. d'Argenson, Chancelier de ce Prince, et pour M. de Morville, Secrétaire des Affaires étrangères. Le roi, étant trop jeune pour gouverner lui-même, confia la place de premier Ministre à M. le Duc, chef de la Maison de Condé. Le maréchal de Villars fut admis au Conseil.

La mort de M. le Régent fut une grande perte pour ma famille et pour moi, mais je retrouvai un puissant protecteur dans ce grand Prince, M. le duc d'Orléans, qui m'honorait déjà de sa bienveillance et m'en donna une marque distinguée en m'emmenant avec lui à

Strasbourg, lorsqu'il fut envoyé pour épouser au nom du Roi, la vertueuse Marie Leczinska, fille du roi Stanislas.

Ce fut dans l'ordre suivant qu'eurent lieu les différentes cérémonies du mariage de cette princesse.

Ayant l'honneur de faire partie de la suite de Monseigneur le duc d'Orléans, qui partit pour Strasbourg le 29 juillet seulement, je n'assistai qu'aux cérémonies des fiançailles et de la bénédiction du mariage. J'étais bien jeune alors, n'ayant pas encore vingt ans, mais ces souvenirs seront toujours présents à ma mémoire.

— Le 19 juillet 1725, les articles du mariage du Roi avec la princesse Marie Leczinska furent signés à Paris, pour Sa Majesté, par le Garde des Sceaux de France, le maréchal de Villars, les comtes de Maurepas et de Morville, secrétaires d'État, M. Dodun, contrôleur général des finances et par le comte de Tarlo pour le roi Stanislas.

— Le 21, le duc d'Antin et le marquis de Beauvau, ambassadeurs du Roi auprès de Stanislas, partirent pour Strasbourg suivis du duc de Noailles, commandant les gardes du corps, qui devaient escorter la Reine après son mariage. Les deux ambassadeurs arrivèrent le 27 à Saverne, mais ne firent leur entrée solennelle à Strasbourg que le 31 seulement, en grande pompe et escortés des carabiniers.

— Le 4 août, les ambassadeurs de France furent admis à l'audience du roi Stanislas, et lui firent et à la reine son épouse, la demande de la princesse, leur fille, pour le Roi.

Le consentement du roi et de la reine de Pologne

et de la princesse obtenus, le Roi signa dans son cabinet son contrat de mariage avec Marie Leczinska.

Ainsi que je l'ai dit précédemment, le duc d'Orléans, que j'avais l'honneur d'accompagner, quitta Paris le dernier, le 29 juillet; il arriva le 5 août à Saverne, et, dès le lendemain, vint offrir ses respects à la future reine de France.

— Le 12, dans la soirée, Monseigneur le duc d'Orléans entrait solennellement à Strasbourg, au milieu d'une foule enthousiaste, salué par des salves d'artillerie; les édifices, les maisons, ainsi que les places publiques, étaient splendidement éclairés.

Après avoir présenté ses hommages à la princesse Marie, Son Altesse se rendit chez le maréchal du Bourg, où son logement avait été préparé.

Le surlendemain, 14 août, vers quatre heures de l'après-midi, le premier prince du sang fut conduit en grande cérémonie au palais du gouvernement avec les deux ambassadeurs et le maître des cérémonies de France.

Le roi Stanislas vint au devant du duc d'Orléans jusqu'en haut de l'escalier du palais, et le conduisit dans une salle où le cardinal de Rohan attendait avec son clergé. Dès que la princesse et sa mère furent arrivées, le marquis de Dreux lut le texte de la procuration accordée par Louis XV à son cousin, et le grand aumônier procéda à la cérémonie des fiançailles.

Son Altesse fut très touchée de l'honneur que lui fit le roi de Pologne en venant souper le soir même à son hôtel.

— Le 15 août 1725, à onze heures, au bruit du

canon des remparts, le cortège royal quitta le palais pour se rendre à la cathédrale dans l'ordre suivant :

En tête marchaient les Carabiniers, puis venaient les nombreux équipages des ambassadeurs et de la suite du duc d'Orléans, les Cent Suisses, la voiture où se trouvaient avec le prince, le marquis de Clermont, son premier écuyer, et les deux ambassadeurs, et enfin le carrosse de Stanislas, de la reine de Pologne et de leur fille, escorté par les Gardes du Corps (1) commandés par le marquis de Savine.

Le cardinal de Rohan fit la bénédiction du mariage dans l'église cathédrale, ornée de riches tapisseries, et remplie d'un grand nombre de personnes de distinction et d'étrangers, pour lesquels des amphithéâtres avaient été dressés de chaque côté du chœur, et deux estrades en avant et à droite de l'autel attendaient la future Reine et le représentant du Roi de France, qui furent reçus à l'entrée de l'église par le grand aumônier, entouré des abbés, des chanoines comtes de Strasbourg et de tout son clergé.

Le cortège se dirigea ensuite vers l'autel dans l'ordre suivant :

---

(1) Sur la contestation survenue entre les officiers des Gardes du Corps et ceux des Gendarmes et Chevaux-Légers de la Garde, pour la place que chacun d'eux devait occuper près du carrosse du roi dans les voyages ou les différentes cérémonies, Sa Majesté fit un règlement (11 novembre 1724) qui portait que les officiers des Gardes marcheraient à droite et à gauche du carrosse et à hauteur des roues de derrière, et les officiers des Gendarmes, Chevaux-Légers et Mousquetaires à la hauteur des roues de devant, les uns et les autres de manière que les portières soient libres et qu'ils laissent au peuple la faculté de voir le roi.

Le duc d'Orléans, marchant en tête, portait un manteau d'étoffe d'or avec un chapeau garni d'un bouquet de plumes, puis Marie Leczinska entre son père et sa mère. La jeune princesse était vêtue d'un grand habit de cérémonie en brocart d'argent couvert de pierreries, et suivie de la comtesse de Linange, sa dame d'honneur.

Après un fort beau discours prononcé par le cardinal de Rohan, la future reine escortée du roi et de la reine de Pologne, ainsi que le premier prince du sang, quittèrent leurs places et s'approchèrent de l'autel.

Le grand aumônier (1) ayant revêtu ses habits pontificaux, bénit l'anneau et les treize pièces d'or, et ayant demandé au duc d'Orléans s'il prenait au nom de Sa Majesté très chrétienne la princesse Marie pour épouse, et à cette princesse si elle prenait pour époux le Roi Louis XV, Roi de France et de Navarre, leur donna la bénédiction. La cérémonie se termina par un *Te Deum*. A ce moment, tous les canons de la ville tonnèrent à la fois.

Après la cérémonie j'eus l'honneur d'être présenté à la Reine en même temps que les officiers de sa maison par la surintendante, Mlle de Clermont.

Ce fut dans cette solennité que je fis pour la pre-

---

(1) Le même prélat réitéra la bénédiciton et la célébration du mariage dans la Chapelle de Fontainebleau, le Roi et la Reine présents en personne. La joie fut générale en France, tous les ordres du Royaume s'empressèrent de le témoigner à leurs Majestés. Mais le Roi voulant que les plus malheureux se ressentissent de la félicité publique accorda la grâce de deux cent un criminels.

mière fois ma cour à cette auguste princesse, dans la société de laquelle j'eus l'honneur d'être admis pendant près de trente ans.

Le duc de Bourbon traça lui-même l'itinéraire du voyage de la Reine de Strasbourg à Fontainebleau par Saverne, Metz, Mars-la-Tour, Châlons, Sésanne, Montereau, Moret.

Le départ de Strasbourg eut lieu le 17 août à dix heures du matin.

Le roi Stanislas fit à sa fille la surprise de la rejoindre à Saverne, ne pouvant résister au plaisir de l'embrasser encore une fois.

A Metz, où le cortège n'arriva que fort tard en raison du mauvais état de la route, la Reine fut reçue par la noblesse de la province qui l'attendait à la porte de la ville, le premier échevin lui présenta les clefs de la ville dans un plateau d'argent.

Le lendemain le maréchal de Maillebois apportait à Marie Leczinska une lettre de Louis XV, lettre écrite le 19, dès que Sa Majesté connut l'accomplissement du mariage par procuration.

Le cortège royal arriva à Montereau le 3 septembre, la pluie avait défoncé les routes au point qu'il fallut avoir recours à des chevaux de renfort pour tirer des fondrières les équipages dont les chevaux étaient fourbus. La Reine qui se trouvait dans un carrosse à huit chevaux avec la surintendante et quelques dames de sa maison faillit plusieurs fois se noyer.

Le Roi vint lui-même au-devant de sa jeune épouse, afin de lui donner un témoignage de sa vive impatience, et s'arrêta sur la route de Sens à Fontainebleau à une lieue environ avant Moret (1), au sommet d'une côte assez raide qui porte dans le pays le nom de montée de Tropanton ; du haut de cette éminence qui domine la route, Louis XV pouvait suivre l'imposant cortège au milieu duquel marchait le carrosse de la Reine.

Sa Majesté se porta à sa rencontre, Marie descendit, se jeta à genoux sur un coussin et se releva dans les bras de son royal époux.

Le couple royal fit son entrée à Fontainebleau le 5 septembre, Marie Leczinska fut couronnée le jour suivant.

A son retour à Versailles le comte de Tressan retrouva avec plaisir ses relations à la cour et à Paris, il fréquentait alors les sociétés les plus aimables, dont il nous fait la peinture suivante :

« J'ai passé quinze des plus belles années de ma vie dans cette société de Pantin que j'ai sans cesse regrettée, j'ai bien rarement retrouvé depuis, le ton, la pureté, les connaissances et les charmes qui l'animaient ; je ne peux mieux en donner l'idée qu'en rappelant les noms de ceux qui la composaient : MM. de Morville, d'Armenonville, son fils, M. le marquis de Surgères, M. le comte de Crussol, ses gendres; M. Amelot secrétaire d'état, le marquis de Loménil, depuis Doge de Gênes, l'abbé Franquini, Messieurs de

---

(1) En cet endroit se dresse un monument en forme d'obélisque, mais la pierre fruste du socle ne porte plus aucune inscription rappelant cet événement mémorable, la légende seule a conservé à ce lieu le nom de Carrefour de la Reine.

Caylus, Duclos, Coypel ; en femmes : Madame d'Autrey, sa sœur ; Mesdames de Surgères et de Crussol, ses filles ; Madame la marquise de Genlis, Madame la marquise de Tourouvre, Madame le Marchand et plusieurs personnes de la meilleure compagnie.

Nous avions loué en commun une maison à Pantin, où nous allions faire d'excellents soupers ; où nous avions un très joli théâtre où nous représentions les comédies de M. Coypel. C'est pendant un voyage de Gaillon (1), que la société joua *Dom Japhet d'Arménie*. M. d'Armenonville, jeune homme de la plus haute espérance, mort à Prague, colonel de Dragons, jouait l'écolier dans *Dom Japhet* et les principaux rôles ; c'est à cette occasion que je lui écrivis de Gaillon la lettre suivante :

> De ce palais où le sort me confine
> Je vous apprends, ami, qu'il me destine
> A m'ennuyer jusqu'à la fin du mois.
> Plaisirs et jeux y sont sourds à ma voix.
> Tous ces enfants hors celui de Cythère.
> Qui dans mon cœur est toujours obstiné,
> Sont près de vous et m'ont abandonné.

J'avais aussi souvent l'honneur de dîner avec Madame la maréchale de Noailles, femme d'énormément d'esprit, qui, ayant beaucoup vu, avait beaucoup retenu ; elle me racontait entre autres un dîner qu'elle

---

(1) Gaillon, résidence de Mgr de Tressan, évêque de Rouen, oncle du comte de Tressan.

avait fait à Madrid avec le cardinal de Fleury. Le Cardinal lui disait mille galanteries, combien il avait été épris d'elle, ses assiduités, ses soins; qu'elle n'avait jamais voulu de lui ; la maréchale l'interrompit en disant : mais aussi qui est-ce qui pouvait deviner ?

C'est chez Madame de Tencin que j'entretins les liaisons formées déjà chez mon oncle avec les hommes les plus éclairés du siècle.

Madame de Tencin rassemblait chez elle, deux jours de la semaine, plusieurs personnes du premier mérite qu'elle appelait ses bêtes, elle leur doit à chacun pour leurs étrennes une culotte de velours noir, la feue Reine ayant fait dire à Madame de Tencin, par le Cardinal, son frère, qu'elle regrettait de n'être pas de son troupeau, Madame de Tencin lui envoya aux étrennes suivantes quatre aunes de velours noir. Quoique jeune, elle daigna m'agréger dans ce troupeau, dont il ne reste plus que M. le comte d'Argental, son neveu, et moi.

Une autre maison également agréable était celle de la marquise de Lambert, connue par son talent d'écrivain, la délicatesse de son esprit et sa connaissance du monde; on rencontrait chez elle une société d'hommes, avant tout intelligents, qu'ils fussent hommes politiques, hommes de lettres, artistes ou simplement hommes d'esprit. C'était en quelque sorte l'antichambre de l'Académie française. On y lisait les ouvrages prêts à paraître; elle donnait à dîner une fois par semaine, elle recevait de préférence les personnes qui se plaisaient; elle préchait la belle galanterie à des convives qui allaient parfois un peu loin.

Madame Doublet (1) réunissait chez elle, au couvent des filles Saint-Thomas, une société de gens de lettres qu'elle appelait ses *paroissiens* parmi lesquels on comptait Chauvelin, Voisenon, Sainte-Palaye, Piron, Bachaumont, qui lui apportaient les nouvelles du jour. Dans son salon deux registres étaient ouverts, l'un servant à l'inscription des nouvelles peu sûres, l'autre à celle des faits reconnus véridiques; deux fois par semaine, Bachaumont faisait des extraits (2) de ce journal. On soupait quotidiennement dans un des salons de la *paroisse*.

Tout Paris abondait chez le prince de Léon, qui recevait avec le plus grand air du monde la meilleure compagnie, on y soupait gaiement, on y jouait toute la nuit, tout en se demandant comment le Prince pouvait suffire à tout, avec les seize ou dix-sept mille livres dont il jouissait. M. de Léon était d'humeur peu égale, mais il avait de l'agrément dans l'esprit; la Princesse était infiniment aimable par sa gaieté et son enjouement.

Le meilleur souvenir que j'ai gardé de cette époque est celui des soirées de la Reine. Ayant eu l'honneur d'être admis, pendant trente ans, dans la société intime

---

(1) Bachaumont habitait avec elle. — Quelle était la nature de leurs relations ? Grimm qui les a connus, se contente de dire :

« Bachaumont vivait depuis sa jeunesse dans la société de Mme Doublet dont il avait été l'amant, si je ne me trompe... »

(2) On trouve de ces extraits, véritables *Nouvelles à la Main*, dans plusieurs bibliothèques de Paris, à l'Arsenal, pour les années 1739 et 1740, à la Mazarine (1762-1779), à la Bibliothèque Nationale (1733-1739).

de la feue reine, comme protégé par son auguste fils, comme grand officier du roi son père et commandant dans ses états et comme ami intime, dès l'enfance, de Mme la duchesse de Villars, chez laquelle la feue reine venait très souvent après souper, souvent la reine et celle qu'elle honorait du nom de son amie me demandaient des cantiques et des traductions de psaumes ; souvent même elles m'imposaient de faire ce travail et j'aimais à leur obéir. Le zèle, l'amour du prochain, la religion la plus pure régnaient dans leur âme, et leur société, animée par les charmes de leur esprit, mettait bien facilement à son ton ceux qui jouissaient de l'honneur d'y être admis : un badinage modeste et riant se mêlait quelquefois aux leçons les plus respectables, dans cette société dont la plus légère médisance était bannie, je suis obligé d'avouer que je méritais quelquefois qu'on me donnât pour pénitence l'ordre d'accorder ma très faible musette, aux sons de la harpe du psalmiste.

C'est ainsi que je fis le cantique suivant (1) pour une petite retraite où les saintes de mes litanies allaient prier et secourir les malheureux :

> Lieux déserts exempts d'alarmes
> Je vous préfère à la Cour,
> J'y répands de douces larmes,
> J'y viens chanter mon amour.

---

(1) Je crois devoir citer ce cantique, qui, de l'aveu même de son auteur, n'a d'autre mérite que d'avoir été fait à propos, et de montrer le ton qui régnait dans la société intime de la Reine.

Puisse le Dieu qui m'enflamme
Redoubler nos saints désirs !
Seul il verse dans mon âme
La source des vrais plaisirs.

Aimable et chère Papette (1),
Viens m'animer par ta foi,
Cherchons Dieu dans sa retraite,
Viens l'adorer avec moi.

Chantons sa beauté parfaite,
Chantons ses attraits vainqueurs
Et donnons-lui tous nos cœurs.

Grand Dieu, source de la vie,
Descends, ma voix t'y convie ;
Marie, Amable (2), Amalie (3)
Désirent mourir pour toi.

Aimable et chère Papette,
Viens m'animer par ta foi,
Cherchons Dieu dans sa retraite
Viens l'adorer avec moi.

C'est avec la même franchise que le *pénitent des saintes* de la Cour avoue avoir sacrifié à la divinité du jour, c'est-à-dire à la favorite.

Quelquefois, le meilleur des maîtres, auprès duquel j'ai eu l'honneur d'être élevé depuis l'âge de treize ans, et qui m'avait fait colonel à seize, me pressait de faire quelques vers.

Eh! comment aurais-je pu désobéir ?

---

(1) Nom que le maréchal de Villars avait donné à sa belle-fille.
(2) Mme de Villars.
(3) Mme de Saint-Florentin.

Un jour que je l'avais suivi à Fontainebleau, je fis les vers suivants. M. de Voltaire me les arracha, fut les porter aux cabinets et le lendemain ils furent publiés.

A MADAME DE POMPADOUR

Moins ambitieuse et plus belle
Que Diane et que Gabrielle,
O vous qui conservez, au milieu de la Cour,
Un cœur à l'amitié fidèle,
Apprenez qu'on a vu l'amour
Effacer d'un coup de son aile
Les chiffres qui paraient cet antique séjour.
D'une main il formait une chaîne éternelle
Et de l'autre il gravait le nom de Pompadour ! !...

Je fus fort bien traité dans les cabinets après ces vers, même je le fus comme un profane dans celui de Madame de V... (1), et je fus condamné à la longue et pénible traduction du cantique d'Ezéchias; j'eus beau représenter que celui de Rousseau était un chef-d'œuvre : tant mieux, dit-on, du ton le plus sévère qu'on put prendre, la meilleure punition est celle d'humilier l'amour propre. Rimaillez sans répliquer.

Certains esprits rigoristes trouveront peut-être que le comte de Tressan fit œuvre de courtisan en se faisant le chantre de la maîtresse du Roi, mais n'avait-il pas pour excuse l'exemple que lui donnaient les grands seigneurs de la Cour, qui tous, Princes et Ducs, sacri-

---

(1) La duchesse de Villars.

flaient à qui mieux mieux à la Marquise, briguaient l'honneur d'être de tous les voyages de Compiègne et de faire partie de sa troupe de comédie, qui n'avait pas tardé à se compléter quoique pour s'y voir admis il fallut avoir passé précédemment avec quelques succès sur des théâtres de société.

Voici les noms des acteurs choisis :

MM. le duc d'Orléans, le duc d'Ayen, le duc de Nivernais, le duc de Duras, le comte de Maillebois, le marquis de Courtanvaux, le duc de Coigny et le marquis d'Entraigues.

Mesdames : la duchesse de Brancas, la marquise de Pompadour, la comtesse d'Estrades, la comtesse de Marchais (1).

Les auteurs furent Voltaire, Crébillon et Gresset.

La comédie de l'*Enfant prodigue* fut la première qui fut jouée.

La comédie du *Méchant*, de Gresset, vint après.

Le but de Mme de Pompadour, en choisissant ces deux pièces, avait été de saisir le seul moyen qu'elle avait d'obliger Voltaire et Gresset.

Les chasses de Louis XV et d'autres circonstances décidaient de l'intervalle que l'on mettait d'une représentation à l'autre. La troisième année, la troupe renonça à jouer la comédie pour composer son spectacle entier d'opéras et de ballets. Les répétitions se faisaient chez Mme de Pompadour, et commençaient pendant le voyage de Fontainebleau. On disposait à

---

(1) Parente de Madame de Pompadour, depuis comtesse d'Angivillers.

Versailles le théâtre sur lequel on faisait en arrivant les répétitions générales.

Les danseurs étaient :

M. le marquis de Courtanvaux, le comte de Langeron, M. le duc de Beuvron, M. le comte de Melfort.

La troupe n'offrit, dans ses premiers débuts lyriques, de ressources en acteurs pour le chant que :

Mme la duchesse de Brancas, Mme de Pompadour et M. le duc d'Ayen.

On joua successivement *Bacchus* et *Érigone*, de la Bruère, *Isménée*, de Moncrif, *Églé*, de la Garde, *Almusis*, *Ragonde*, etc.

CHAPITRE II.

La Reine dans son intérieur. — Surnom du comte de Tressan. — Anecdote racontée par le comte d'Argenson. — Portrait de Marie Leczinska par le président Hénault. — Les idées nouvelles se propagent dans la noblesse et le clergé. — Femmes philosophes. — Réfutation de l'*Homme-machine* de la Mettrie. — Voyage de M. de Tressan en Italie ; rappelé en France par la guerre de la succession de Pologne, il prend part aux campagnes de 1733 et 1734. — Il assiste aux sièges de Kehl et de Philipsbourg, où il est blessé.

Le ton qui régnait dans le cercle intime de Marie Leczinska (toutes dévotes qu'étaient la Reine et ses dames), n'avait rien de trop sévère ou du moins perdait beaucoup de sa gravité, quand M. de Tressan y était admis.

C'était l'usage, dans la société de cette époque, de donner des petits noms aux gens; Madame de Tencin qui avait distribué des noms de bêtes à ses amis appelait le comte son *mouton;* ce surnom fut changé par la Reine en celui de *Petit train* dans les circonstances suivantes :

Un jour qu'il arrivait de l'armée après une campagne fort périlleuse, la Reine lui demanda :

« Eh bien ! mon pauvre mouton, vous avez couru bien des dangers. Avez-vous un peu pensé à vous ? Oui, Madame, répondit-il à Sa Majesté, je n'ai point oublié que je servais mon Dieu, mon Roi et ma patrie. — Mais le moral, comment va-t-il ? — Madame, il va son petit train.

Et le nom lui en resta ainsi qu'il l'a dit lui-même, avec cette grande bonhomie qui était le fond de son caractère. « Lorsque par des exhortations saintes on espérait faire de moi un homme de bien, j'avais avec raison l'humilité de dire que je n'osais faire de grands pas, de peur d'avoir la honte de retourner en arrière, et que je priais qu'on me laissât aller mon petit train. Ce petit train là paraissait si lent, que le nom m'en demeura dans la Société. »

Je ne puis faire autrement que de raconter l'anecdote suivante, dont l'authenticité nous est garantie par le comte d'Argenson : « On disait que les Houssards feraient des courses dans les provinces et approcheraient bientôt de Versailles, la Reine dit : « Mais si j'en rencontrais une troupe et que ma garde me défendît mal?... — Madame, dit quelqu'un, Votre Majesté courrait grand risque d'être houssardée.

Et vous, M. de Tressan, que feriez-vous ? — Je défendrais votre Majesté au péril de ma vie. — Mais si vos efforts étaient inutiles ? — Madame, il m'arriverait comme au chien qui défend le dîner de son maître : après l'avoir défendu de son mieux il se laisse tenter d'en manger comme les autres. »

Et d'Argenson ajoute : « La Reine est si bonne qu'elle ne fit qu'en rire. Le lendemain, Tressan vint au dîner de la Reine et lui fit des mines et elle à lui, et le lorgnait pendant tout le dîner (1).

---

(1) *Mémoires du comte d'Argenson*, tome IV, page 80.

Le président Hénault, dans ses mémoires, nous fait le portrait suivant de Marie Leczinska :

« La Reine, écrit-il, ne vit point au hasard, ses journées sont réglées et remplies :

La matinée se passe dans des prières et des lectures morales, une visite chez le Roi, puis quelques délassements.

Ordinairement c'est la peinture, qu'elle n'a jamais apprise et l'on peut voir ses tableaux car on ne le croirait pas.

L'heure de la toilette est à midi et demi, la messe et puis son dîner. J'y ai vu quelquefois une douzaine de dames, elle leur parle à toutes. Son dîner fini, je la suis dans ses cabinets, c'est un autre climat, ce n'est plus la Reine ; c'est une particulière. Là on trouve des ouvrages de tous genres, de la tapisserie, des métiers de toute sorte, et pendant qu'elle travaille elle a la bonté de raconter ses lectures.

La Cour se rassemble chez elle, vers six heures, pour la cavagnole, son jeu favori, et sans risquer d'aussi fortes sommes que le Roi à ce jeu, cela devait monter assez fort pour être une véritable dépense. Elle soupe à son petit couvert ; quand ce n'est pas chez la duchesse de Luynes (1), elle va chez elle vers les onze heures jusqu'à minuit et demi.

Elle se plaît dans cette petite intimité (2) qui se

---

(1) Le duc de Luynes raconte qu'en 1747 la Reine a soupé chez la duchesse cent quatre-vingt-dix-huit fois.
(2) L'intimité de la Reine se composait : des duchesses de Luynes, de Mazarin, de Villars, de Nivernais, de Grammont et de

réduit à cinq ou six personnes, sans que jamais la médisance ou les intrigues de cour pénétrent dans la conversation de ce ce petit cercle, que la Reine honore de sa présence ; l'esprit et la gaîté y règnent toujours. »

Les moments du comte de Tressan se partageaient entre Versailles, où il était de toutes les fêtes, la garnison (1) où il remplissait son service avec autant d'exactitude que de zèle, Rouen et Gaillon où il se disait le premier vicaire de son oncle et où il eut l'occasion de se lier avec le Cat, l'un des plus savants anatomistes de son siècle.

On a souvent reproché au comte de Tressan d'avoir épousé les idées nouvelles, il imitait en cela beaucoup de gens de sa qualité. En effet courtisan de Louis XV, familier de la Reine, habitué de ces soupers composés de princes, de femmes aimables et de philosophes, il vivait ainsi que tous les grands seigneurs, hommes d'esprit et de goût, qui, mêlés aux écrivains et aux artistes, établissaient une fusion entre l'aristocratie et la littérature.

La noblesse se mettait donc d'elle-même à la tête d'un mouvement libre et généreux et professant la

---

la comtesse d'Egmont ; du duc et du cardinal de Luynes, du cardinal de Tencin, du cardinal de Rohan, du comte de Maurepas, du comte d'Argenson, du président Hénault, du comte de Tressan et de Montcrif.

(1) Le comte de Tressan avait été nommé lieutenant en second au régiment de cavalerie du Roi (le 9 février 1719), puis mestre de camp du régiment d'Orléans par faveur du régent. Ce brevet (du 13 octobre 1723) est un des quatre premiers que Louis XV accorda.

tolérance la plus libre pour les hommes et pour les choses, elle croyait à cet idéal de justice, d'égalité et de liberté sans se douter qu'elle contribuait pour sa part à la ruine du vieil édifice social.

Il y avait à cette époque des femmes philosophes : certaines grandes dames, types nouveaux de la société française, professaient des idées libérales.

Lisez les lettres de Mesdames d'Egmont, de la Marck, de Croy, de Boufflers, de Mesmes, de Luxembourg, adressées au Roi de Suède Gustave III, vous verrez avec quelle vigueur de pensée et quelle fougue de style ces dames s'expriment (1).

L'Encyclopédie semblait avoir gagné le clergé, des prêtres montaient en chaire oubliant de faire le signe de la croix, supprimant toute prière et faisant de leur sermon une sorte de conférence (2) et ne voyons-nous pas de nos jours des prédicateurs (et d'un grand talent) aussi inconscients des théories dangereuses qu'ils émettent, lorsqu'ils font l'apologie du socialisme chrétien !.....

M. de Tressan était loin d'être ce que l'on peut appeler un dévot, mais il était fervent dans ses croyances, et ses amis les plus intimes savaient qu'il ne pouvait concevoir qu'il y eût des matérialistes et des athées. On doit donc croire que ce fut dans toute la sincérité de son âme que le comte de Tressan écrivit ce qui suit :

---

(1) *Gustave III et la Cour de France*, par M. A. Geffroy.
(2) Bachaumont nous apprend que cela s'appelait : prêcher à la grecque.

« *L'Homme-machine* de la Mettrie ayant paru, un de mes amis m'écrivit à ce sujet et m'en faisait l'apologie, j'agis selon mon cœur et selon les principes inébranlables dans mon âme, en suivant l'ordre que la sainte Société me donne, de répondre à cette lettre par une réfutation de cet ouvrage (1). »

Cette réfutation fit grand bruit, les philosophes s'en émurent, celui d'entre eux qui s'en montra le plus froissé fut Helvétius, ce philosophe qui publia un livre intitulé l'*Esprit*. Dans cet ouvrage qui renverse toutes les idées de morale, l'auteur prétend réduire toutes nos facultés à la sensibilité physique et prouver que l'homme n'est guidé dans tous ses jugements et dans toute sa conduite que par l'égoïsme. Pour se venger Helvétius prétendit que, si M. de Tressan avait réfuté l'*Homme-machine*, il ne l'avait fait que pour plaire à la Reine.

« J'aime beaucoup votre personne, répondit celui-ci, mais vous auriez dû pour le bien de la société faire un bail (2) de plus et un livre de moins. »

Par ses talents, ses connaissances, son tact parfait et sa grande amabilité, le comte de Tressan semblait destiné à la carrière diplomatique, aussi fut-il choisi par M. de Chauvelin, garde des sceaux et ministre des

---

(1) *La réfutation de l'Homme-machine* est donnée *in extenso* à la fin de cet ouvrage.

(2) Le comte de Tressan fait allusion ici à la charge de fermier général obtenue à vingt-trois ans par Helvétius. Cette place lui valait cent mille livres de rente. — Helvétius avait épousé Mlle de Ligniville, femme charmante, dont la maison était le rendez-vous d'une société choisie.

affaires étrangères, pour accompagner en Italie M. de Bissy, ambassadeur à Parmes.

Le jeune diplomate parcourut ainsi les principales villes d'Italie où il reçut le meilleur accueil, entre autres à Turin où sa famille avait émigré pendant les troubles de la Ligue. Les Tressan se trouvaient d'ailleurs alliés à la Maison de Savoie par le mariage d'Isabeau de la Vergne avec un prince de Savoie. Aussi fut-il traité par Victor-Amédée et toute sa Cour avec une distinction particulière.

A Parmes, Mᵐᵉ la duchesse de Modène, fille du Régent, ne fit pas un accueil moins distingué au comte de Tressan. Le duc de Saint-Aignan, alors ambassadeur à Rome, le présenta au pape Clément XII qui, pendant sa nonciature en France, avait été fort lié avec l'évêque du Mans et l'archevêque de Rouen. Sa Sainteté admettait souvent le comte de Tressan à ses audiences particulières ; ayant appris la mort de l'archevêque de Rouen, le Saint Père lui dit :

« J'avais projeté de le faire cardinal, et si vous voulez entrer dans l'état ecclésiastique, je disposerai tout de façon que vous puissiez un jour parvenir à cette dignité. »

La perspective de la pourpre romaine ne tenta pas beaucoup M. de Tressan, qui, pénétré de reconnaissance, remercia le Saint Père et répondit qu'il était attaché à la carrière qu'il avait embrassée.

« Ce fut à Rome, nous dit le comte, que je pris du goût pour les romans de chevalerie en feuilletant les manuscrits en langue romane dont je trouvai une magnifique collection à la bibliothèque du Vatican.

A mon arrivée à Rome, j'avais été déjà douloureusement éprouvé en apprenant la mort de ma mère ; aussi, lorsque la nouvelle de la perte de mon bienfaiteur, l'archevêque de Rouen, vint me frapper, ma santé, déjà fort ébranlée, n'eut pas la force de supporter ce nouveau coup. Je tombai dangereusement malade et dus rentrer en France.

« Je n'étais qu'imparfaitement guéri lorsque la guerre éclata contre l'empereur, qui s'opposait à la seconde élection de Stanislas ; je n'en fis pas moins la campagne de l'armée du Rhin en qualité d'aide de camp du duc de Noailles.

« Dans la campagne suivante, j'assistai à la bataille d'Ettinghen ; les maréchaux de Berwick, de Noailles et de Belle-Isle voulurent bien m'accorder des marques d'estime et de confiance.

« J'étais également au siège de Philipsbourg, et je pus me convaincre dans ce siège que les héros comme les autres hommes sont sujets à la caducité. Il n'y avait plus dans l'armée ennemie que l'ombre du prince Eugène ; il avait survécu à lui-même et il craignait d'exposer sa réputation, si solidement ébranlée, au hasard d'une dernière bataille.

« Un jeune homme audacieux aurait attaqué nos retranchements qui n'étaient qu'à peine ébauchés ; lorsque l'armée vint à Wisenthal, nos troupes étaient si proches de Philipsbourg, que la cavalerie n'avait pas assez de terrain pour se mettre en bataille entre la ville et le camp sans souffrir énormément de la canonnade. Elle n'avait qu'un pont de communication sur le Rhin, et, en cas qu'on eût emporté le retranchement, toute l'armée, qui n'avait point de retraite, aurait péri infailliblement. Nous n'en prîmes pas moins Philipsbourg.

« Le jour où le maréchal de Berwick fut tué à la tranchée, je fus blessé en même temps que mon ami le marquis de la Faye. C'était un homme de beaucoup d'imagination et d'esprit ; il était fils de M. de la Faye, capitaine aux gardes, homme d'un vrai mérite et d'une mère aussi vertueuse que belle. Cependant ils furent indignement traités dans les fameux couplets attribués à Rousseau.

« Le pape Clément XII des princes de Corsiny, qui avait été très longtemps nonce en France, me demanda des nouvelles de toute la famille de la Faye, avec le plus grand intérêt, en 1733, et m'en fit l'éloge. Le frère de M. de la Faye était très riche, très aimable et faisait des vers charmants, tenait une très bonne maison et vivait dans la meilleure et la plus haute société. Ce même la Faye, qui fut blessé et tomba dans mes bras au siège de Philipsbourg, a été tué depuis, à la tête d'un régiment d'infanterie, au siège de Gênes.

« Une autre perte bien sensible pour moi est celle de M. le marquis de Charost, mon ami intime, qui fut tué en 1735, à Clausen, à la tête du régiment de la Couronne, et ce qui doit être une leçon éternelle pour les militaires, dans les affaires de nuit, il fut tué par une décharge de son régiment, à la tête duquel il arrivait pour l'empêcher de tirer. »

CHAPITRE III.

Disgrâce du comte de Tressan. — Pamphlets et chansons. — Le comte de Maurepas, ministre de la marine et de la maison du Roi. — La bataille de Fontenoy contée et chantée par un de ses héros.

Ces brillants débuts à la Cour et à l'armée semblaient destiner le jeune de Tressan au plus bel avenir, mais les natures les mieux douées sont parfois victimes de l'excès même de leurs qualités, il en était de même chez l'aimable comte, et c'est ainsi que les saillies d'une imagination trop vive lui firent chèrement expier cet amour de l'épigramme :

Et qui pour un bon mot fait perdre vingt amis.

A ce propos, laissons la parole au comte d'Argenson (1).

Il a paru depuis peu des chansons (je les ai) extrêment injurieuses contre les principaux de la Cour.

---

(1) Marie-Pierre Voyer d'Argenson remplaça d'abord son père, en 1720, comme lieutenant-général, fut ensuite collaborateur de d'Aguesseau pour ses célèbres ordonnances, fut nommé directeur de la librairie en 1737, et parvint au ministère de la guerre en 1743, pendant que son frère avait le portefeuille des affaires étrangères. Les succès de 1744 et 1745 furent regardés comme étant en partie son ouvrage. — En 1757, Mᵐᵉ de Pompadour réussit à le faire disgracier.

Six jeunes gens se sont vantés d'en être auteurs ; on nomme : le duc d'Ayen, le jeune Maillebois, le duc de Lauzun, Tressan, j'oublie les deux autres. On vient d'exiler Tressan, et M. de Lauzun va marcher, dès que son quartier de capitaine aux gardes sera fini. On a d'abord dit que M. de Maurepas était l'auteur de ces disgrâces, d'autant plus qu'il était maltraité dans ces chansons et sur l'article le plus fâcheux qui est celui de son impuissance.

Barbier nous en dit plus long à ce sujet dans ses mémoires :

Le pauvre cardinal de Fleury s'en va tout doucement ; on dit même que la tête n'est plus au même état ; on le regrettera avant qu'il soit un an.

Les secrétaires d'État continuent de travailler avec le Roi, et, suivant les apparences, M. de Maurepas a le haut bout, mais on craint qu'il n'ait trop d'esprit, et il est quelquefois dangereux d'en avoir trop et qu'on le sache. On se fait des ennemis et des jaloux d'avance.

Il y a bien des gens qui s'examinent de près et qui ne cherchent qu'à se culbuter. Les secrétaires d'État seront bien unis pour empêcher qu'il n'y ait un premier ministre. On a fait sur eux des rimes en ouille.

(Il ne m'est pas possible de citer ces rimes par trop libres, le lecteur curieux sera édifié s'il prend la peine d'ouvrir le tome III, page 132, du journal de Barbier.)

Un peu plus tard parut la chanson suivante :

La France est en désarroi ;
Où trouver le remède

> Aux malheurs que je prévois ?
> Serait-ce au conseil du roi ?
> Quel aide ! quel aide ! quel aide !
>
> On y répond toujours non,
> Amelot boit et fraude,
> Maurepas parle chanson,
> Tencin se tait, d'Argenson
> Nigaude, nigaude, nigaude.

Mon arrière grand-oncle apprit à ses dépens qu'il est parfois dangereux de chansonner les ministres.

Le comte de Maurepas (Jean-Frédéric-Philippeaux), dont il est question, était petit-fils du chancelier de Pontchartrain ; il eut, dès l'âge de vingt-quatre ans, le département de la marine et de la maison du roi, qui embrassait Paris et la Cour. Pendant son administration, il embellit beaucoup Paris, fit fermer les maisons de jeu, et envoya les savants : la Condamine et Maupertuis, sous l'Équateur et près du pôle boréal, pour mesurer deux degrés de l'Équateur.

Maurepas avait de la pénétration, mais il était léger, inconscient et frivole ; lorsqu'il dut quitter le ministère, en 1743, la chanson que voici courut Paris :

> Le Maurepas est chancelant,
> V'là c'que c'est qu'd'être impuissant !
> Il a beau faire l'important,
> Bredouiller et rire,
> Lorgner et médire ;
> Richelieu dit en le chassant :
> V'là c'que c'est qu'd'être impuissant !

Il fut exilé à son tour en 1749 pour avoir fait contre Mme de Pompadour l'épigramme bien connue :

Par vos chansons nobles et franches
Iris vous enchantez nos cœurs.
. . . .
. . . .

La marquise de Pompadour aimait à se venger ; ce fut là son plus grand tort ; pour un mot, elle fit emprisonner Latude à la Bastille ; pour un quatrain, elle fit disgracier un ministre.

Voltaire fut perdu dans l'esprit de Mme de Pompadour et dans celui du Roi, les uns disent par une lettre anonyme adressée à la favorite, d'autres prétendent pour une petite témérité qu'il s'était permise et que voici :

Le grand poète assistait un jour au dîner de la marquise ; elle mangeait une caille qu'elle trouvait grassouillette, ce fut son expression. Voltaire s'approcha d'elle et lui dit assez haut pour être entendu :

Grassouillette entre nous me semble un peu caillette,
Je vous le dis tout bas, belle Pompadourette.

Cette confidence, un peu leste, fut présentée par les courtisans comme une impertinence, et Voltaire s'aperçut dès le lendemain d'un refroidissement très marqué.

On avait donné un fort bon conseil à Madame (1).

(1) Titre donné à la marquise de Pompadour par ses courtisans.

C'était de faire envoyer à Constantinople, en qualité d'ambassadeur, M. le Normand, son mari. Cela aurait diminué une partie du scandale qu'il y avait à voir Madame avec le titre de marquise à la Cour et son mari fermier général à Paris. Mais il était tellement attaché à la vie de Paris et à ses habitudes à l'Opéra, qu'on ne put jamais le déterminer.

Mᵐᵉ de Pompadour chargea un M. d'Arboulin, qui avait été de sa société avant qu'elle fût à la Cour, de négocier cette affaire ; il s'adressa à Mˡˡᵉ Rem qui avait été danseuse à l'Opéra et qui était maîtresse de M. Le Normand, il lui fit les plus belles promesses, mais elle était comme lui et préférait la vie de Paris, elle ne voulut pas s'en mêler.

M. le Normand épousa cette demoiselle Rem, s'il faut en croire une épigramme qui courut et que voici :

> Pour réparer *miseriam*,
> Que Pompadour fit à la France,
> Le Normand plein de conscience
> Vient d'épouser *Rempublicam* (1).

Malgré la disgrâce de Maurepas, les chansons et les pamphlets n'en devinrent que plus agressifs, si l'on en croit les mémoires du temps :

« Un officier aux gardes (2), chevalier de Malte,

---

(1) *Mémoires de Mᵐᵉ du Hausset*, femme de chambre de Mᵐᵉ de Pompadour.

(2) On disait par abréviation : officiers des gardes pour ceux des gardes du corps, et officiers aux gardes pour ceux des gardes françaises. *(Note de l'auteur.)*

s'avisa de faire quatre mauvais vers sur le Château de Bellevue et en même temps contre le Roi et Mme la marquise de Pompadour :

> Fille d'une sangsue et sangsue elle-même
> Poisson, d'une arrogance extrême,
> Etale en ce château, sans crainte et sans effroi,
> La substance du peuple et la honte du roi.

Mais je dois reprendre le journal de Barbier un peu plus haut à propos d'une satire contre Mme de Châteauroux.

17 décembre 1743.

Une personne de première distinction a assuré hier que le Roi commençait fort à se fatiguer de la liberté qu'on se donnait de le chansonner.

Une des chansons qui l'a encore le plus piqué est celle qui suit, dont le défaut de mémoire a pu défigurer les vers :

> L'une est presque en oubli, l'autre presque en poussière,
>   La 3me est en pied, la 4me attend ;
>   Pour faire place à la dernière,
>   Choisir une famille entière
>   Est-ce être infidèle ou constant ?

L'auteur de ces vers fut-il le même que celui de la fameuse complainte sur Mme Anroux et de la chanson qui parut à la même époque et qui commençait ainsi :

> Belle Châteauroux,
> Je deviendrai fou
> Si je ne vous baise.
>
> . . . .
> . . . .
> . . . .

Un dicton populaire prétend qu'on ne prête qu'aux riches ; or, tout le monde savait combien M. de Tressan avait l'épigramme facile. Tant il est que le Roi fut un des premiers à avoir connaissance de ces libelles, pourtant par égard pour la vieille affection qu'il portait à Tressan, il voulut lui fournir l'occasion de les nier en disant qu'il ne pouvait croire que cette méchanceté fût de lui parce qu'elle était trop bête. L'amour propre aveugla l'auteur sur toute autre considération, et sans avouer les vers, il les défendit avec une chaleur qui le trahissait (1).

Malgré sa disgrâce, le comte de Tressan n'en obtint pas moins le grade de maréchal de camp dès le mois de mai 1744 et servit en cette qualité aux sièges de Mérius, d'Ypres et de Furnes.

A Fontenoy, il était de service auprès de Louis XV comme lieutenant de ses gardes et comme aide de camp. Le matin de cette mémorable journée (11 mai 1745), l'armée des alliés s'avança pour attaquer l'armée française où étaient les maréchaux de Saxe, de Noailles, de Lowendal et d'Harcourt.

---

(1) Je dois faire remarquer que c'est Bachaumont qui raconte le fait, dans ses mémoires secrets ; or Bachaumont ne professa jamais une amitié bien vive pour le comte de Tressan.

La principale force de l'armée ennemie consistait en 20 bataillons et 26 escadrons anglais, sous le jeune duc de Cumberland, qui avait gagné avec son père la bataille de Dettinghen.

3 bataillons et 16 escadrons hanovriens étaient joints aux Anglais. Le prince de Waldeck, à peu près de l'âge du duc de Cumberland, impatient de se signaler, était à la tête de 40 escadrons hollandais et de 26 bataillons.

Les Autrichiens n'avaient dans cette armée que 8 escadrons, mais à la tête de ce petit nombre d'Autrichiens était le vieux général Koënigseck qui avait commandé contre les Turcs en Hongrie et contre les Français en Italie et en Allemagne. Ses conseils devaient aider l'ardeur du duc de Cumberland et du prince de Waldeck.

Pendant la bataille, M. de Tressan (1) risqua plusieurs fois sa vie en portant des ordres sous le feu de l'ennemi. Comme il rendait compte au Roi de la bonne contenance de MM. de Biron, de Choiseul et de la Vauguyon, dans le village de Fontenoy, et de plusieurs autres brigades qui avaient déjà causé tant de désordres dans la phalange ennemie qu'elle ne pouvait plus se mouvoir, alors le Roi demanda sa cuirasse et voulut charger lui-même en tête de sa maison, mais

---

(1) Le comte de Tressan avait un valet de chambre qui, sans avoir servi, ne voulait jamais quitter son maître ; il venait de l'accompagner dans les courses les plus périlleuses ; au moment où la maison du Roi allait charger, il demanda aux gardes du corps la permission de ne pas perdre son maître de vue, l'obtint et le suivit le sabre à la main.

les maréchaux de Saxe, de Noailles et d'Harcourt l'en empêchèrent.

Il fallut aussi arrêter l'ardeur de M. le Dauphin qui était impatient d'aller à l'ennemi.

Le comte de Tressan, qui se trouvait l'ancien des lieutenants de la maison du Roi, allait prendre son poste lorsque le Roi lui dit :

« Où allez-vous, Tressan ; n'êtes-vous pas de service auprès de moi ? »

« Sire, répondit le comte, permettez-moi de saisir l'occasion d'acquitter ma reconnaissance et mon zèle. — Revenez donc bientôt me donner des nouvelles. — Sire, ce seront celles de la victoire. »

Il alla aussitôt se mettre à la tête des brigades dont il avait le commandement.

La Maison du Roi, repoussée trois fois par un rempart de baïonnettes et de piques, faisait des pertes énormes. Le comte de Tressan s'écria :

« Mes amis, il faut sauter ! » Tous les officiers répétèrent le même ordre, et, à l'instant, la colonne enfoncée d'une part par les grenadiers à cheval et les carabiniers, le fut aussi par les gardes du corps, dont un grand nombre demeura sur le champ de bataille.

Le comte de Tressan fut blessé au bras et à la cuisse ; mais il ne s'en aperçut que quand il fallut couper une de ses bottes, que le sang qu'il avait perdu l'empêchait de tirer. Il reparut devant Sa Majesté au moment où on venait de lui annoncer le gain de la bataille. Le Roi lui dit, en présence des principaux officiers de l'armée :

« Vous m'avez bien servi, mon cher Tressan, que

ferais-je pour vous ? — Sire, je supplie Votre Majesté, répondit-il, de m'accorder de servir toute ma vie en ligne selon mon grade. »

« Je vous reconnais bien là, dit le monarque, je vous le promets. »

Mais laissons conter cette bataille au héros lui-même :

« Je crois pouvoir intéresser les lecteurs en rapportant quelques notes de ce jour mémorable.

« J'avais couché, la veille de la bataille, dans une grande salle où M. le maréchal de Noailles avait bien voulu me recevoir près de ses deux fils.

« Dès quatre heures du matin, nous fûmes chez le Roi, qui achevait de se botter : « Vous voilà bien paré », me dit mon maître, en me voyant un habit de maréchal de camp tout neuf. — Sire, répondis-je, je compte bien que c'est aujourd'hui un jour de fête pour Votre Majesté et pour la nation.

« Pendant la bataille, le Roi m'envoya porter différents ordres et rallier les troupes de cavalerie que je menai aux carabiniers et qui s'y conduisirent avec valeur.

« Le Roi, inquiet de la position de Fontenoy, m'y envoya. Ce village était défendu par la brigade du Dauphin commandée par le duc de la Vauguyon, mon ami intime, et par le comte de Choiseul Meuse.

« Je rendis compte au Roi du bon état de ce poste ; quoiqu'il fût foudroyé par trois batteries ennemies, je l'assurai que les ennemis n'osaient s'en approcher à la portée de fusil, et que, lorsqu'ils avaient osé une seule fois dépasser des maisons brûlées et s'en approcher à trente pas, le feu de Fontenoy fait à propos leur avait détruit trois compagnies de grenadiers qui formaient la tête de la colonne et que j'avais vu couchées sur la terre à cette distance des retranchements. En revenant rendre compte au Roi, je passai à la tête du régiment de Noailles ; M. le comte de Noailles, aujourd'hui maréchal de Mouchy, était à la tête de cette division ; il était couvert de sang ; il me rassura par son air gai et me dit qu'un cavalier, tué d'un coup de canon, était tombé sur lui. Je ne vis que trois escadrons et je n'osais demander où était le quatrième, lorsque j'appris qu'il avait été détruit presque en entier dans le centre de la colonne anglaise où il avait pénétré dans une charge vigoureuse du brave régiment de Noailles. Le nom du commandant et des trois autres capitaines de cet escadron méritent bien d'être rappelés : le marquis de Vignacourt le commandait ; il eut la force de se retirer de la colonne avec un coup de baïonnette qui lui perça le tibia et il entraîna la baïonnette dans sa jambe. Il en mourut et fut très regretté. Les trois autres capitaines étaient le marquis de Fruquier, depuis deuxième des gardes du corps et aujourd'hui maréchal de camp ; le marquis de Calonne qui fut blessé et M. de Laval qui eut son cheval tué et fut fait prisonnier. On le conduisit au duc de Cumberland, à l'entrée du bois de Barry, et c'est à ses côtés qu'un boulet tiré de nos batteries vint le tuer. La colonne ayant été enfoncée de toutes parts, le jeune marquis d'Harcourt fut le premier qui vint annoncer au Roi que la bataille était gagnée ; le Roi ne fut ému en ce moment que du carnage qu'il craignoit qu'on ne continuât.

« Qu'on épargne le sang (1) ! » cria-t-il en s'avançant. Il fit M. de Salency, brigadier à la tête de Normandie qu'il commandait, à la place du comte de Talleyrand, colonel, qui avoit été mis en pièces par des tonneaux de poudre d'une batterie deux jours auparavant.

« Le Roi vint à la tête du régiment de Dillon et dit au dernier des quatre braves frères qui, tour à tour, avoient commandé ce régiment et dont le troisième venoit d'être tué : « Monsieur de Dillon, je regrette bien votre frère, il étoit digne de son nom. Je vous donne son régiment. » Ces paroles restèrent gravées dans le cœur de cet intrépide Nédy Dillon qui, depuis, s'est fait tuer à Lauffeld, à la tête de ses grenadiers, dans le second retranchement des ennemis. Ce prince honora plusieurs officiers de grâces et de propos honorables, plus chers aux Français que les grâces mêmes ; le soir de ce grand jour, il m'accorda de servir désormais toujours en ligne et de m'employer paix et guerre dans mon grade.

Le jour même, le Roi écrivait à la Reine :

« Du champ de bataille de Fontenoy, le 11 mai 1745,
2 heures 1/2.

« Les ennemis nous ont attaqué ce matin à cinq

---

(1) Dans cette bataille, les alliés perdirent 9,000 hommes, dont 2,000 prisonniers. L'infanterie française eut 1,681 soldats tués sur place et 3,282 blessés, plus 53 officiers tués et 323 blessés ; la cavalerie eut environ 1,800 hommes hors de combat, tués ou blessés.

heures ; ils ont été bien battus. Je me porte bien, mon fils aussy. Je n'ay pas besoin de vous en dire davantage, estant bon, je crois, de rassurer Versailles et Paris ; le plus tôt que je pourroi, je vous enverroi le détail. »

« De son côté, M. le Dauphin donnait de ses nouvelles à la Reine par la lettre suivante :

« Ma chère maman,

« Je vous fais de tout mon cœur compliment sur la bataille que le Roi vient de gagner. Il se porte, Dieu merci, à merveille, et moy qui ay toujours eu l'honneur de l'accompagner, je vous en écriray davantage ce soir ou demain, et je finis en vous assurant de mon respect et de mon amour.

« Louis. »

« Après la campagne de Fontenoy, le Roi vint passer huit jours à Choisy, et ce maître adorable portoit la bonté jusqu'à s'occuper de nous en rendre le séjour agréable ; il avait ordonné que l'on me servît une table dans ma chambre où je donnais souvent à diner à MM. de Voltaire, Duclos, Bernard, Montcrif et l'abbé Prévôt. Il avait fait imprimer par son ordre, à Tourney, la réponse que j'avois faite aux vers que M. de Voltaire avait faits sur la bataille de Fontenoy ; j'avais fait cette réponse uniquement pour obéir à M. le Dauphin qui me l'arracha, la fut porter au Roi, et lorsque je demandai la permission de la corriger, le

Roi me dit : J'en suis très content, que voulez-vous de plus ? Je lui embrassai les genoux, et j'ai cru n'y devoir rien changer.

A M. de Voltaire.

Le digne fils de Henri Quatre
Vient à nos yeux de l'imiter.
Qu'un Français qui l'a vu combattre
Aime à te l'entendre chanter.

Henri, dans les champs de la gloire,
En combattant pour ses foyers,
Reçut des mains de la Victoire
Et son empire et ses lauriers.

Louis, ta couronne affermie,
Gage du bonheur de l'État,
Ne craint plus la ligue ennemie,
Le fanatisme et l'attentat.

Tu fais respecter les frontières
Que toi seul pouvois t'imposer ;
Ton bras renverse les barrières
Qu'en vain on cherche à t'opposer.

Ton grand cœur ne veut pas attendre
L'ennemi qui leur sert d'appui ;
Dès qu'il s'apprête à les défendre,
Tu voles au-devant de lui.

Il vient déjà, la foudre gronde
Et fait voler au loin la mort.
Aux pieds (1) du plus grand Roi du monde
Les dieux arrêtent son effort.

---

(1) Un boulet de canon vint frapper aux pieds du cheval du Roi, dans un petit fossé, sur le bord duquel il était arrêté ; le coup

Bientôt une colonne entière,
L'élite de deux nations,
Fait pénétrer sa tête altière
Au milieu de nos bataillons.

De feux, de métaux, de bitume,
Tel on voit un torrent affreux,
Dont le cours entraîne et consume
Tout ce qui s'oppose à ses feux.

Volez, troupe fière et fidèle (1),
Si digne de garder nos rois ;
L'amour, la gloire vous appelle,
De Louis entendez la voix.

Il vous aurait conduit lui-même (2)
Sans nos larmes et sans nos cris ;
Méritez cet honneur suprême
En renversant les ennemis.

. . . .
. . . .
. . . .
. . . .

couvrit de boue la tête et le poitrail de son cheval ; il fit arracher de terre le boulet, le donna à M. de Chabril, officier d'artillerie, en lui disant : Renvoyez-le aux ennemis, je ne veux rien avoir à eux.

(1) La maison du Roi.

(2) Le Roi, voyant sa maison qui s'ébranlait pour marcher, demanda sa cuirasse pour charger à sa tête ; les cris de tous ceux qui l'entouraient le retinrent.

MM. de Noailles et d'Harcourt arrêtèrent Monseigneur le Dauphin, qui s'échappait d'auprès du Roi, l'épée à la main, pour prendre la tête de la maison ; il n'avait alors que quinze ans et demi. *(Note du comte de Tressan.)*

> Du sein de la voûte azurée,
> Minerve regardait Louis,
> Veillait sur sa tête sacrée
> Et sur les beaux jours de son fils.
>
> Leurs mains du temple de mémoire
> Arrachaient ces sanglants lauriers
> Perdus... mais perdus avec gloire
> Aux funestes champs de Poitiers.

« Le 16 avril 1746, le prince Édouard perdit la bataille de Culloden, en Écosse, contre le duc de Cumberland. Cet événement obligea le fils du chevalier de Saint-Georges (1) à fuir et à se cacher dans les montagnes, jusqu'au mois de septembre, qu'il fut assez heureux pour échapper aux poursuites de ses ennemis et pour s'embarquer et repasser en France. Le Roi avait favorisé l'entreprise de ce prince, autant que la prudence le permettait, par les préparatifs apparents d'une descente en Angleterre, qu'il avait faits à Calais, par la présence en cette ville du duc de Richelieu à la tête d'une armée de trente mille hommes toujours prêts à s'embarquer. J'avais été désigné pour faire partie de cette armée. Chargé de l'avant-garde, je devais débarquer par surprise à Douvres, m'emparer du château l'épée à la main, et y attendre l'armée française pour marcher vers Londres et nous réunir au parti du Prétendant. Louis XV m'avait dit dans son cabinet au moment où je prenais congé : « Vous serez lieutenant général à Douvres. »

« Mais les Anglais, prévenus ou mis en défiance par

---

(1) Jacques III.

l'escadre de M. de Roquefeuil qui croisait dans la Manche, firent garder leurs côtes par une flotte nombreuse, et il fallut renoncer à cette expédition. Cette démonstration eut néanmoins pour effet de retenir sur les côtes d'Angleterre les troupes qui auraient été en Écosse accabler le prince Édouard, et de les empêcher de passer la mer et de venir en Flandre ; le retour de ce prince mit fin à cette diversion.

« Ce ne fut qu'un an après que je fus fait lieutenant général et nommé gouverneur de Boulogne-sur-Mer, poste que je conservai jusqu'en 1750. »

La famille du comte voyait avec peine qu'il ne songeait pas à se marier. Le Roi voulut lui faire épouser Mlle de la Motte-Houdancourt, sa cousine germaine, qui lui eût apporté la grandeur, la survivance de la place de chevalier d'honneur, et une grande fortune. Mais une de ces passions qui décident de la destinée d'un homme lui avait fait désirer un autre établissement qui n'avait pas réussi. Il ne put se décider à tromper la confiance de sa famille et le vœu de son propre cœur ; il ne voulut même se marier qu'après la mort de celle qui avait été l'objet de son premier choix, et il vit s'évanouir sa fortune et sa faveur ; il s'en trouva dédommagé par les soins d'une épouse adorée (1), qui a fait la consolation et le bonheur de sa vie.

---

(1) Miss Russel était d'une très bonne famille anglaise. Son frère, le chevalier Russel, avait pris du service en France en qualité de lieutenant à la compagnie de grenadiers du régiment royal d'infanterie allemande des Deux-Ponts, dont le colonel était le baron de Closen.

CHAPITRE IV.

Le comte de Tressan relate les principaux événements de l'année 1747. — Quatre lettres de Moncrif dans lesquelles il est question de la Reine et de la duchesse de Villars, d'un nouveau livre de l'abbé de Voisenon. — Le Roi accorde les grandes entrées au comte d'Argenson. — La duchesse de Villars s'oppose au projet qu'avait formé le comte de Tressan de venir passer quelques jours à Versailles. — La santé de la Reine s'améliore. — Moncrif, le modèle des courtisans. — Lettres de Voltaire.

« Malgré mon éloignement, j'avais conservé à la Cour un certain nombre d'amis avec lesquels j'entretenais une correspondance suivie, et qui me donnaient des nouvelles de Versailles.

« En cette année (1747) mourut le cardinal d'Auvergne. Les archevêques de Paris et de Rouen et l'abbé d'Harcourt furent faits commandants de l'ordre du Saint-Esprit. M. Berryer, intendant de la ville de Poitiers, fut nommé lieutenant général de police de la ville de Paris, et M. de Marville fut fait conseiller d'Etat.

« Au mois de mai, le Roi nomma dames de compagnie de Mesdames, la duchesse douairière de Brancas (1), la comtesse de Civerac et la marquise de la Rivière.

---

(1) La duchesse de Brancas devint dame d'honneur de Madame la Dauphine ; elle avait vécu dans l'intimité de Mme de Pompadour.

« Le 7 septembre, le Roi fit le comte de Laval-Montmorency, le marquis de Clermont-Tonnerre et le comte de La Motte-Houdancourt (1), maréchaux de France.

« Le duc de Charost, ci-devant gouverneur du Roi, mourut à Paris le 23 septembre, âgé de 85 ans. C'était le père de mon ami intime, le marquis de Charost, tué à Clausen (1735).

« Sa Majesté fit cette année une promotion : de 28 lieutenants généraux, 59 maréchaux de camp et 90 brigadiers, ce qui lui donna 17 régiments à distribuer.

« Le désir d'un service plus actif que la maison du Roi (2) m'avait déterminé à demander à quitter la brigade. J'avais prié Montcrif de pressentir Mme la duchesse de Villars à ce sujet. Voici ce qu'il me répondit :

Samedi au soir, Fontainebleau.

« La sainte duchesse de Villars a extrêmement approuvé ce que le *Sublime Mouton* lui a marqué concernant les démarches favorables qu'on peut faire pour lui auprès de M. le comte d'Argenson et l'intention où il est d'attendre des moments heureux pour faire les demandes. Elle ne perdra pas de vue un

---

(1) Le comte de la Motte-Houdancourt était le grand-oncle du comte de Tressan.

(2) Bien que gouverneur de Boulogne, le lieutenant-général de Tressan faisait toujours partie de la maison du Roi en qualité de lieutenant des gardes du corps.

mouton qu'elle a toujours grondé et chéri, elle parle souvente fois de lui à la Reine, mille choses la ramènent à son souvenir. Soit qu'on en parle raison ou folie, qu'on regarde Saint-Eustachie vivant comme une personne qui pense d'une certaine façon, ou qu'on imagine un ruban couleur de rose sous un menton, il se trouve quelque application à faire au *Petit train*. Elle vient d'arriver, cette bonne et charmante sainte, seule dans une chaise avec la migraine, qui ne l'a pas quittée à Choisy, où elle a suivi la Reine.

« Sa Majesté jouit depuis quinze jours d'une meilleure santé qu'elle n'avait fait auparavant. Il y avait eu des mouvements de vapeur, une saignée a tout dissipé.

« Le *Fauteuil* (1) fidèle embrasse de tout son cœur le *Sublime Mouton* et le prie de compter sur son zèle et sur son amitié pour toute sa vie.

« MONTCRIF. »

(2) « Seigneur,

« Je vois avec plaisir et j'exécuterai avec zèle la commission que vous me donnez. Je viens d'écrire au petit Prault de trouver incessamment les livres que vous désirez et de vous les envoyer par le carrosse de Calais. Je lui marque d'en joindre quelques autres qui sont nouveaux et qui méritent le nom de livres : l'*Essai sur les connaissances humaines* et les *Principes*

---

(1) Surnom de Montcrif dans la société intime de la Reine.
(*Note de l'auteur.*)
(2) Ces quatre lettres de Montcrif sont inédites et ont été copiées sur les originaux mêmes, qui sont entre les mains de l'auteur.

philosophiques sur le mérite et la vertu. Je ne suis pas sûr que ces lettres, attribuées à L. de Voisenon, soient de lui. Il est bien aisé de lever l'incertitude : si l'ouvrage est plein de traits d'esprit, il en est l'auteur. Je n'ai pas encore eu lieu de faire usage des très jolis vers que vous venez de m'envoyer.

« La Reine, ces deux jours-ci, n'a point eu Mme la duchesse de Villars, qui ne pouvait descendre, et j'attendrai une sainte veillée pour mettre au jour ce même ouvrage dont vous ne faites pas assez de cas. M. le Maréchal doit être flatté de l'entendre, et certainement on le lui communiquera.

« La Reine a toujours des mouvements de rhumatisme, et c'est sa hanche à présent qui souffre ; le bras est libre ; la Faculté espère que, malgré le froid, cette incommodité se dissipera en peu de jours. Vous devez un compliment à M. le comte d'Argenson, le Roi vient de lui donner les grandes entrées, distinction qui jusqu'ici n'avait été accordée à aucun ministre. Si vous lui écrivez à ce sujet et que la lettre soit courte, il la lira ; si elle est longue, il perdra le plaisir de lire une jolie lettre, n'ayant pas le loisir de se distraire de ses occupations plus d'un moment.

« Mille amitiés, je vous prie, à Lesbie. Je vous embrasse de tout mon cœur.   « MONTCRIF. »

A Paris, vendredi matin.

« Autre paquet de livres que le petit Prault (1) met

---

(1) Prault, imprimeur de cette époque ; il demeurait quai de Gesvres.

ce matin au carrosse de Calais, car il faut employer l'argent du Mouton. Il y a la tragédie de *Venise sauvée*, qui sort de dessous la presse et dont les représentations ont eu beaucoup d'éclat. Item une nouvelle édition du *Poème de la Ligue*, avec les variantes, édition charmante et exacte, quoique faite en Hollande, et un roman ou histoire singulière traduite de l'anglais et toute battante neuve. Je suis venu ici pour affaires et je m'en retourne tout de suite aux pieds du trône et de la vertu. Cette affaire était très intéressante pour moi. M. le duc d'Ayen jouait hier pour la dernière fois le rôle d'Antoine, je voulais être témoin du triomphe dont il a joui jusqu'ici, et il a été tel que ses amis ont été confondus dans la foule des applaudissements. On ne peut le croire qu'après l'expérience ; la peine qu'il s'est donnée et ses dispositions ont produit un progrès si grand qu'il n'y a personne du métier qui l'efface dans le genre de voix qu'il a et des rôles qu'il joue.

« Nous recevons jeudi prochain Duclos, je vous enverrai son discours. L'abbé de Bernis, sans être choisi pour le sort (selon nos usages), fera cette réception, s'en étant chargé par zèle. M. de Nivernais (1) a demandé aussi de présider en second ; distinction très flatteuse et pour Duclos et pour l'Académie. Elle marque la justesse de son choix dans la personne de Duclos. On évite ordinairement de faire les réceptions

---

(1) Le duc de Nivernais avait une influence prépondérante à l'Académie ; aussi sa voix était-elle toujours sollicitée en premier par les nombreux candidats aux sièges vacants.

avec autant de soins qu'on s'est empressé d'être chargé de celle-ci.

« En attendant ma chaise, je vais vous tracer ce que je pourrai des chansons que je vous ai annoncées.

« Si le Mouton n'était pas détourné de ses talents, ce serait lui que je copierais pour être l'enchantement des autres. »

Ce 18 octobre.

« Rien de plus aimable que votre ode, Seigneur et harmonieux Mouton. Il y a à la fois de la philosophie, de la volupté et de la poésie. Je l'ai communiquée et en ai donné des copies à de belles dames d'ici et de Versailles ; toutes m'en ont su beaucoup de gré. Je vous exhorte bien à remplir par de pareils ouvrages le peu de loisirs que vous vous trouvez. Je n'en ai point encore tenté la lecture à la sainte duchesse, une santé languissante dans un séjour éloigné du Parc-aux-Cerfs ne dispose pas à l'indulgence pour le genre de cette ode, et vous concevez bien que la Thérèse du siècle trouvera que, pour un homme *qui a pensé d'une certaine façon*, c'est faire un usage bien profane de son esprit ; mais j'espère bien trouver un moment où je lui ferai entendre cette jolie ode ; elle m'interrompra, me grondera et finira par l'avoir écoutée.

Je lui ai communiqué votre projet de passer quinzaine à Paris et à la Cour (car cela m'avait paru tout simple). Je ne dois pas vous cacher qu'elle s'est élevée contre avec véhémence et que rien n'a pu la faire changer d'avis.

« Elle conclut de beaucoup de choses qu'elle prévoit, que si vous paraissez à Paris et à Versailles, vous perdrez votre commandement, parce que vous n'aurez plus la liberté de partir. Je vous épargne les détails sur lesquels elle appuie cette conclusion... Voyez à lui écrire si vous croyez la convertir, ou à lui marquer que vous déférez à son conseil...

« La santé de la Reine est beaucoup meilleure qu'elle n'avait espéré de l'avoir à Fontainebleau ; il s'en suivrait que les jours qu'elle avait passés à Choisy ont bien contribué à la rétablir. Elle a éprouvé de la part du Roi les attentions et les marques d'amitié les plus flatteuses. Je vous rends compte de ces circonstances parce qu'elles effaceront ce que je vous ai marqué sur votre projet vous aura coûté d'amertume ; savoir la Reine heureuse vous consolera sûrement de tout. »

Montcrif fut le courtisan le plus achevé du XVIII° siècle. Il avait l'art d'être de toutes les opinions : dévot avec la Reine, licencieux avec le Roi, il était toujours de l'avis de tout le monde. S'il faisait des romances sentimentales pour Mme de Pompadour, romances que la marquise chantait d'ailleurs avec beaucoup de charme aux échos de Trianon, en revanche, il demandait à son ami Tressan de lui composer un cantique pour le recueil de poésies sacrées qu'il destinait à la Reine :

O de Thaïs aimable imitateur,
Ne me refusez plus ce cantique enchanteur
Où la ferveur de l'âme est si vivement peinte,

> Où votre esprit inspiré par la crainte,
> Parle si bien le langage du cœur.
>
> Oui, c'est au temple de mémoire
> Qu'appartiennent ces vers ; je dois les y tracer ;
> Mais ce n'est point pour votre gloire
> Que mon burin va s'exercer.
> Le vain honneur d'attirer des suffrages,
> Je le sais bien, ne vous tenterait pas ;
> Et si je veux publier vos ouvrages,
> C'est par égard pour des goûts délicats.

La récompense de la grande ferveur dont Montcrif faisait montre, fut un brevet signé Louis XV, qui le nommait le lecteur de la Reine, avec un appartement aux Tuileries et à Versailles.

Les vers que le comte de Tressan adressait à son ami ne revêtaient pas toujours la forme de cantiques, ainsi qu'on peut juger par cette lettre qu'il lui écrivait après avoir été voir le grand prieur d'Orléans et M. le marquis de la Faye, tous les deux très blessés.

> Sublime, persifleur et tendre,
> Vous qui sur l'un et l'autre ton,
> Tour à tour nous fait entendre
> La musette de Céladon,
> La vielle du père Cassandre
> Et la lyre d'Anacréon.
>
> Pour charmer l'ennui d'un voyage
> Que je devais à l'amitié,
> Je vous écris maint radotage ;
> Et ce maître du badinage,
> La Faye, en sera de moitié.

Malgré la faim qui l'assassine,
Malgré tout son sang répandu,
Sa tête folle et libertine,
Son cœur, par un tambour ému,
Sont toujours d'un enfant perdu.

Il est enfin dans cette ville,
Dont le Prélat fait les beaux jours,
Car chez lui on trouve toujours
L'aimable et somptueux asile
Du bon pasteur de l'Évangile
Et du grand-père des amours.

D'abord, pour calmer mes alarmes,
J'ai couru chez le grand prieur :
Son état rassure mon cœur.
Ami ! nous ne devons des larmes
Qu'à la perte de son bonheur (1).

Hélas ! jadis dans ce parterre,
Par d'antiques murs renfermé,
Tous les soirs, un objet aimé
Prenait soin de remplir son verre.

Le goût, l'esprit, la liberté,
Des amis sûrs, la bonne chère,
Tout appelait la volupté ;
Et le vin répandu par terre
Faisait fleurir les marronniers,
Dont Carton, d'une main légère,
Nouait les fleurs avec du lierre
Pour couronner les casaniers (2).

(1) Le grand prieur était déjà dans la très grande dévotion.
(2) C'est ainsi qu'on nommait les commensaux du Temple.
(*Note du comte de Tressan.*)

> Tout est changé, mais en silence,
> E.... me force à demeurer ;
> Malgré plus de six mois d'absence,
> Mon cœur sent trop bien sa présence,
> Et l'esprit n'ose s'égarer.

Voltaire n'oubliait pas non plus celui dont il avait dirigé les études et qui, de son côté, lui avait voué une vénération et une amitié qui durèrent toute sa vie.

Voici une lettre qu'il lui adressait à Boulogne :

1746.

(1) « Je dois, Monsieur, passer dans votre esprit pour un ingrat et un paresseux ; je ne suis pourtant ni l'un ni l'autre, je ne suis qu'un malade dont l'esprit est prompt et la chair très infirme. J'ai été pendant un mois accablé d'une maladie très violente et d'une tragédie qu'on me faisait faire pour les relevailles de Mme la Dauphine.

« C'était à moi naturellement de mourir, et c'est Mme la Dauphine qui est morte le jour même que j'ai achevé ma pièce ; et voilà comment on se trompe dans tous ses calculs.

« Vous ne vous êtes assurément pas trompé sur Montaigne. Je vous remercie bien, Monsieur, d'avoir pris sa défense ; vous écrivez plus purement que lui et vous pensiez de même ; il semble que votre portrait

---

(1) Toutes les lettres de Voltaire citées dans cet ouvrage font partie de la collection d'autographes de l'auteur.

par lequel vous commencez soit le sien. C'est votre frère que vous défendez, c'est vous-même. Quelle injustice criante de dire que Montaigne n'a fait que commenter les anciens!

« Il les cite à propos, et c'est ce que les commentateurs ne font pas; il pense et ces messieurs ne pensent pas; il appuie ses pensées de celles des grands hommes de l'antiquité, il les juge, il les combat, il converse avec eux, avec son lecteur, avec lui-même; toujours original dans la manière dont il présente les objets, toujours plein d'imagination, toujours peintre, et, ce que j'aime, toujours sachant douter; je voudrais bien savoir d'ailleurs s'il a pris chez les anciens tout ce qu'il a dit sur nos modes, sur nos usages, sur le nouveau monde découvert presque de son temps, sur les guerres civiles dont il était sur le terrain, sur le fanatisme des deux siècles qui désolaient la France.

« Je ne pardonne à ceux qui s'élèvent contre cet homme charmant, que parce qu'ils vous ont valu l'apologie que vous avez bien voulu en faire.

« Je suis bien édifié de savoir que celui qui veille sur nos côtes est entre Montaigne et Épictète. Il y a peu de nos officiers qui soient en pareille compagnie.

« Je m'imagine que vous avez aussi celle de votre ange gardien que vous m'avez fait voir à Versailles. Cette Michelle et ce Michel Montaigne sont deux bonnes ressources contre l'ennui. Je vous souhaite, Monsieur, autant de plaisir que vous m'en avez fait. Je ne sais si la personne à qui vous avez envoyé votre dissertation, également instructive et polie, osera imprimer sa condamnation. Pour moi, je conserverai chèrement l'exemplaire que vous m'avez fait l'honneur de m'envoyer.

« Pardonnez-moi encore une fois, je vous en supplie, d'avoir tant tardé à vous en faire mes tendres remerciements. Je voudrais, en vérité, passer une partie de ma vie à vous voir et à vous écrire ; mais qui fait dans le monde ce qu'il voudrait ?

« Mme du Châtelet vous fait ses plus sincères compliments ; elle a un esprit trop juste pour n'être pas entièrement de votre avis. Elle est contente de votre petit ouvrage à proportion de ses lumières, et c'est à dire beaucoup.

« Adieu, Monsieur, conservez à ce pauvre malade des bontés qui sont sa consolation, et croyez que l'espérance de vous voir quelque soir et de jouir des charmes de votre commerce me soutient dans mes longues infirmités.   V..... »

A Paris, ce 21 août 1746.

Cette lettre est datée de Paris ; que le lecteur veuille bien se rappeler que Voltaire était alors en pleine faveur ; il avait obtenu en 1745, par le crédit de Mme de Pompadour, qui s'était déclarée sa protectrice, le brevet d'historiographe de France, avec une charge de gentilhomme du roi. En 1746, il put enfin entrer à l'Académie, dont les portes lui avaient été deux fois fermées.

Parmi les autographes de cette époque capables de présenter quelque intérêt pour le lecteur, je trouve, à la date du 21 février 1745, une lettre d'un bon religieux faisant l'apologie de la Reine de France, parlant de la dignité de sa vie, ainsi que de l'exemple qu'elle donnait par ses grandes vertus à cette Cour de jeunes femmes qu'elle avait entrepris d'édifier... sinon de convertir.

L'auteur de la lettre en question était le général des Camaldules, qui avait eu recours à M. de Tressan dans le but d'obtenir une audience de la Reine. Cet ordre, qui tirait son nom du monastère de Camaldoli, près de Florence, avait été fondé par saint Romuald en l'an 1012, et se consacrait à la vie purement contemplative. Mais il avait presque entièrement disparu dans le dernier siècle.

Cependant, il y avait encore, en 1789, une abbaye de Camaldules à Grosbois, près Paris (Seine-et-Oise).

Voici en quels termes s'exprimait le pieux cénobite :

« Monsieur,

« Une lettre du désert pourra-t-elle pénétrer dans une cour où la joie la plus juste et les plaisirs les plus permis occupent innocemment tous les esprits? Faut-il passer pour un ingrat? Je le serais si je différais plus longtemps à laisser agir ma reconnaissance; vous avez eu la bonté, Monsieur, de me conduire au pied du trône d'une grande Reine dont la piété est un sujet d'édification à toute la terre, des dames illustres et très aimables, marchant religieusement sur ses pas, dans un pays où l'abondance, la magnificence et les délices inspirent des sentiments tout différents, et d'où on ne doit approcher sans préservatifs. J'ai éprouvé tout le contraire, j'en suis revenu si édifié que je me suis querellé tout le long du chemin, me suis appelé cent fois hypocrite, me voyant supplanté dans ma carrière par de jeunes personnes qui raviront ma couronne, n'ayant plus que des services usés à offrir au Seigneur qui ne demande que le cœur.

« Mais pour m'acquitter de ce que je leur ai promis, je n'ai d'autres moyens que d'offrir leurs vœux quand je dis la sainte messe.

« J'ai assemblé la communauté, et j'ai recommandé de prier Dieu jour et nuit, pour le Roi, la Reine, la famille royale et plusieurs personnes de la première distinction. Voilà, je crois, ce que je puis faire de mieux pour m'acquitter envers une si bonne Reine. Je n'aurais point rempli son attente et celle des dames auxquelles vous m'avez fait l'honneur de me présenter, si vous n'y étiez aussi pour quelque chose.....

« Il me reste à vous jurer un dévouement le plus sincère et le plus respectueux avec lequel je serai éternellement,

« Monsieur,
« Votre très humble et très obéissant serviteur,
« Général des Camaldules. »

Aux Camaldules de Grosbois,
Ce 21 février 1745.

CHAPITRE V.

Notions que l'on avait sur l'électricité en 1747. — Lettre d'un médecin de l'époque sur l'application de l'électricité à la médecine. — Principes du magnétisme et de l'hypnotisme exposés dans le mémoire sur la nature et les effets du fluide électrique. — Lettre de Jean Le Roy, dans laquelle il est question : de philosophie, des femmes savantes et d'instruments d'optique.

Dès 1747, le comte de Tressan s'occupait de son grand ouvrage sur l'électricité, qui n'a été imprimé qu'après sa mort, en 1786.

Afin que le lecteur puisse juger de l'importance de ce travail, rappelons quel était à cette époque l'état de nos connaissances sur l'électricité :

A peine avait-on rassemblé quelques faits isolés, on connaissait : l'attraction et la répulsion, le fluide manifesté par l'étincelle, la commotion dans l'expérience de Leyde et très peu de chose sur l'action du fluide électrique dans la nature. La lettre suivante, d'un savant de l'époque, nous montre qu'on s'occupait déjà de l'application de l'électricité à la médecine.

« Monsieur le Comte,

« Vous me faites infiniment d'honneur et beaucoup plus que je ne le mérite, je vous prie d'en recevoir mes remerciements. Mes succès ne sont pas aussi grands que vous le pensez ; ce qu'on en débite, ce qu'on imprime à mon insu dans plusieurs ouvrages est exagéré. Il y a des probabilités assez fortes, mais il n'y a point de preuves : un ou deux faits ne suffisent pas ; car la nature guérit quelquefois toute seule. Mais si, dans les cas où elle le fait rarement, l'électricité guérit et soulage grand nombre de malades, c'est alors que son efficacité sera bien établie : je n'en suis pas là, je n'y saurais être au bout de quatre mois : j'ai des espérances qui me paraissent fondées ; rien de plus. Mais vous jugerez mieux de leur valeur que personne quand vous viendrez à Paris. Si, comme vous m'en flattez, vous me faites l'honneur de venir chez moi, vous y trouverez un journal pour chaque malade : à la tête est constaté l'état antérieur du malade par un procès-verbal signé de plusieurs médecins ; ce qui est arrivé chaque jour est constaté avec les mêmes précautions, vous pouvez donc comparer le dernier état au premier et juger.

« Je crois que vous concevrez des espérances, mais que vous n'affirmerez rien encore, c'est ce que nous pourrons faire dans trois ou quatre ans ; car, comment répondre avant ce délai à l'énoncé d'une partie de ce problème ?

« Les cures opérées par l'électricité se soutiennent-elles après que les malades ne sont plus électrisés ?

« Je ne peux aucunement répondre au bout de quatre mois.

« J'ai lu avec empressement le cahier que vous avez eu la bonté de m'envoyer, il m'inspire le plus grand désir de lire l'ouvrage dont il offre le plan. Je vous demanderai donc cette grâce.

« J'ai l'honneur d'être, avec autant de considération que de respect,

« Monsieur le Comte,

« Votre très humble et très obéissant serviteur,

« MAUDUYT. »

29 décembre 1777.

La France, l'Allemagne et l'Angleterre essayaient alors de soulever un coin du voile étendu sur l'électricité. Franklin (1) révélait à l'Europe les mystères de l'expérience de Leyde, annonçait l'identité du fluide électrique et de la foudre, dont la physique avait jusque-là vainement tenté l'explication.

Un homme comme M. de Tressan n'était pas fait pour ignorer ce qui se passait dans le monde savant, aussi vit-il avec le plus grand intérêt les premières expériences qu'en 1743 firent MM. Dufaye et l'abbé Nollet, maître de physique du Dauphin ; elles développèrent dès lors en lui la première idée de cet agent universel.

S'appuyant sur ces expériences, il y découvrit l'as-

---

(1) On sait que Franklin découvrit la propriété que les pointes ont d'enlever sans contact le fluide accumulé par un corps, et qu'après un grand nombre d'expériences pour comparer les effets de l'électricité à ceux de la foudre, il annonça les pointes comme un sûr moyen d'enlever des nuages l'électricité de la foudre même. On sait enfin qu'en mai 1752, cette expérience concluante fut tentée à Marly-la-Ville et réussit entre les mains de M. Dalibart.

cension des vapeurs, l'électricité de l'air, le flux de la mer, la cause des perturbations atmosphériques. Il pensa enchaîner par l'électricité tous les phénomènes et tous les êtres et donna les premiers principes du magnétisme et de l'hypnotisme dans son mémoire intitulé : *La nature et les effets du fluide électrique.*

J'espère pouvoir intéresser les lecteurs et surtout les lectrices en citant le passage suivant :

« Ne pourrait-on pas entendre dans un sens littéral ce vers de Virgile ?

Nescio quis teneros oculus mihi fascinat agnos ?

« La fable des magiciens de Thessalie qu'Apulée, Lucien et plusieurs poètes anciens accusaient d'empoisonner par leurs regards, ne serait-elle pas fondée sur l'idée que quelques physiologistes grecs ont eu peut-être que les yeux peuvent effluer quelques aigrettes douces et sympathiques, ou de nature à rebuter et même à blesser ? Combien ne pourrait-on pas citer de grands personnages qui, soit vanité, soit faiblesse, ne souffraient qu'avec peine, et même qu'avec une impatience marquée, qu'on osât les regarder fixement ? Comment s'est-il introduit dans l'usage d'éviter de fixer ses regards sur les yeux de ceux auxquels on doit du respect ? Il est certain que le regard fixe d'une personne que nous voyons pour la première fois excite en nous un sentiment agréable qui nous prévient, qui nous attache, ou fait naître la répugnance qui produit un effet contraire. Serait-ce le rapport d'une émanation de ses yeux avec la disposition actuelle de nos nerfs ?

« Une émotion douce et agréable, un sentiment qui nous peine et qui nous éloigne, naîtraient-ils d'un feu réel qui nous pénètre ? Démocrite aurait-il eu raison en partie lorsqu'il définit la cause de l'amour ou de la haine par des atomes crochus qui s'entrelaçaient, ou par des atomes ronds qui s'entrepoussaient ?

« Démocrite n'aurait-il eu dans cette définition d'autre tort que celui d'avoir mis en jeu des atomes figurés ?

« La timidité des enfants qui ne peuvent soutenir des regards durs et menaçants, la douceur qui règne dans les leurs, ce feu agréable et si séducteur qui brille dans les yeux de la jeunesse, serait-il l'effet d'aigrettes plus douces, plus pures, plus égales et plus variées ?

« Albert et plusieurs autres auteurs auraient-ils donc raison d'avoir osé étendre cette idée, de lui avoir donné un corps et de la croire la cause physique de l'impression que les regards peuvent faire et de l'effet subit, et cependant quelquefois si durable, que le premier coup d'œil fait sur nous ?

. . . .

. . . .

« Pour peu qu'on ait vu répéter une partie des expériences de l'électricité, dit l'auteur dans son chapitre : *des effets de l'électricité dans les phosphores naturels*, on peut facilement imaginer combien il serait facile d'en imposer à la crédulité de ceux qui les ignorent ; si les expériences de l'électricité ont été connues par les Phéniciens, qui paraissent avoir été les plus savants de tous les anciens peuples, il est vraisemblable que les prêtres de Memphis et d'Héliopolis ont abusé de l'électricité vis-à-vis de ceux qui se faisaient initier aux mystères d'Eleusis et de la bonne déesse. » . . . .

. . . .

Je ne peux donner que cette idée générale de cet intéressant ouvrage, et je crois pouvoir conclure en disant que dans ce système on aperçoit la trace de beaucoup de découvertes que, par d'heureuses et savantes expériences sagement suivies, d'autres savants ont pu rendre enfin certaines et constantes.

C'est ainsi qu'ils ont fait du fluide électrique : une force motrice, l'agent de la lumière, le conducteur de la pensée, de la voix et de l'écriture, pour en arriver à cette dernière découverte, pour ainsi dire miraculeuse, de ces fameux rayons (doués de propriétés si curieuses) partant de l'électrode négative d'un tube de Crookes.....

Le mémoire intitulé : *Essai sur la nature et les effets du fluide électrique, considéré comme l'agent universel*, fut présenté, vers la fin de 1748, à l'Académie royale des sciences de Paris, et MM. de Réaumur, de la Condamine, Morand père et l'abbé Nollet, nommés commissaires, en rendirent, après un examen de six mois, le témoignage le plus honorable ; leur rapport se trouve inscrit sur les registres de cette savante assemblée, à la date du 14 mars 1749.

L'abbé Nollet s'exprime en ces termes sur l'ouvrage en question :

« La lecture de ce mémoire prouve incontestablement que son auteur, M. le comte de Tressan, a beaucoup lu de physique, de toute espèce, et qu'il a réfléchi sur toutes les connaissances qu'il a acquises ; qu'il a joint à ces connaissances acquises beaucoup d'imagination de sa part, plusieurs idées neuves qui ont de la vraisemblance, et qui sont exposées clairement, avec ordre et en bons termes. 1749. NOLLET.

De la correspondance que le comte de Tressan entretint avec les savants de l'époque, au sujet de ses recherches sur l'électricité, je ne citerai que la lettre suivante, qui lui fut adressée par Jean le Roy (médecin), membre de l'Académie des sciences, lettre qui vient à l'appui de ce que je disais plus haut à propos de la part que certaines grandes dames prirent au mouvement scientifique et philosophique du XVIIIe siècle :

Paris, le 26 août 1749.

« Monsieur,

« J'ai reçu la lettre que vous m'avez fait l'honneur de m'écrire. On ne peut être plus sensible que je le suis à toutes vos politesses et à la bonne opinion que vous avez conçue de moi. Je serais trop flatté si je pensais la mériter.

« Oui, Monsieur, puisque vous voulez bien me le permettre, je me donnerai l'honneur de vous écrire. Je suis trop attaché à mes intérêts pour ne pas profiter d'un commerce dont je tirerai un si grand fruit.

« Permettez, Monsieur, que je vous félicite sur le noble courage que vous avez de cultiver la philosophie, dans un pays où une personne de votre rang est obligée d'être savante incognito. Il semble que, parmi le grand monde, il ne soit encore permis qu'aux femmes de se mêler de physique publiquement.

« Apparemment que l'indulgence que l'on a pour le beau sexe fait qu'on leur passe ce travers; car c'en est un dans ce pays que de vouloir savoir des choses que le vulgaire ignore. Aussi, quelle obligation n'ont pas les sciences aux personnes qui ne les cultivent que pour elles-mêmes, et qui, par le rang qu'elles occupent dans le monde, sont obligées de cacher leurs connaissances et sont privées d'un aiguillon aussi puissant chez la plupart des hommes que l'amour de la réputation.

« Qu'il serait à souhaiter, Monsieur, qu'un petit nombre de personnes comme vous ouvrissent les yeux à notre nation, qui est encore dans de profondes ténèbres à cet égard.

« J'ai exécuté vos ordres et j'ai fait remettre à M. d'Ons-en-Braye le mémoire tel qu'il a été lu à l'Académie par M. d'Arcy, avec deux dessins dont l'un représente la manière dont nous observons avec *nos électromètres*, et l'autre l'électromètre lui-même. Je ne doute pas que vous n'entendiez parfaitement la nature de notre instrument à l'aide du mémoire et des dessins . . . .
. . . .

« En vous assurant, Monsieur, que personne n'est avec plus de respect que moi

« Votre très humble et très obéissant serviteur,

« JEAN LE ROY. »

Quant à Voltaire, voici quelle était son opinion sur la physique et les expériences en général :

De Lauzanne, 13 février 1758.

« Je reçois, Monsieur, une réponse à la lettre que j'eus l'honneur de vous écrire hier . . . .
. . . .

« Vous persistez donc dans le goût de la physique ? C'est un amusement pour toute la vie. Vous êtes-vous fait un cabinet d'histoire naturelle ? Si vous avez commencé, vous ne finirez jamais ; pour moi, j'y ai renoncé et en voici la raison : un jour, en soufflant mon feu, je me mis à songer pourquoi du bois faisait de la flamme ; personne ne me l'a pu dire, et j'ai trouvé qu'il n'y a pas d'expérience de physique qui approche de celle-là. J'ai planté des arbres, et je veux mourir si je sais comment ils croissent ; vous avez eu la bonté de faire des enfants, et vous ne savez pas comment. Je me le tiens pour dit, je renonce à être scrutateur. D'ailleurs, je ne vois guère que charlatanisme, et excepté les découvertes de Newton et deux ou trois autres, tout est système absurde ; l'histoire de Gargantua vaut mieux ; ma physique est réduite à planter des pêchers à l'abri des vents du Nord. C'est encore une bien belle invention que les poêles dans les antichambres ; j'ai eu des mouches dans mon cabinet tout l'hiver. Un bon cuisinier est encore un brave physicien. Cela est rare à Lausanne ; plût à Dieu que le mien pût vous servir de nos grosses truites et que je fusse assez heureux pour philosopher avec vous le long de mon beau lac de Lausanne à Genève.

« Recevez le tendre respect du vieux Suisse.

« V...... »

CHAPITRE VI.

Le comte de Tressan, gouverneur du Toulois et d'une partie de la Lorraine. — Le roi de Pologne le fait grand maréchal de sa maison. — Stanislas Leczinski ; sa vie. — La Cour de Lunéville. — Grands seigneurs et philosophes. — Les Jésuites, exilés de France, sont accueillis à la Cour de Lorraine. — La marquise de Boufflers. — Madame du Châtelet.

Nous avons laissé le comte de Tressan à Boulogne, correspondant avec ses amis de la Cour, et faisant en grand seigneur les honneurs de son commandement, non seulement aux officiers de son armée, mais encore à tous les Anglais de marque partisans du prince Édouard qui repassaient à Boulogne après leur défaite.

En 1750, nous le retrouvons à Toul, gouverneur du Toulois et de la Lorraine. Il avait été appelé à ce commandement par le maréchal de Belle-Isle, sous les ordres duquel il avait servi pendant la campagne de 1735. Il se trouvait ainsi encore une fois éloigné (1) de Versailles (ce qui à cette époque semblait une demi-disgrâce), s'étant aliéné la faveur du Roi pour une chanson (2) sur Mme de Châteauroux ; il avait

---

(1) Se reporter à la lettre n° 4 de Moncrif.
(2) Sans avouer absolument être l'auteur de la chanson en question, M. de Tressan n'en reniait pas non plus la paternité.

Le Roi Stanislas

Portrait donné au Comte DE TRESSAN par Sa Majesté le Roi de Pologne

conservé néanmoins les bonnes grâces de la Reine et des princesses de la Cour.

Ses fonctions de gouverneur de la Lorraine le mirent une seconde fois en relations avec le bon roi Stanislas, qui l'avait connu autrefois dans la société intime de la Reine, sa fille, et qui, désireux de se l'attacher, le fit, à la mort du comte de Montmorency, grand maréchal de sa maison.

Me trouvant amené à parler du roi Stanislas, je crois devoir rappeler, en quelques lignes, au lecteur, l'existence romanesque de ce monarque.

Stanislas Leczinski, né en 1682, à Lemberg (Gallicie), d'une famille ancienne et illustre, avait pour père Raphaël Leczinski, palatin de Posnanie et grand trésorier du royaume ; il était déjà lui-même palatin de Posnanie et grand échanson de la Couronne, lorsque la guerre éclata entre Auguste II, roi de Pologne, et Charles XII, roi de Suède. Chargé par la confédération de Varsovie de négocier auprès de Charles XII, il plut à ce prince et en obtint ce qu'il demandait. Peu après, le trône ayant été déclaré vacant, il fut élu Roi par l'influence de la Suède (1705). Mais Charles ayant été battu par Pierre-le-Grand à Pultava (1709), Stanislas se vit obligé à son tour de quitter la Pologne et alla se réfugier auprès de Charles XII, qui lui donna le gouvernement du duché des Deux-Ponts. Mais il fut encore obligé, à la mort du roi, d'abandonner ce duché au comte palatin Gustave.

En 1719, la mort de Charles XII avait délivré Leczinski d'un dangereux protecteur, mais en même temps le rendait à la détresse et à la dépendance.

La reine de Suède résolut d'obtenir du Régent un asile pour Stanislas ; la situation précaire dans laquelle il se trouvait ne permettait pas d'hésitation, et des suppliques furent envoyées au Roi, au Régent et au ministre. Le Régent lui adressa la lettre suivante au nom de son royal pupille :

« Vos vertus, encore plus que vos malheurs, intéressent le Roi mon neveu en votre faveur, il me charge de vous faire savoir que ce n'est pas sa protection, mais son amitié qu'il entend vous accorder ; ainsi, comme vous vous trouvez dans le voisinage de l'Alsace, vous êtes le maître de choisir pour votre résidence telle ville de cette province qui pourra vous convenir. »

L'assurance d'une pension accompagnait cette proposition hospitalière, et la famille Leczinska choisit pour résidence Weissembourg, ville de la Basse-Alsace, dans laquelle s'élevait une commanderie délabrée que l'on appelait le château de Weissembourg. Quelques années après, en 1725, Louis XV épousa la fille de Stanislas, Marie Leczinska.

En 1733, à la mort d'Auguste II, deux prétendants ne tardèrent pas à se disputer son héritage : l'un d'eux était l'électeur de Saxe, fils du premier défunt, l'autre Stanislas Leczinski.

L'Allemagne et la Russie appuyaient le premier ; toute la Pologne appelait Stanislas, elle le proclamait en déclarant ne vouloir choisir pour souverain qu'un véritable Polonais.

Le père de Marie Leczinska se rendit mystérieusement (1) en Pologne, travesti en simple voyageur de commerce. Leczinski atteignit la Pologne le 5 septembre et fut réélu ; mais trahi par une noblesse infidèle et jalouse, attaqué par les Allemands et les Russes, il fut obligé de fuir après avoir soutenu un long siège à Dantzick.

Le traité de Vienne de 1738 lui accorda la souveraineté de la Lorraine et du duché de Bar, sa vie durant, en dédommagement de son royaume de Pologne.

Le roi Stanislas fixa sa résidence en Lorraine. Les peuples de cette province ne tardèrent pas à éprouver pour leur nouveau souverain le même enthousiasme de tendresse et d'attachement qu'ils avaient marqué pour leurs grands-ducs.

La Lorraine changea de face : des maisons royales, des édifices publics consacrés à l'humanité, qu'on vit s'élever de toutes parts, y donnèrent une vie nouvelle à tous les arts : le goût, la magnificence brillaient dans sa capitale ; l'abondance se répandit dans les campagnes à la suite de l'industrie favorisée (2).

Dans le *Journal de Barbier* (avril 1737), on trouve le récit de l'installation de la Cour de Lorraine à Lunéville. Il ne s'est rien passé de remarquable, si ce n'est le départ du roi Stanislas et de la reine sa femme pour prendre possession de la Lorraine, avec le titre de roi de Pologne et de duc de Lorraine et de Bar.

---

(1) Ce voyage de Stanislas, ainsi que sa fuite de Dantzick, sont racontés de la façon la plus intéressante dans *Le roi Stanislas et Marie Leczinska*, par Mme la marquise des Réaulx. (Chez Plon et Nourrit.)

(2) *Mémoires du président Hénault.*

Cela est très réel, et ils feront résidence à Lunéville. Tous les édits se font dans ce sens, et il est souverain dans toutes les formes.

Il a envoyé déjà un prince de la maison de Lorraine, le prince de Craon (1), qui réside dans ce pays-là, donner part au Roi de France de son arrivée.

Il a deux compagnies de gardes du corps, commandées par des seigneurs lorrains, et son régiment des gardes, infanterie composée de trois cents invalides que l'on a choisis ici parmi les bas officiers, dont le colonel est français et nommé par le Roi de France : c'est le comte de Moncan, colonel réformé, un de mes amis (2).

Stanislas s'était réservé l'entier gouvernement de sa maison, et cette maison avait été tout d'abord montée sur un pied considérable. Le duc Ossolinski en était le grand maître, le comte de Béthune était grand chambellan, le marquis de Custine grand écuyer, le comte d'Haussonville grand louvetier, le marquis de Lambertye commandant des gardes du corps. Il avait six chambellans ordinaires : les comtes de Croix, de Ligniville, Nettancourt, Serinchamps, et le chevalier de Meuse. Stanislas y ajouta plus tard deux pensionnaires ayant les honneurs des grands officiers, MM. de Bercheny et d'Andelau, et douze chambellans d'honneur, savoir : les marquis de Lambertye, de Choiseul, du Châtelet, des Salles et de

---

(1) Marc de Beauveau de Craon, prince de Craon, grand écuyer du duc de Lorraine.

(2) *Journal de Barbier.*

Roujey, les comtes de Tornielle, d'Hunolstein et le chevalier du Châtelet ; deux gentilshommes pour la chambre : MM. Casteja et Vanglas; Massolles et La Roche-Aymon pour la seconde table ; Miascosky et Grossolles pour la chasse, et six autres gentilshommes pour les étrangers, pour ses bâtiments, sa musique et le gouvernement de ses pages, avec douze gentilshommes, *ad honores*.

Mme de Linange fut nommée dame d'honneur de la Reine ; la marquise de Boufflers, les comtesses de Choiseul et de Raigecourt furent les premières dames du palais (1).

Le comte de Tressan ne pouvait trouver un séjour qui réunît plus les moyens de lui plaire, que cette Cour de Lunéville qui, pendant vingt-huit ans, fut le rendez-vous des personnages marquants de l'époque.

L'hospitalité la plus large s'étendait indistinctement aux grands seigneurs, littérateurs, poètes et savants, qui venaient à Lunéville.

Le prince de Beauvau, le vicomte de Rohan, M. de Choiseul, Voltaire, le président Hénault, MM. de Solignac, Devaux, lecteur du roi, Montesquieu, Saint-Lambert, Helvétius lui-même (que ses tournées de fermier général amenèrent plusieurs fois à Nancy), étaient également bien accueillis par Stanislas. Imitant en cela le grand Frédéric, s'il recevait les philosophes fuyant la Bastille, les Jésuites chassés par le Parlement

---

(1) Ces renseignements nous ont été donnés par M. le comte d'Haussonville dans son *Histoire de la réunion de la Lorraine à la France*, tome IV, page 324.

(le 22 février 1764), trouvaient également un refuge auprès de lui.

Le grand crime des Jésuites fut de déplaire à la marquise de Pompadour. (En 1756, obligée de se confesser pour pouvoir être nommée dame du palais de la Reine, le P. de Sacy lui avait refusé l'absolution; au moment de l'attentat de 1757, le P. Desmarets avait failli lui faire quitter la Cour).

On vit de saints missionnaires, d'infatigables apôtres, d'illustres professeurs, des hommes qui avaient honoré la religion et la science, des vieillards entourés de l'estime de tous les honnêtes gens, chassés de leurs maisons, privés de toute ressource, expulsés de France avec une rigueur et une injustice si cruelles, que certains philosophes crurent pouvoir prendre leur défense au nom de l'humanité. . . . .
. . . .

A cette Cour de Lunéville, qui brillait d'un si vif éclat qu'elle semblait un reflet de la Cour de Versailles, de grandes dames, telles que : la marquise de Boufflers, les comtesses de Choiseul, de Raigecourt, de Lenoncourt, de Graffigny et de Lutzelbourg, avaient apporté ce charme de la femme qui eut une si grande influence sur le siècle dernier. Montesquieu n'a-t-il pas dit, en effet : « Aux yeux de la postérité, les représentants du xviiie siècle seront : Voltaire et Mme de Pompadour !!.. » c'est-à-dire : les philosophes et les femmes !!..

Parmi ces femmes charmantes, la première place revient à Mme de Boufflers qui, après la mort de Catherine Opalinska, reine de Pologne, ne quitta plus que rarement la Cour de Lorraine, dont elle faisait les honneurs au nom du Roi, et cela au grand déplaisir du R. P. Menou, confesseur de Stanislas. Elle était belle et avait de l'esprit. Voici, du reste, le portrait que M. de Tressan a tracé d'elle :

« Elle parlait peu, lisait beaucoup, non pour s'instruire, non pour former de plus en plus son goût, mais elle lisait comme elle jouait, pour s'exempter de parler. Ses lectures s'étaient bornées à peu de livres, qu'elle relisait souvent. Elle ne retenait pas tout ; mais il en résultait néanmoins pour elle, à la longue, une source de connaissances d'autant plus précieuses qu'elles prenaient la forme de ses idées. Ce qui en transpirait ressemblait en quelque sorte à un livre décousu, si l'on veut, mais partout amusant, auquel il ne manquait que les pages inutiles. »

Elle faisait de jolis vers, tout en admirant volontiers ceux des autres.

On cite d'elle ce joli quatrain, adressé à Stanislas :

> De plaire un jour, sans aimer, j'eus l'envie ;
> Je ne cherchais qu'un simple amusement ;
> L'amusement devint un sentiment,
> Le sentiment le bonheur de ma vie.

Ainsi que nous l'avons dit, la marquise était fort jolie femme, plus galante encore et, s'il est possible, encore plus incrédule. Elle ne concevait pas comment on pouvait aimer Dieu.

« Oh ! non, s'écriait-elle un jour, je sens que je ne l'aimerai jamais. » — « Ne jurez de rien, lui dit son fils, si Dieu se faisait homme une seconde fois, vous l'aimeriez tout comme un autre. »

De Tressan, qui ne pouvait s'empêcher de rimer, avait fait sur elle les vers que voici :

> Quand Boufflers parut à la Cour,
> On crut voir la mère d'amour ;
> Chacun s'empressait à lui plaire,
> Et chacun l'avait à son tour.

La marquise feignit de ne point se fâcher et voulut en connaître l'auteur ; Tressan ayant eu l'imprudence de se nommer, elle lui appliqua, sans mot dire, la plus belle paire de soufflets qui puisse être donnée.

Mais la belle marquise ne savait pas garder rancune et ils n'en restèrent pas moins bons amis. Et celle qui fut la Dame de Volupté (1) à la Cour de Lorraine, resta toujours pour le comte la dame de ses pensées, ainsi qu'il se plaisait à la nommer lorsqu'il lui écrivait.

Les deux lettres suivantes (lettres inédites) prouveront l'intérêt et l'amitié que cette grande dame ne cessa de lui témoigner. Dans la première de ces lettres elle lui donne des nouvelles de la Cour :

A Monsieur
Monsieur le comte de Tressan, commandant à Toul en Lorraine, à Toul.

« Je suis bien sûre, mon cher Tressanius, qu'en ne vous écrivant pas, je ne vous en aime que mieux, et

---

(1) Surnom donné à la marquise de Boufflers, à cause de sa gracieuse nonchalance.

je veux me flatter que vous ne m'en aimez pas moins. Cependant, il y a longtemps que vous ne me l'avez dit, et cela commence à m'inquiéter. Je vous aime trop pour ne pas vaincre mes répugnances et changer même de caractère s'il le faut, plutôt que de vous laisser douter de moi un moment. Songez aussi que votre amitié m'est absolument nécessaire, parce qu'elle entre dans tous les arrangements de ma vie. Croirez-vous que je n'ai pas encore pu voir Alliot (1) un moment seul ; il vint avant-hier chez moi pour la première fois, parce qu'il avait été à Versailles. J'avais des visites qui ne me laissèrent pas la liberté de lui dire un mot de vos affaires ni des miennes. Je l'ai fort prié de revenir, et il me l'a promis ; mais je crains bien de ne le voir qu'en Lorraine, car je suis obligée d'aller ce soir à Versailles pour remplacer trois femmes de semaine malades (2). Vous croyez bien que j'arriverai le mois prochain, tout le plus tôt que je pourrai, et que je m'en fais un vrai plaisir. En attendant, je vais vous dire les nouvelles d'hier : que la dépouille de M. le prince de Dombes a été donnée sauf les Suisses ; que tous les princes demandaient à M. le comte d'Eu, le gouvernement du Languedoc à M. le comte d'Eu, et la Guyenne qu'il avait à M. le maréchal de Richelieu, le commandement de Languedoc à M. de Mirepoix, l'artillerie réunie au secrétariat de la

---

(1) Alliot, intendant de la maison du Prince.
(2) Le Roi avait nommé Mme de Boufflers à la place de dame du palais de la Reine, dont la duchesse d'Alincourt s'était démise (4 janvier 1734).

guerre, et les carabiniers détruits et réunis à l'infanterie à ce que l'on croit, car cet article n'a pas été décidé en même temps que les autres. Votre oncle est assez mal, à ce que disent les médecins ; vous seriez effrayé de son changement ; il a tout l'air d'un homme qui, sans avoir une maladie dans les formes, ne saurait aller loin. Adieu, beau Tressanius ; mille compliments à Mme de Tressan et à Marichou (1).

La seconde lettre de Mme de Boufflers est datée de Plombières, où elle avait été passer une saison avec son fils et l'abbé Porquet, précepteur de celui-ci.

Le comte de Tressan était alors à Versailles, cherchant à arranger ses affaires à la Cour.

A Monsieur
Monsieur le comte de Tressan, lieutenant général des armées du Roi, chez M. le duc de la Vauguyon, à Versailles.

Vous avez beau dire, mon cher Tressanius, Mme Baron est très aimable et Mlle Baron est belle ; Panpan dit aussi que M. Baron est beau, et il faut l'en croire. Vous êtes assez aimable de m'avoir écrit, car personne ne s'en avise ; mais vous le serez davantage

---

(1) Surnom donné à la fille du comte de Tressan.
Pour l'intelligence du nom que je lui donnai, il faut savoir que le roi de Pologne, son parrain, avec la feue Reine, lui donnaient le nom de Maroutzchou, qui veut dire en polonais : ma chère petite Marie, et le nom de Michou, par abréviation, lui est demeuré. (*Comte de Tressan.*)
(Michou devint plus tard marquise de Maupeou.)

quand vous me manderez des nouvelles. Je ne saurais croire que vous ne tiriez aucun fruit de votre voyage. Avez-vous vendu vos chevaux, et le roi de Prusse est-il aussi écrasé que nous le désirons ? Tous les Anglais sont-ils pendus ou noyés ? c'est ce que nous ne savons pas. Tenez-vous compagnie assidue au Roi (1), ainsi que vous me l'avez promis ? Baisez-lui les mains pour moi ; parlez-lui de mon attachement, de mon ennui de ne pas le voir et de mon regret de l'avoir quitté huit jours trop tôt. Je meurs d'envie de vous revoir tous ; vous me trouverez sous les armes à la Malgrange (2) et peut-être plus loin. Mandez-moi comment vont les affaires de M. de la Ga... (3) Je hais bien les violences et je désire de tout mon cœur que tout se pacifie... Panpan vous embrasse et vous respecte de tout son cœur. Voici des vers de l'abbé (4) pour une jolie femme d'ici qui lui en a demandé :

> Le premier jour que je la vis, j'aperçus sa beauté,
>   Mais je n'aperçus qu'elle ;
>   Et le jour que je l'entendis,
>   Je la trouvai bien plus que belle ;
> J'admirai son esprit, je louai ses attraits,
> Sans penser que mon âme en serait enflammée.
> Si j'avais su d'abord combien je l'aimerais,
>   Je ne l'aurais jamais aimée !

(1) La marquise veut parler du roi Stanislas.
(2) Petit château situé à la porte même de Lunéville. Stanislas s'était plu à le restaurer et en avait fait un véritable petit bijou.
(3) M. de la Galaizière, grand chancelier de Lorraine.
(4) L'abbé Porquet, précepteur du chevalier de Boufflers, homme d'esprit ayant cultivé les lettres. Il était membre de l'Académie de Nancy.

C'est en vers que le comte répondit à cette lettre.

> Charmante nymphe du Madon,
> Vous qui, sur ses rives sauvages,
> Apportez les mœurs du Lignon,
> Et qui méritez les hommages
> D'Adamas et de Céladon,
> Pendant votre cruelle absence,
> L'infortuné Tressanius,
> Voulait de ses amis en *us*
> Ranimer la correspondance ;
> Mais c'est à vous seul qu'il pense
> Dès l'instant qu'il ne vous voit plus.
> Près de vous mon âme enchantée
> Jouit du calme le plus doux,
> Et ne veut plus avoir d'idée
> Qu'elle ne la tienne de vous.
> Mais je vous dois quelques nouvelles,
> Et ne vous parle que de moi.
> Commençons... Hier, en désarroi,
> Dédaigneuses sans être belles,
> Sans chevaliers, sans palefroi,
> Vinrent les cousines (1) du Roi.
> Chacun courut au-devant d'elles.
> J'y suivis le (2). . . . .
> Ah ! qu'il fut grand !... jargon, sourire,
> De lui tout sut les amuser ;
> De l'art de parler sans rien dire
> Avec grâce il sut abuser...
> Mais... puis-je un seul instant médire,
> Puis-je conserver de l'humeur,
> Quand je me plais à vous écrire ;

(1) Les filles d'Auguste II, qui étaient venues rendre visite au roi de Pologne. (Voir à ce sujet le portrait historique de Stanislas.)

(2) Le grand chancelier de Lorraine.

> Vous à qui je ne voudrais dire
> Que ce qui se passe en mon cœur ?
> Revenez, charmantes princesses (1),
> Effacez ces tristes altesses,
> Revenez parer ce séjour.
> Beauvau, Bouillon !... noms que l'amour,
> Les ans, les Français et la gloire
> Ont consacré du même jour
> Où l'on commence notre histoire ;
> Revenez orner notre Cour,
> Et faire à la nuit la plus noire
> Succéder les feux d'un beau jour.

Ce Panpan, dont parle la marquise dans sa lettre, n'est autre que son fils. Il fut abbé, chevalier, marquis, poète, peintre, soldat, académicien et mourut gentilhomme campagnard. C'est lui que Voltaire a si bien dépeint dans les vers que voici :

> Mars l'enlève au séminaire ;
> Tendre Vénus il te sert ;
> Il écrit avec Voltaire ;
> Il sait peindre avec Hubert ;
> Tous les arts sont sous sa loi.
> De grâce, dis-moi, ma chère,
> Ce qu'il sait faire pour toi.

Le chevalier de Boufflers était le plus intrépide voyageur de son temps, il était partout, dans la même saison, sur tous les chemins. On disait de lui : « C'est le plus errant des chevaliers. » Tout le monde sait le

---

(1) Mme de Boufflers, née de Beauvau, et Mme de Beauvau, née de Bouillon.

mot de M. de Tressan le rencontrant sur une grande route : « Chevalier, je suis ravi de vous trouver chez vous. »

Les principaux ouvrages du chevalier de Boufflers sont : *Aline Reine de Golconde*, *Le Cœur*, poème érotique, et des *Poésies fugitives*. Ce qu'il a fait de mieux sont ses lettres à sa mère sur son voyage en Suisse. Une de ces lettres commence ainsi : « Je suis ici dans l'île de Circé, sans être ni aussi fin, ni aussi brave, ni aussi cochon qu'Ulysse et ses compagnons. »

Député à l'Assemblée constituante, malgré son culte pour la liberté, il déserta la législative au 10 août; il partit avec sa famille, en vrai philosophe qui se soumet à tout, pour la Cour de Prusse, où il fut accueilli à bras ouverts par le prince Henri. Ce fut à Berlin qu'il régularisa par un mariage son ancienne liaison avec Mme de Sabran.

Rentré en France en 1800, désabusé des vanités humaines, il se réfugia dans un petit château et se fit agriculteur :

« Voilà mon dictionnaire de rimes, disait-il en montrant sa charrue et sa herse.

« Voilà mes poésies, disait-il en montrant ses blés, ses luzernes et ses avoines. — Ici, poursuivait-il, je suis toujours en belle inspiration, je communie avec la nature ; c'est là une œuvre pie qui me fera pardonner toutes mes œuvres légères. »

Je ne veux pas quitter la marquise de Boufflers (il y aurait des volumes à écrire sur cette femme si séduisante), sans parler de ses séjours à Saint-Ouen. La marquise passait la plus grande partie de l'année en Lorraine et, lorsqu'elle s'absentait, c'était pour aller à Plombières, à Versailles ou chez le duc de Nivernais, où elle était reçue avec des transports de joie, et le duc célébrait son arrivée par quelques couplets tels que ceux-ci par exemple dans lesquels on prétendait reconnaître le portrait de la marquise :

> D'aimer jamais si je fais la folie,
> Et que je sois le maître de mon choix,
> Connais, Amour, Celle qui, sous tes lois,
> Pourra fixer le destin de ma vie.
> Je la voudrais moins belle que gentille,
> Trop de fadeur suit de près la beauté,
> Yeux languissants peignent la volupté,
> Joli minois du feu d'amour pétille.
> Je la voudrais sans goût pour la parure,
> Sans négliger le soin de ses appas,
> Car un peu d'art qui ne s'aperçoit pas
> Ajoute encore au prix de la nature ;
> Je la voudrais, n'ayant point d'autre envie,
> D'autre bonheur que celui de m'aimer.
> Si cet objet, Amour, peut se trouver,
> D'aimer toujours je ferai la folie.

Cette romance se chantait sur l'air du *Barbier de Séville*. Dès que les Boufflers arrivaient, on rimait du matin au soir, le chevalier, le duc de Nivernais, la marquise se défiaient à qui mieux mieux, chacun s'en mêlait et rivalisait à qui devinerait ou composerait les charades les plus difficiles. Aux bouts rimés Mme de Boufflers battait tout le monde, aussi s'évertuait-on à lui en donner d'impossibles. Un beau soir elle paria de faire un couplet de huit vers, chacun commençant par un jour de la semaine et finissant par les rimes qu'on lui donnerait.

Voilà les rimes qu'elle reçut :

Dimanche ...... aimable.
Lundi .... autrement.
Mardi .... capable.
Mercredi .... enfant.
Jeudi .... raisonnable.
Vendredi ...... amant.
Samedi......... coupable.
Dimanche ...... inconstant.

Voici sa réponse :

Dimanche je fus aimable,
Lundi je fus autrement.
Mardi je pris l'air capable,
Mercredi je fis l'enfant,
Jeudi je fus raisonnable,
Vendredi j'eus un amant,
Samedi je fus coupable,
Dimanche il fut inconstant.

L'inconstant, ou plutôt l'un des inconstants, fut le marquis de Saint-Lambert, capitaine des gardes lorraines de Stanislas, qui délaissa Mme de Boufflers pour Mme du Châtelet lors du séjour de Voltaire à Lunéville.

La marquise du Châtelet, qu'on se plaisait à nommer *la divine Émilie*, avait la tournure et la figure d'une vraie grande dame qu'elle était. Son mari, le marquis du Châtelet, appartenait à l'ancienne chevalerie de Lorraine et elle-même tenait comme Breteuil aux meilleures maisons. Femme d'esprit, mais d'esprit carré, positif, mathématique, elle savait le latin, la géométrie, réussissait passablement dans les sciences exactes, mais elle était gaie, rieuse, folle et amoureuse du plaisir.

L'intimité de la marquise du Châtelet et de Voltaire dura près de quatorze ans, ils se quittaient peu et habitaient sous le même toit, soit à Cirey, beau château dans lequel Voltaire avait bâti un pavillon pour son amie ; dans cette habitation il avait fait établir un cabinet complet de physique, il y avait fait venir des meubles somptueux, des objets d'art, des statues, des marbres, des tableaux de prix.

Cette intimité ne fut pas toujours exempte de nuages. La folle marquise, compromise par Clairaut, son maître de mathématiques, avait été pardonnée par Voltaire, et Émilie avait congédié Clairaut.

En janvier 1748, au château de Lunéville, le pauvre Voltaire acquit la preuve que la marquise le trompait avec Saint-Lambert, capitaine des gardes de Stanislas. Grande fureur de Voltaire qui provoqua Saint-Lambert. Qui était bien contrit ? C'était le pauvre capitaine qui aimait et admirait Voltaire.

Mme du Châtelet n'était qu'une femme pour lui, Voltaire était une idole, un Dieu, et c'est avec la meilleure bonne foi du monde qu'il alla s'excuser auprès de lui. Voltaire, touché de sa mine navrée, lui pardonna sincèrement et il s'établit entre eux une amitié qui ne se démentit jamais.

Au mois d'août suivant, Mme du Châtelet mettait au monde une fille.

Voltaire raconte ainsi l'événement dans une lettre au comte d'Argenson :

« Mme du Châtelet, cette nuit, en griffonnant son Newton, s'est sentie mal à son aise, elle a appelé une femme de chambre qui n'a eu que le temps de tendre son tablier et de recevoir une petite fille, qu'on a portée dans son berceau. La mère a arrangé ses papiers, s'est mise au lit, et tout cela dort comme un ciron à l'heure que je vous parle. »

Quelques jours après (le 10 août), elle succombait pour avoir eu l'imprudence de boire un verre d'orgeat à la glace pendant qu'elle avait la fièvre de lait.

Peu d'instants après le funeste événement, Saint-Lambert trouva Voltaire abimé dans sa douleur. Longchamp raconte qu'ouvrant les yeux obscurcis par les larmes et reconnaissant Saint-Lambert, il lui dit en sanglotant et avec l'accent le plus pathétique : « Ah ! mon ami, c'est vous qui me l'avez tuée ! » Puis, tout à coup, comme s'il s'éveillait en sursaut d'un profond sommeil, il s'écria avec le ton du reproche et du désespoir.

« Eh ! mon Dieu ! Monsieur, de quoi vous avisiez-vous de lui faire un enfant ! » Ils se quittèrent là-dessus sans une seule parole (1).

---

(1) *Mémoires de Longchamps.*

CHAPITRE VII

Souvenirs du Gouverneur de Lorraine. — Création de l'Académie de Nancy. — Lettre de Frédéric II. — Lettre de la Tourette. — Suite de la correspondance de Voltaire avec le comte de Tressan. — Inauguration de la statue de Louis XV sur la place de Nancy.

« Le commandement de la Lorraine me permit de satisfaire pleinement le goût que j'ai professé, durant toute ma carrière, pour la vie active :

Je parcourais la province pour en rectifier moi-même la carte, pour en visiter les mines, les productions. Je m'appliquais à encourager l'étude de l'histoire naturelle, par mon exemple et mes conseils.

Le maréchal de Belle-Isle voulut bien me charger souvent, soit d'inspections, soit de missions politiques; il me fit également l'honneur de m'employer, soit à Metz, soit dans les camps destinés à exercer les garnisons de la frontière (1). Dans ces différentes circonstances, le Ministre daigna me témoigner toute sa confiance, et j'espère avoir su mériter l'amitié des

---

(1) C'est ainsi que la Lorraine dut à la vigilance de son commandant d'être préservée du pillage, ainsi que le comte d'Argenson l'a relaté dans ses Mémoires : « La troupe de Mandrin, dit-il, voulait pénétrer en Lorraine, mais M. de Tressan a donné de si bons ordres, qu'il ne l'a pu. »
(*Mémoires du comte d'Argenson*, tome VIII, page 441.)

officiers et des soldats dont il m'a été permis d'apprécier le zèle et le dévouement.

Ma vie était ainsi partagée entre mes devoirs militaires et l'étude, mais la multiplicité de mes occupations ne m'empêchait pas d'entretenir des correspondances suivies avec mes amis.

Le roi Stanislas daignait m'écrire souvent, me donnant chaque fois des marques du plus grand intérêt, ainsi que l'on en peut juger par la lettre suivante :

« Si la part que je prends à votre état était égale au penchant que j'ai de le soulager, vous n'auriez rien à désirer. J'ai fait tout ce que j'ai pu en votre faveur pendant mon séjour à Versailles, et je suis persuadé que les lettres que vous me demandez ne feraient qu'indisposer davantage les ministres ; la seule chose qui peut faire espérer le succès, c'est la lettre que j'écris aujourd'hui à la Reine, dans le sens qu'elle pourra la leur donner à lire et appuyer en même temps la demande de son crédit. Je vous assure que je tenterais pour vous faire plaisir l'impossible, si je ne savais pas par avance qu'il est inutile, à moins que le parti que je prends ne réussisse ; ce que je souhaite par l'amitié véritable avec laquelle je suis votre très affectionné.

« *Signé* : STANISLAS. »

Le 21 octobre 1750, à Lunéville.

Le comte de Tressan se consolait du mauvais état de ses affaires à la Cour en travaillant à la création de l'Académie de Nancy, qui fut instituée par édit du

16 janvier 1751, malgré le mauvais vouloir de M. de La Galaizière (1). Stanislas rédigea lui-même les règlements de cette Académie et invita les hommes les plus célèbres de la littérature à devenir membres de cette compagnie, qui embrassait les sciences, les belles-lettres, la poésie, l'éloquence et les beaux-arts. Stanislas, par suite de l'esprit de conciliation qui lui était ordinaire, eut soin de faire entrer dans la nouvelle Académie, conjointement avec M. de Tressan et Montesquieu, le primat de Lorraine, M. de Choiseuil qui, en sa qualité de grand seigneur, était un esprit assez libéral, les Révérends Pères jésuites Leslie et de Menou.

La séance d'ouverture eut lieu le 5 février 1751, en présence de Sa Majesté Polonaise.

M. de Solignac, chancelier du Roi, donna lecture des règlements de la Société; M. de Tressan prononça un discours dans lequel il exposa le but de la nouvelle institution, tout en faisant l'éloge de son fondateur.

La création de l'Académie de Nancy eut un grand retentissement, non seulement dans le monde des savants, mais encore dans toute l'Europe. Frédéric le Grand, que les soins de la guerre la plus glorieuse ne rendaient étranger ni aux lettres, ni aux talents, dans quelques nations qu'ils se montrassent, écrivit à ce sujet au comte de Tressan (2) :

---

(1) M. de la Galaizière, grand chancelier de Lorraine, n'était autre qu'un fonctionnaire ou surveillant désigné par la Cour de Versailles ; mais c'était un homme de bon sens et d'esprit.

(2) Lettre faisant partie de la collection d'autographes de l'auteur.

« Monsieur le comte de Tressan, j'ai reçu votre lettre du 14 de ce mois ; je suis extrêmement sensible aux sentiments de zèle et d'attachement que vous voulez bien me marquer et à tout ce que vous me dites d'obligeant pour m'en persuader. Je m'intéresse trop particulièrement à la gloire de l'auguste fondateur de l'Académie de Nancy, pour ne pas vous savoir gré de la marque d'attention que vous m'avez donnée en m'envoyant les discours qui y ont été prononcés ; ils ont tous des beautés, et vous avez fait connaître dans le vôtre combien les connaissances les plus étendues des sciences et des arts ont d'agréments quand elles se trouvent jointes aux grâces du style et de l'éloquence ; il y avait longtemps que j'étais instruit des qualités brillantes que vous réunissez pour la guerre et pour les lettres, et je suis charmé de vous assurer ici des droits qu'elles vous donnent sur mon estime.

Sur ce, je prie Dieu qu'il vous ait, Monsieur le comte de Tressan, en sa sainte et digne garde.

« Frédéric. »

« Fait à Postdam, le 30 mars 1751.

« *A Monsieur le comte de Tressan, lieutenant général des armées du roi très chrétien, à Toul.* »

A la grande satisfaction du bon Roi, l'œuvre, à laquelle M. de Tressan s'était dévoué, semblait avoir parfaitement réussi. L'Académie de Nancy devint un nouveau foyer intellectuel. Les différentes Académies, ainsi que beaucoup d'hommes de lettres et de savants, demandèrent à correspondre avec la nouvelle Société. De nombreuses lettres parvinrent au comte de Tressan à ce sujet ; je n'en citerai qu'une, qui lui fut adressée par Latourette, de l'Académie des sciences :

Lyon, 31 décembre.

« Monsieur et très cher confrère,

« La nouvelle année est tout au plus un prétexte pour moi de vous écrire : elle n'ajoute ni ne diminue rien à des sentiments que la reconnaissance éternise ; aussi je n'en dirai mot.

« Vous ne m'avez point fait l'honneur de répondre à ma dernière lettre. J'ai su seulement par mon oncle Mendoye que vous l'aviez reçue et que vous honoriez son neveu d'une amitié qui fait la gloire et le bonheur de sa vie. Je parlais dans ma lettre d'une chose qui me tient toujours fort au cœur ; il est si naturel à moi de désirer vous appartenir encore par de nouveaux liens académiques.

« Depuis le temps que je prenais la liberté de vous faire part de mon idée à ce sujet, notre Académie a paru m'avoir deviné et s'est adressée à moi pour vous prier, Monsieur, de proposer à la Société royale de lier avec elle une correspondance semblable à celle qu'elle a avec l'Académie de Rouen ; deux de nos confrères lui sont associés, elle a reçu pareillement deux académiciens de Rouen, et ces Messieurs, chacun dans leur district, se sont chargés de s'envoyer mutuellement de courts extraits des travaux académiques une ou deux fois l'année. Cette circulation littéraire ne peut être qu'avantageuse aux sciences et entretenir l'émulation. Nous serions bien flattés, Monsieur, que la Société royale voulût entrer dans ce projet.

« Lorsque nous avons prononcé votre nom, Monsieur, le désir de mes confrères est devenu plus grand. Ils m'ont chargé en même temps d'en écrire à M. le chevalier de Solignac, et toute leur ambition est de vous prouver, ainsi qu'à la Société royale, leur respect et leur estime. J'attends, Monsieur et cher confrère, avec bien de l'empressement, votre réponse à ce sujet.

« Mon père me charge, Monsieur, de vous assurer de son respect; que ne puis-je vous en exprimer le tendre attachement, le respect profond et la haute estime que vous m'inspirez !

« C'est dans ces sentiments que j'ai l'honneur d'être, Monsieur et cher confrère,

« Votre très humble et très obéissant serviteur,

« LATOURETTE. »

Toutes ces occupations vinrent, heureusement, distraire Stanislas de la tristesse que lui causait le départ de Voltaire, qui n'avait pas été sans causer un grand vide à la Cour de Lorraine. Ce philosophe, après la mort de Mme du Châtelet, se serait volontiers fixé près de ce monarque, qui lui avait témoigné tant de bienveillance. Mais le Roi de France, pressenti à ce sujet par M. de Luppé, fit une réponse telle qu'il fallut renoncer à ce projet, qui aurait charmé Sa Majesté Polonaise.

L'auteur de la *Henriade* ne s'en étonna pas autrement; il était à même de connaître les sentiments de

Louis XV à son égard, et savait combien peu le petit-fils de Louis XIV prisait les philosophes.

Ayant à peine vingt et un an, Voltaire avait été mis à la Bastille, quoiqu'innocent, et il y resta près d'une année, accusé qu'il était d'être l'auteur d'une satire contre Louis XIV, qui parut après la mort du Roi, et qui finissait par ce vers :

> J'ai vu ces maux et je n'ai pas vingt ans.

Au milieu de ses succès, au moment où il venait d'achever la *Henriade*, qui lui valut des éloges universels, il se vit de nouveau privé de sa liberté : le chevalier de Rohan, auquel il avait demandé réparation d'une grossière insulte, le fit pour toute réponse mettre à la Bastille (1726). Voltaire ne recouvra sa liberté qu'au bout de six mois et reçut l'ordre de sortir de France. Revenu clandestinement à Paris après trois ans, il s'y livra à la fois à des spéculations financières qui l'enrichirent, et à des travaux littéraires qui mirent le comble à sa gloire ; en moins de cinq ans il produisit *Brutus, Eriphyle, Zaïre, Le Temple du Goût*, l'*Histoire de Charles XII*, et fit paraître en 1735 les *Lettres philosophiques*. Ce dernier ouvrage, jugé trop hardi, fut brûlé par la main du bourreau, et l'auteur se vit obligé de prendre la fuite. Ce fut alors qu'il se réfugia au château de Cirey en Lorraine.

En 1740, il fit un court voyage à Berlin, se rendant aux pressantes invitations du roi Frédéric II, l'un de ses plus grands admirateurs. A son retour, il se vit tout à coup recherché par le ministère qui l'avait persécuté jusque-là.

Il fut chargé en 1743, auprès du roi de Prusse, d'une mission qui obtint un plein succès ; mais sa faveur dura peu. Barbier, le grand chroniqueur de cette époque, écrit en juillet 1743 :

« On ne dit rien de nouveau, si ce n'est que Voltaire, notre fameux poëte, est encore exilé ; on n'en sait pas précisément la raison. On dit que c'est peut-être pour avoir fait une critique un peu hardie de l'oraison funèbre du cardinal de Fleury ; il est allé en Prusse auprès de son ami le roi de Prusse, à qui on fait dire le bon mot : Qu'il ne conçoit pas la France ; que nous avons un grand général qui est le maréchal de Belle-Isle, un grand ministre, M. de Chauvelin, un grand poëte, Voltaire, et que tous les trois sont disgrâciés. »

En 1745, on le retrouve à la Cour de France où il avait obtenu par Mme de Pompadour, qui s'était déclarée sa protectrice, le brevet d'historiographe de France, avec une charge de gentilhomme de la Chambre du Roi, et chantant les victoires de Louis XV dans le *Poëme de Fontenoy*, commençant ainsi :

> Quoi du siècle passé le fameux satirique
> Aura fait retentir la trompette héroïque,
> Aura chanté du Rhin les bords ensanglantés,
> Ses défenseurs mourants, ses flots épouvantés,
> Son Dieu, même, en fureur, effrayé du passage,
> Cédant à nos aïeux son onde et son rivage.
> Et vous, quand votre Roi, dans les plaines de sang,
> Voit la mort devant lui voler de rang en rang ;
> Tandis que de Tournai foudroyant les murailles,

Il suspend les assauts pour courir aux batailles,
Quand des bras de l'hymen s'élançant au trépas,
Son fils, son digne fils, suit de si près ses pas,
Tous heureux par ses lois et grands par sa vaillance,
Français, vous garderiez un indigne silence !

(VOLTAIRE.)

Il semble qu'après ces vers Voltaire n'ait plus le droit de reprocher quoi que ce soit à Boileau, en tant que basse flatterie. Cette même année nous le montre transformé en chantre héroïque ; il écrivait au comte de Tressan :

15 juin 1745.

« Je n'ose vous supplier de m'envoyer quelques belles anecdotes héroïques ; cependant, il serait bien beau à vous de contribuer à faire durer mon petit monument, vous qui en élevez de si beaux. On va faire une septième édition à Paris, et peut-être la fera-t-on au Louvre ; elle est dédiée au Roi ; et la bonté qu'il a d'accepter cet hommage met le sceau à l'authenticité de la pièce. Je voudrais en faire un ouvrage qui passât à la postérité, et dans lequel ceux qui seront nommés pussent dès à présent trouver quelque petit avant-goût d'immortalité ; je voudrais des notes plus instructives pour les vivants et pour les morts ; ne pourrais-je point citer quelques services de M. de Lutteaux dans mon *De Profundis* ? N'y a-t-il rien à dire sur le poste d'Auloin ? Ne s'est-il pas fait de belles et inconnues prouesses qui se sont perdues ? *Carent quia vate sacro.* Que Bellone, s'il vous plaît, instruise un peu les muses, je vous serais tendrement obligé. Adieu, Pollion et Tibulle, je baise votre myrthe et vos lauriers ». V...

13 juin.

Et quorum pars magna fuisti.

« Vous avez vaincu, et vous chantez la victoire. M. de Pollion, vous ne laissez rien à faire à ceux qui ne sont que vos trompettes. Mme Duchâtelet est enchantée de vos vers aimables et de votre souvenir. Je fais plus que d'être enchanté, vous m'avez donné de l'enthousiasme. J'ai entièrement refondu mon petit poëme ; je fais tout ce que je peux pour qu'il soit moins indigne du héros. On l'imprime à Lille avec un discours préliminaire ; j'ai donné ordre qu'on eût l'honneur de vous envoyer des premiers, car c'est à vous que je veux plaire. Seriez-vous assez bon pour dire à M. le maréchal de Noailles qu'il m'a écrit une lettre charmante, dont je sens tout le prix, et pour faire ma cour à M. le duc d'Ayen qui doit m'aimer, car il m'a fait du bien auprès du Roi, et on s'attache à ses bienfaits. Adieu, aimable Horace, aimez et protégez Varius, et sifflez les Vadius ».

Après la mort de Mme du Châtelet, Voltaire se rendit encore une fois à Berlin où les sollicitations du Roi l'appelaient depuis longtemps ; il goûta dans ce séjour quelques années de bonheur. Mais bientôt il excita l'envie et se fit, par son penchant à la raillerie, des ennemis acharnés, surtout parmi les écrivains français établis à Berlin, il eut de violentes querelles avec Maupertuis, président de l'Académie, qu'il livra à la risée publique dans sa diatribe du *Docteur Akakia*; ses ennemis parvinrent à lui nuire dans l'esprit du Roi, et après plusieurs réconciliations feintes, les deux amis finirent par se séparer définitivement.

Après avoir parcouru une partie de l'Allemagne, il habita quelque temps les *Délices*, sur le territoire de Genève, et finit par se fixer à Ferney, dans le pays de Gex; c'est là qu'il passa ses vingt dernières années; il s'y construisit une magnifique demeure et fit, par sa présence et ses bienfaits, prospérer toute la contrée. Ainsi que l'écrivait le chevalier de Boufflers à sa mère pendant son voyage en Suisse :

« Enfin, me voici chez le roi de Garbe; car, jusqu'à présent, j'ai voyagé comme sa fiancée. Ce n'est qu'en le voyant que je me suis reproché le temps que j'ai passé sans le voir; il m'a reçu comme votre fils et il m'a fait une partie des amitiés qu'il voudrait vous faire. Il se souvient de vous comme s'il venait de vous voir, et il vous aime comme s'il vous voyait. Vous ne pouvez vous faire une idée de la dépense et du bien qu'il fait. Il est le père et le roi du pays qu'il habite, et il fait le bonheur de ce qui l'est, et il est aussi bon père de famille que bon poëte. Si on le partageait en deux et que je visse d'un côté l'homme que j'ai lu et de l'autre celui que j'entends, je ne sais auquel je courrais.

« Il y a ici Mme Denis et Mme Denis, née Corneille; toutes deux me paraissent aimer leur oncle; la première est bonne de la bonté qu'on aime ; la seconde est remarquable par ses grands yeux noirs et un teint brun ; elle me paraît tenir plutôt de la corneille que du Corneille. Au reste, la maison est charmante, la situation superbe, la chère délicate, mon appartement délicieux, il ne lui manque que d'être à côté du vôtre, car j'ai beau vous fuir, je vous aime, et j'aurai beau revenir à vous, je vous aimerai encore.

« Voltaire m'a beaucoup parlé de papa, et comme j'aime qu'on en parle, il a beaucoup recherché dans sa mémoire l'abbé Porquet qu'il a connu autrefois, mais il n'a jamais pu le retrouver, les petits bijoux sont sujets à se perdre.

« Adieu, ma bonne, ma chère mère, aimez-moi toujours beaucoup plus que je ne mérite, ce sera encore beaucoup moins que je ne vous aime (1) ».

Attaché sincèrement à son Roi, auprès duquel il avait été élevé et qui, à seize ans, l'avait fait colonel, le comte de Tressan fut toujours loin de lui imputer ses disgrâces et ne manquait aucune occasion de lui témoigner son attachement et sa fidélité. Aussi profita-t-il avec empressement de celle que lui offrait l'érection d'une statue à Louis XV sur la place Royale de Nancy. Je crois devoir donner quelques passages de l'éloquent discours qu'il prononça à cette occasion, en présence de Sa Majesté polonaise Stanislas Ier, le 26 novembre 1755 :

---

(1) Lettres du chevalier de Boufflers à sa mère pendant son voyage en Suisse. (*Lettre VI*, page 16).

Sire,

Que toutes les nations applaudissent au grand spectacle que Votre Majesté donne à la terre ! Spectacle vraiment nouveau pour elle ! Monument éternel de la plus généreuse reconnaissance et du plus parfait amour ! Dessein sublime qui ne pouvait être conçu que dans l'âme la plus élevée, la plus tendre et la plus philosophe !

Sur un trône où Votre Majesté nous rappelle sans cesse la sagesse de Licurgue et la bienfaisance de Titus, elle paraît vouloir suspendre les respects et les vœux que nos cœurs aiment à lui offrir. Elle ne s'occupe dans ce grand jour que de la gloire de Louis ; elle nous anime à la célébrer, elle nous en donne l'exemple ; et cette pompe solennelle nous retrace les triomphes de Paul Emile et de Scipion. Mais, Sire, les fêtes préparées par un peuple vainqueur des plus grands rois, ces fêtes furent toujours troublées par le bruit des chaînes et par les gémissements des captifs ; souvent elles consternèrent la nature et l'humanité ; souvent on vit le sage frémir et leur refuser ses regards.

Un spectacle bien différent rassemble aujourd'hui vos sujets fortunés ; Louis reçoit ici des hommages dignes du pacificateur de l'Europe ; ses trophées, les images de tant de provinces et de villes conquises, de tant de forteresses détruites, sont voilés par les mains de la paix ; tout concourt, tout contribue à la splendeur de cette auguste fête ; une joie pure remplit tous les cœurs ; une cour brillante, un peuple heureux, le citoyen et l'étranger font également éclater leurs transports !...

Que ces vœux ardents, ces cris de joie, que ces expressions naïves de l'admiration et de l'amour s'élèvent jusqu'au trône de Votre Majesté ! Que ce jour à jamais célèbre dans les annales de l'univers rende la gloire de Louis et celle de Stanislas inséparables (1) ! Que, gravés et réunis sur le même bronze, leurs images et leurs noms adorés passent ensemble à l'immortalité !

. . . .
. . . .

Antique Austrasie, apanage des fils de nos premiers Rois, tu n'as plus à craindre de tristes vicissitudes, la France, heureuse et réunie sous l'empire des Bourbons, voit régner hors de ses plus anciennes limites les augustes rejetons de Louis le Grand; mais elle ne connaît plus ces partages dangereux qui, divisant un État, en énervent quelquefois la puissance et menacent toujours des plus cruelles révolutions les provinces aliénées qui s'en séparent.

Des frontières encore moins redoutées par leurs places formidables que par le Monarque puissant qui sait les faire respecter ; ces barrières impénétrables assurent sa tranquillité, ton commerce, tes villes et tes moissons.

Des traités solennels et scellés de l'aveu de toute l'Europe garantissent tes derniers engagements, rien

---

(1) La ville de Nancy a fait frapper une médaille où l'on voit les images des deux rois : *Utriusque immortalitati.*

ne peut altérer les sentiments qu'ils ont fait naître en toi ; la force ne peut rien aujourd'hui contre les serments écrits déjà dans les cieux ; et le bruit des armes ne se fera plus entendre dans ton sein.

Jouis de ton bonheur ! Vois le laboureur cultiver sans crainte tes fertiles campagnes, les muses et les arts habiter et décorer tes villes. Vois ces remparts ouverts et couronnés par des arcs de triomphe ! Vois ces bastions s'aplanir et devenir des ornements pour ta capitale ! Tout respire ici les douceurs de la paix ; tout annonce aux yeux de l'étranger et la fidélité de tes peuples et la confiance de ton souverain.

Contemple cette statue du plus juste et du plus aimé des rois (1) ; les muses, la justice, les arts et l'abondance entourent la place où STANISLAS vient de l'élever. C'est dans cette place, dans cette vaste carrière, que les jours de fête vont se multiplier pour toi ; tu verras tes peuples s'y rassembler pour célébrer les bienfaits de STANISLAS, les victoires de LOUIS et la naissance de leurs augustes enfants.

. . . .
. . . .

Mais ne troublons point par l'image d'une guerre, que des troupes aguerries et disciplinées, que des trésors immenses, la sagesse des conseils et des projets, et que l'expérience et l'audace des généraux de LOUIS rendraient glorieuse à ses armes !... Ne troublons point les asiles sacrés où STANISLAS veille sans

---

(1) Le palais de la Cour souveraine, celui de l'Hôtel de Ville, ceux de l'Académie, du Théâtre entourent la place Royale.

cesse au bonheur de l'humanité! Qu'il y goûte le plaisir, si pur pour les grandes âmes, de voir des enfants heureux dans ses sujets! Que les muses enrichies par ses dons et par ses travaux obéissent à sa voix! Qu'elles célèbrent Louis dans leurs concerts! Que leurs fleurs immortelles s'entrelacent avec les palmes de ce héros! Que leurs lyres, que leurs trompettes laissent quelquefois entendre autour de sa statue les sons champêtres de nos peuples heureux! et que des cris de joie mille fois répétés portent jusqu'à l'Éternel les vœux ardents que nous formons pour nos maîtres!

CHAPITRE VIII.

Vengeance de Mme de Pompadour. — Lettre de Voltaire. — M. de Tressan est desservi auprès de la reine Marie Leczinska. — Lettre du R. P. Menou. — Querelle entre M. de la Galaizière et les magistrats de Nancy. — Le chancelier de Lorraine jugé par Saint-Lambert dans son ouvrage sur *les Saisons*. — Chanson de ce poète sur les travers de l'époque.

Dans le discours qu'il prononça au pied de la statue de Louis XV, le comte de Tressan semblait pressentir une nouvelle guerre. Ce présage ne devait pas tarder, en effet, à se réaliser. Dès la fin de 1755, les Anglais, sans aucune déclaration de guerre, avaient entamé les hostilités dans l'ancien et le nouveau continent, s'étaient emparés de plusieurs établissements et de plusieurs vaisseaux français ; on usa de représailles et la guerre se ralluma.

La conduite de l'Angleterre était alors ce qu'elle est aujourd'hui ; c'était la même déloyauté qui fait de cette Carthage moderne la digne rivale de l'ancienne, la même audace qui a rendu ce nid de pirates une menace éternelle pour la paix de l'Europe, une insulte vivante à la justice et au droit.

Le lieutenant-général de Tressan fut du nombre des officiers désignés pour entrer en campagne ; mais la marquise de Pompadour fit changer la liste, et la Reine, M. le Dauphin, le roi Stanislas, n'obtinrent pour lui d'autre dédommagement que la survivance du commandement de Bitche et de la Lorraine allemande, avec une gratification annuelle en attendant qu'il jouît de cette nouvelle faveur, qui, le rapprochant du théâtre de la guerre, lui laissait du moins l'espoir d'y être employé à la première occasion.

Certaines compensations vinrent l'aider à supporter philosophiquement ces mécomptes. La même année, il fut nommé membre des sociétés royales de Londres et d'Édimbourg.

Voltaire, de son côté, cherchait aussi à distraire son grand ami de ses tristesses.

A Ferney, par Genève.

« Respectable et aimable gouverneur de la Lorraine allemande et de mes sentiments, lui écrivait-il, mon cœur a bien des choses à vous dire; mais permettez qu'une autre main que la mienne l'écrive, parce que je suis un peu malingre.

« Premièrement, ne convenez-vous pas qu'il vaut mieux être gouverneur de Bitche que de présider à une académie quelconque? Ne convenez-vous pas aussi qu'il vaut mieux être honnête homme et aimable qu'hypocrite et insolent? Ensuite, n'êtes-vous pas de l'avis de l'Ecclésiaste qui dit : *Tout est vanité, excepté de vivre gaiement avec ce qu'on aime.*

« Je m'imagine pour mon bonheur que vous êtes très heureux; je crois que vous l'êtes à la manière dont il faut l'être dans ces temps-ci, loin des sots, des fripons et des cabales.

« Vous ne trouverez peut-être pas à Bitche beaucoup

de philosophes, vous n'y aurez pas de spectacles, vous y verrez peu de chaises de poste en cul de singe ; mais en récompense vous aurez tout le temps de cultiver votre beau génie, d'ajouter quelques connaissances de détails à vos profondes lumières. Vos amis viendront vous voir, vous partagerez votre temps entre Lunéville, Bitche et Toul ; et qui vous empêchera de faire venir auprès de vous des artistes et des gens de mérite qui contribueront aux agréments de votre vie ? Il me semble que vous êtes très grand seigneur ; cinquante mille livres de rente à Bitche sont plus que cent cinquante mille à Paris. Je ne vous dirai pas que notre règne vous advienne, mais que les gens qui pensent, viennent dans votre règne.

« Si je n'étais pas aux Délices, je crois que serais à Bitche, malgré frère Menou.

« Frère Saint-Lambert, qui est mon véritable frère (car Menou n'est que faux frère), frère Saint-Lambert, dis-je, qui écrit en vers et en prose comme vous, m'a mandé que le roi Stanislas n'était pas trop content que je préférasse le législateur Pierre (1) au grand soldat Charles ; j'ai fait réponse que je ne pouvais m'empêcher en conscience de préférer celui qui bâtit des villes à celui qui les détruit, et que ce n'est pas ma faute si sa Majesté Polonaise elle-même a fait plus de bien à la Lorraine par sa bienfaisance que Charles XII n'a fait de mal à la Suède par son opiniâtreté ; les Russes donnant des lois dans Berlin, et empêchant que les Autri-

---

(1) Voltaire veut parler ici de Pierre le Grand et de Charles XII.

chiens ne fissent du désordre, prouvent ce que valait Pierre. Ce Pierre, entre nous, vaut bien l'autre Pierre-Simon Barjonne.

« Vous devez actuellement avoir reçu mon Pierre, il me fâche beaucoup de ne vous l'avoir point porté; mais il a fallu jouer le vieillard sur notre petit théâtre, avec notre petite troupe, et je l'ai fait d'après nature. Je suis enchaîné d'ailleurs au char de Cérès comme à celui d'Apollon; je suis maçon, laboureur, vigneron, jardinier. Figurez-vous que je n'ai pas un moment à moi, et que je ne croirais pas vivre si je vivais autrement; ce n'est qu'en s'occupant qu'on existe. Voilà en partie ce qui me rend partisan de M. le maréchal de Belle-Isle, il travaille pour le bien public du soir au matin, comme s'il avait sa fortune à faire; tout son malheur est que le succès de ses travaux ne dépend point de lui. Le maréchal de Dann ne me paraît pas si grand travailleur.

« Mon très aimable Gouverneur, vous êtes plus heureux que tous ces messieurs-là, vous êtes le maître de votre temps, et moi je voudrais bien employer tout le mien auprès de vous.

« Recevez le tendre et respectueux témoignage de tous les sentiments qui m'attachent à vous pour toute ma vie.   « Le Suisse V... »

L'amitié de Stanislas consolait M. de Tressan de ses malheurs lorsqu'il se vit exposé à la perdre en même temps que les bontés de la Reine dans les circonstances suivantes:

Je crois ne pouvoir donner une meilleure preuve

de mon impartialité qu'en laissant la parole à M. l'abbé V***, auteur d'une notice sur le comte de Tressan (1).

Il avait prononcé un discours à l'Académie sur le progrès des sciences. Quelqu'un, jaloux du crédit qu'il avait sur l'esprit de Stanislas, prétendit que l'orateur avait hasardé une doctrine dangereuse; mais au lieu de l'attaquer ouvertement il en fit une dénonciation secrète, en écrivant à Versailles une lettre qui fut mise aussitôt sous les yeux de la Reine; mais cette princesse avant de frapper le comte de Tressan de sa disgrâce, crut devoir s'assurer si l'inculpation était fondée; elle envoya la lettre au Roi, son père, en lui mandant que si le comte de Tressan était aussi coupable qu'il le paraissait, elle ne voulait plus ni le voir ni entendre parler de lui.

Le roi de Pologne, qui avait entendu prononcer le discours et qui n'y avait rien trouvé de répréhensible, fit venir le comte de Tressan et lui dit :

« Mon ami, ma fille est indignée contre vous; il faut vous justifier ou vous rétracter... — Sire, répondit le comte, je ne demande pas à votre Majesté d'où part la calomnie;... je saurai la confondre, mais s'il faut me rétracter il ne m'en coûtera pas d'imiter Fénelon. »

Il alla aussitôt chercher le manuscrit et, sous les yeux même du Roi, il envoya la seule copie correcte qu'il en eut à la Sorbonne, et le brouillon à l'évêque (2)

---

(1) Cette notice, parue en 1791, est signée : l'abbé V****.
(2) Michel Begon, prélat respectable par ses mœurs et recommandable par ses lumières. (Note de l'abbé V****.)

de Toul, pour avoir leur jugement sur la doctrine de l'ouvrage.

Le prélat le lui renvoya, quelques jours après, avec l'approbation la plus authentique ; la Sorbonne en fit autant, et l'auteur, que les craintes de la Reine avaient fort affligé, reçut bientôt de la part de Sa Majesté de nouvelles assurances des bontés dont elle l'honorait depuis longtemps.

On a dit que l'auteur de la dénonciation dont il est parlé ne fut autre que le R. P. de Menou, confesseur du roi de Pologne??

La lettre suivante de ce R. P. ne semble pourtant pas le faire supposer :

« A Versailles, le 30 décembre 1755.

« Mon illustre confrère, je ne crains point que les éloges puissent vous causer le moindre scrupule, vous êtes dans l'habitude d'en recevoir et qui mieux est de les mériter. Ne craignez donc ni pour le P. Leslie ni pour vous. Convertissez les autres et ne perdez point le temps à vous prêcher à vous-même. Que deviendraient les lettres si dans un siècle où la licence et le mauvais goût, qui en est inséparable, sont si féconds en productions, il ne nous restait pas des écrivains accrédités qui mêlent l'honnête aux grâces et à la correction. Un de nos confrères (ne le devinez pas, je vous prie) voulut m'inspirer un peu de rancune parce que dans un très bon discours, la fable de Tithon avait été indiquée comme un abus de l'esprit. Je lui répondis bien affirmativement que je pensais très différemment que lui de l'auteur de ce discours et qu'il avait raison avec lui-même et avec moi par le trait qu'il m'avait adressé.

« Je fis part de cette réponse au comte de Tressan qui m'en remercia, il vient de me témoigner combien il vous aime et c'est un motif de plus pour moi de l'aimer. Son discours a bien pris, indépendamment même de la matière qu'il traite et c'est beaucoup faire. L'action du roi de Pologne est si sublime, si intéressante qu'il n'y a presque nul mérite à la mettre dans un beau jour, vous ferez plus que me pardonner cette remarque qui semble diminuer le prix des choses charmantes que vous avez faites à l'occasion de cette fête, vous m'applaudirez de n'envisager dans tous les ouvrages auxquels ce jour si célèbre a donné lieu, que le monarque qui y est peint.

« Jugez donc quelles obligations je vous ai de m'avoir fait part d'un grand nombre d'exemplaires de tous ces écrits. J'ai satisfait à l'empressement de bien des personnes de mérite dans les académies. J'en ai remis à nos journalistes, je les ai vus échauffés de zèle et d'admiration, se préparer à publier cet immortel événement. Je reçois dans le même moment des invitations de la part des académies de Toulouse et de Dijon d'envoyer la relation et les autres ouvrages. Tout ce qui pense et tout ce qui sait admirer donnera l'essor à ses sentiments. Stanislas sera présent à toute l'Europe savante. Quel attrait vous me présentez de me faire envisager la possibilité d'aller passer quelques jours avec vous, d'être plus rapproché du monarque que nous adorons. Ce ne peut être qu'un mouvement d'amitié qui ait pu vous inspirer. Le bonheur de voir souvent Sa Majesté sera votre récompense. Ma reconnaissance, cependant, et l'attachement que je vous ai voués, mon illustre confrère, n'en seront que plus vifs et plus durables.

« Je vous ferai part successivement de ce que m'écriront les personnes de marque à qui j'ai envoyé les ouvrages dont il s'agit (1).

« P. DE MENOU. »

Le Père de Menou, confesseur du roi Stanislas, appartenait à la Compagnie de Jésus ; c'était un homme d'infiniment d'esprit, fin, délicat, intelligent, subtil, ayant heureusement cultivé les lettres, et en conservant les grâces et la fraîcheur sans la moindre trace de pédanterie. Habitué au meilleur monde, ayant toujours vécu dans les Cours, il avait dû perdre la rigidité claustrale quoiqu'il fut sincèrement pieux et sévère envers lui-même.

C'était un vrai prélat de Cour en un mot, mais un bon prêtre et un digne homme cependant.

M. de Tressan avait donc cause gagnée, mais Stanislas ne tarda pas à voir sa tranquillité troublée de nouveau. Ce n'était plus cette fois le parti des philosophes et celui des dévots qui se trouvaient en présence, mais c'étaient les magistrats de Nancy, qui soutenus par la chaleureuse adhésion de tous leurs concitoyens, entraient en lutte avec le chancelier de Lorraine.

---

(1) Lettre inédite, faisant partie de la collection d'autographes du marquis de Tressan.

Le peuple lorrain appuya vivement la résistance de la Cour souveraine de Nancy, qui se mettait courageusement en avant contre M. de la Galaizière, pour défendre ses droits, demander la suppression de la corvée, réclamer contre l'aggravation des charges publiques et en particulier contre l'impôt du vingtième, d'autant plus que c'était au profit du Trésor de la France à laquelle ils n'étaient pas encore réunis, que les deux duchés devaient supporter un impôt aussi lourd.

Ces querelles faisaient le désespoir du roi de Pologne et le mettaient dans le plus grand embarras, il ne pouvait en effet abandonner son grand chancelier, sa dignité lui paraissait engagée à soutenir celui qui était censé parler et agir en son nom, d'un autre côté il ne pouvait méconnaître la justice des réclamations des magistrats; heureusement ceux-ci trouvèrent-ils un puissant protecteur dans le duc de Choiseul (entré au ministère au mois de juin 1757), qui, en sa qualité de lorrain, avait peu de sympathie pour M. de la Galaizière, et se chargea d'opérer la conciliation.

Le chancelier de Lorraine dut donc céder, il consentit à remplacer le second vingtième par un abonnement fixé à un million de livres tournois; les trois magistrats exilés, MM. de Châteaufort, Protin et de Beaucharmois furent rappelés, leur retour à Nancy fut une véritable ovation.

M. de la Galaizière ne cachait pas le peu de goût qu'il avait pour cette société de beaux esprits qui échappait à sa juridiction, aussi n'était-il aimé ni de

M. de Tressan, ni de Saint-Lambert (1), et ce dernier le lui prouva dans son poëme sur les *Saisons*.

> J'ai vu le magistrat qui régit ma province,
> L'esclave de la cour et l'ennemi du prince,
> Commander la corvée à de tristes cantons,
> Où Cérès et la faim commandaient les moissons.
> . . . .

Ce poëme des *Saisons* eut beaucoup de vogue lorsqu'il parut. Ce fut d'ailleurs le meilleur ouvrage du capitaine des Gardes-Lorraines, aussi, n'est-ce qu'à titre de curiosité que je cite la chanson suivante :

> J'ai vu, j'étais bien jeune alors,
> Le plaisir habiter la terre,
> Le berger, heureux sans remords,
> Rendre heureuse sa bergère,
> Le bon vieillard de quarante ans
> Dit qu'alors c'était le bon temps.
>
> J'ai vu, depuis, le sentiment
> Fuir devant l'intérêt sordide ;
> J'ai vu Plutus, à prix d'argent,
> Marchander la beauté timide.
> Plaignez, plaignez, petits et grands,
> Le bon vieillard de quarante ans.
>
> Très habile à cacher son jeu,
> J'ai vu le comte de Tuffière
> Parvenir, au coin de son feu,

---

(1) Saint-Lambert avait d'autant moins de raison d'aimer le chancelier qu'il était lorrain lui-même, étant né à Vézelise, près de Nancy.

A tous les honneurs de la guerre ;
Tandis que, vainqueur et blessé,
D'Estaing n'est pas récompensé.

J'ai vu le mérite, oublié,
N'avoir pas même de chaumière ;
J'ai vu Rousseau marcher à pied
Et des histrions en litière.
Plaignez, plaignez, petits et grands.
. . . .

Autrefois, j'ai vu le bon goût
Dicter les arrêts du parterre.
Aujourd'hui l'on applaudit tout,
Jusqu'à Poinsinet (1) et Lemière (2),
Il faut en excepter, je crois,
Messieurs Imbert (3) et Durosois (4).

J'ai vu, et c'était un beau jour,
La vertu porter la couronne ;
J'ai vu les grâces à la cour
Et la probité sur le trône.
Et ce tableau m'a consolé
De ce dont je vous ai parlé (5).

----

(1) Poinsinet, auteur dramatique. Sa présomption, son ignorance, sa crédulité le rendirent longtemps le jouet des salons.
(2) Poète ; on reproche, en général, à la versification de Lemière, de l'incorrection et de la dureté.
(3) Imbert, poète distingué.
(4) Poète et auteur dramatique.
(5) Chanson faisant partie de la collection d'autographes du marquis de Tressan.

CHAPITRE IX.

La Cour du grand Frédéric.

Le roi de Prusse, qui avait attiré à sa cour Voltaire, Diderot, d'Alembert, Algarotti, Jordan, etc..., et qui se disait le protecteur de tous les philosophes exilés de France, ne pouvait rester indifférent aux infortunes du lieutenant-général de Tressan; avec la sûre clairvoyance de l'œil paternel, il avait su apprécier ses qualités militaires ainsi que sa bravoure, et n'aurait pas été fâché de les utiliser dans la guerre qui ne devait pas tarder à éclater (1). Aussi avait-il chargé Maupertuis de le pressentir à ce sujet, et de lui faire de sa part les propositions les plus avantageuses. Ce que le comte de Tressan raconte de la façon suivante :

« Le roi de Prusse vient de m'adresser lui-même le diplôme de son Académie de Berlin, ce monarque y ajoute les marques d'une vive estime; lorsqu'il apprit les dégouts que m'avaient causés les cabales de mes ennemis, il chargea M. de Maupertuis de me proposer dans ses armées le même grade et le même traitement que j'avais en France. Je crus devoir répondre au grand Frédéric :

---

(1) L'auteur veut parler ici de la guerre de Sept ans, qui fut déclarée, en effet, l'année suivante (1756).

« Sire, Votre Majesté me console de mes malheurs, mais dussent-ils encore s'accroître, je suis Français, je me dois au Roi mon maître et à ma patrie... Vous ne m'honoreriez plus de votre estime, si je cessais de lui être fidèle. »

Ce grand Roi ne m'en voulut pas d'ailleurs d'avoir décliné ses offres de service, et aux différentes époques de ma vie, il ne cessa de me témoigner les marques de la plus grande bienveillance.

Dans sa grande bonté, Sa Majesté voulut bien m'écrire la lettre suivante, lors de ma réception à l'Académie française :

« M. le général comte de Tressan, votre association à l'illustre Académie française m'a fait un plaisir bien sensible, c'est un juste tribut à votre mérite littéraire, et si Maupertuis et Voltaire retournaient dans cette savante assemblée, ils seraient charmés de vous voir occuper leurs places. La nouvelle traduction d'Arioste que vous m'annoncez contribuera sans doute à augmenter votre renommée littéraire, et l'exemplaire que vous m'en destinez sera très bien accueilli. J'aime beaucoup ces sortes de traductions. Celle de *Rolland furieux* par Mirabeau a son mérite, mais je n'attends sûrement pas moins de la vôtre, vous l'épurerez si bien, que Voltaire en sera tout aussi enchanté qu'il l'a été de l'original. Tout ce que je souhaite, c'est que votre malheureuse goutte vous quitte bientôt, et vous permette de porter la dernière lime à votre traduction, qui vous fera sûrement recueillir de nouveaux lauriers.

« Puissiez-vous en jouir encore longtemps dans une santé aussi parfaite que durable. C'est l'objet de mes vœux en votre faveur, et sur ce je prie Dieu, M. le général comte de Tressan, qu'il vous ait en sa sainte et digne garde.

« Frédéric. »

Postdam, le 21 décembre 1780.

Parmi les papiers du comte de Tressan, j'ai trouvé un manuscrit intitulé : *Idée de la personne, de la manière de vivre et de la cour de Prusse*, par feu Mylord Tyrconel (1), ambassadeur de France à la cour prussienne.

Je livre ces documents au lecteur qui sera curieux, sans doute, de lire des détails peu connus sur l'esprit et la vie intime du souverain qui a fait du petit royaume de Prusse un si grand état militaire, aujourd'hui maître de l'Allemagne, et une puissance prépondérante en Europe.

« Le roi de Prusse est de la taille de cinq pieds deux pouces, assez proportionné, assez bien fait, seulement, quelque chose de gauche, qui vient d'un maintien

---

(1) En deux endroits différents, on peut voir figurer le nom de ce personnage dans les mémoires de cette époque :
Le Roi a nommé M. le commandant de Maillebois, major général, mylord Tyrconel, aide-major général, et M. Chauvelin, maréchal des logis. (*Mémoires d'un juge de Louis XV*, par le marquis de Lordat.) Le chevalier de la Touche est nommé ministre plénipotentiaire auprès du roi de Prusse, à la place de feu mylord Tyrconel. (*Journal historique du règne de Louis XV*, publié chez Prault.)

contraint. La figure agréable et spirituelle, de la plus grande politesse, un son de voix gracieux, même en jurant, ce qui lui est aussi familier qu'à un grenadier. Parlant plus correctement le Français qu'Allemand, ne parlant jamais sa langue qu'à ceux qu'il sait ne pas entendre le Français. D'assez beaux cheveux chatain clair, et toujours en queue, il se frise et s'accommode lui-même et assez bien. Jamais il n'a eu de bonnet de nuit, ni robe de chambre ou pantoufles. Seulement un mauvais manteau de toile fort crasseux, pour se poudrer.

Toute l'année en habit uniforme de son premier bataillon de gardes, qui est de drap bleu, parements rouges, brandebourgs d'argent en façon d'Espagne, des houppes au bout, les brandebourgs jusqu'à la taille. Veste jaune unie, chapeau à points d'Espagne d'argent, plumet blanc, bottes aux jambes toute la vie, il ne sait pas marcher avec des souliers, ni porter son chapeau sous le bras, cette bagatelle lui donne un air contraint et singulier. Pour briller au mariage prochain (1), il vient de se faire faire un uniforme de gros de Tours.

Il se lève tous les matins à cinq heures, travaille ou au moins est en son particulier jusqu'à six heures trois quarts. Il s'habille à sept, on lui remet lettres, placets et mémoires, ensuite des lettres des particuliers, mises et venues de la poste, dont il fait décacheter plus ou moins; à neuf heures, ses ministres, ou, pour

---

(1) Mariage du prince Henri avec la princesse de Hesse.

mieux dire, ses gens d'affaires viennent jusqu'à onze heures, qu'il s'en va sur la place où se fait la parade de sa garde, il fait faire lui-même l'exercice, sans jamais y manquer ; personne ne le commande, à moins qu'il ne soit incommodé ; à la demie, il rentre chez lui, reste quatre ou cinq minutes dans un salon pour voir si personne n'a rien à lui dire, et entre en son cabinet en faisant toujours des révérences penchées, n'y ayant même que ses gens de chambre ; elles paraissent peu d'habitude, on dit que c'est ce qui lui a tourné la taille ; il reprend son travail seul ou avec ses ministres ; s'il n'a pas fini avant la parade, il se met à table à midi et demie, presque toujours avec les officiers de son premier bataillon ; sa table est de vingt-quatre couverts, jamais on ne sert plus de seize plats de cuisine, potage, bouillon, hors-d'œuvre, entrées, rôtis, entremets, et tous les seize plats sont servis ensemble. S'il y a en plus du poisson de mer ou gibier, il paye de sa poche ; son fruit est un peu plus élégant. Le dîner dure une heure, après quoi il prend presque toujours un de ceux qui ont dîné avec lui et cause en se promenant environ un quart d'heure et rentre chez lui avec ses révérences ; il arrive souvent qu'il fait entrer avec lui un de ses jeunes gens ; tout ce qui l'entoure est fait à peindre et de la plus jolie figure. Il reste enfermé jusqu'à cinq heures, que son lecteur vient, c'est ordinairement le marquis d'Argent ; sa lecture dure jusqu'à neuf. Le Roi est grand musicien, joue de la flûte supérieurement. Son concert journalier n'est presque composé que d'instruments à vent, qui sont les meilleurs de l'Europe : il y a trois castrats, un haut-contre et Mme Aytrea, Italienne ; ce sont des voix uniques. Il ne peut pas souffrir le médiocre, mais rarement il fait chanter à son petit concert, il faut être dans la plus intime faveur pour y être admis, par ci, par là, quelques seigneurs, s'il s'en trouve ; à neuf heures, viennent les Voltaire, les Algarotti, Maupertuis et autres beaux esprits, jamais plus que huit, le Roi compris, et un ou deux mignons. A la demie, il soupe, et le service est de huit plats. Le souper dure presque toujours jusqu'à onze heures, après on fait la belle conversation ; à minuit frappant, le Roi se couche. Toute l'année, voilà l'emploi des vingt-quatre heures de chaque jour, surtout des neuf mois qu'il reste à Postdam, à moins qu'il ne survienne quelque incident, comme dans l'été pour les revues. Il ne peut souffrir aucun jeu, spectacle, chasse, ni promenade, encore moins les femmes. Sa dépense de table pour la cuisine est fixée par jour à 33 écus d'Allemagne, qui valent 124 livres 3 sols argent de France. Il a pour cette somme vingt-quatre plats, seize à dîner et huit à souper, seize couverts à midi et huit à souper, jamais plus, à moins de cas extraordinaires. S'il y a plus de vingt-quatre couverts, l'excédent est payé d'un écu par couvert à celui qui a l'entreprise de la cuisine ; par exemple, au futur mariage, tout ce qui excédera ne sera payé qu'à un écu, mais tout le gros poisson et le gibier, le Roi le payera de sa poche sur les 33 écus ; l'entrepreneur paye : bois, charbons, entretien de batterie de cuisine, à l'exception des gages des cuisiniers que le Roi paye lui-même, il en a quatre : un Français, un Italien, un Autrichien et un Prussien; chacun lui fait quatre plats à dîner et deux à souper, qu'il y soit ou non; il donne toute l'année à dîner au premier bataillon; ils ont pour boisson, aujourd'hui de la bière, demain une bouteille de vin pour deux; il donne aussi tous les jours à midi trois grands plats de viande bouillie ou rôtie, du pain et de la bière pour les officiers des deux autres bataillons de ses gardes à pied, ils vont manger s'ils veulent, c'est une espèce de halte, les prix en sont aussi fixés.

J mais l'officier ni le soldat en garnison à Postdam n'en peut sortir la porte, même pour se promener, sans un billet signé du Roi, ce qu'il accorde rarement; en général, tout ce qui est à Postdam n'en peut sortir sans sa permission, même les princes ses frères; qui que ce soit ne peut non plus y aller sans préalablement en avoir obtenu la permission. Les seigneurs de Borghèse n'ont pu l'obtenir, les honnêtes gens qui connaissent le lieu y font le moins de séjour qu'ils peuvent, il est peu de moments où la pudeur ne pâtisse; il y a cinq bataillons dans la garnison qui ne sortent jamais, l'on ne voit que des soldats dont on exalte les honneurs, il n'y a que quelques femmes des officiers et des soldats qui à peine osent sortir de leurs chambres, l'insulte, le viol et le vol sont rarement réprimés, et qui n'a pas le goût du maître est peu fêté.

Il a beaucoup d'esprit, pas autant de connaissances qu'on veut lui donner, il n'excelle que dans le militaire dont il est capable de tirer tout l'avantage possible, un esprit aisé, facile, expéditif, comprenant ce qu'on veut lui dire au premier mot, ne prenant ni ne voulant de conseils, ne souffrant jamais de répliques ou de remontrances, pas même de sa mère. Se connaissant assez aux ouvrages d'esprit, soit en vers, soit en prose, brûlant du désir de faire l'un ou l'autre sans pouvoir arriver au sublime. Assez mauvais plaisant, piquant qui ne lui plaît pas, manquant souvent de politique, n'entendant pas la partie des finances, encore moins celle du commerce, ne tenant qu'à l'argent qu'il aime beaucoup, ne sachant ni ne voulant semer pour recueillir, traitant presque tout le monde en esclave, tous ses sujets sont tenus avec des entraves dures et terribles pour la moindre faute, ne pardonnant aucune de celles qui tendent à l'inexactitude du service militaire, n'ayant à sa solde que des gens utiles et en état de bien remplir leur emploi; dès l'instant qu'il n'en a plus besoin, il les renvoie avec rien, mieux servi que tout autre avec moins d'argent, donnant peu d'appointements à tout ce qui est grandes charges à la Cour, qui sont toutes *in partibus*, à peu de choses près, n'ayant dans tous ses États aucun gouvernement de province ni de ville, il commande seul dans les provinces et dans les villes, ce sont les commandants des régiments qui y sont en garnison, il ne paye aucun état-major de place. Ces trois articles sont immenses chez les autres potentats. Un militaire qui, pendant trente ans, a suivi ses grades jusqu'à être parvenu à celui de général à son rang, s'il est content, il lui donne un régiment.

Le grade de capitaine est lucratif par la compagnie, sans qu'il en coûte au Roi; c'est la justice qu'on rend au soldat qui fait la fortune du capitaine. Par exemple, les compagnies sont de 110 hommes; après la revue, le capitaine peut donner 60 congés pour dix mois; le capitaine touche la paye pour toute l'année, comme s'il était complet, et le soldat n'a rien tant qu'il est absent.

En ce qu'il appelle la maison militaire, il y a à Postdam et à Charlottenbourg 160 cavaliers, à qui l'on a donné le nom de gardes du corps, qui n'ont que la paye et l'habillement de la cavalerie et reçoivent tout autant de coups de bâton que les autres, le reste de ses gardes est composé de soldats un peu mieux vêtus avec la paye ordinaire. Les Reines, les Princesses, les Princes ne savent ce que c'est que d'avoir des gardes.

Dès que le Roi est sorti de Postdam ou de Charlottenbourg, il n'y en a plus.

Il a un chancelier qui ne parle jamais, un grand veneur qui n'oserait tirer une caille, un grand maître qui n'ordonne rien, un échanson qui ne sait pas s'il y a du vin à la cave, un grand écuyer qui n'a pas le pouvoir de faire seller un cheval, un grand chambellan qui ne lui a jamais donné la chemise, un grand maître de garde-robe qui ne connaît pas son tailleur. Les fonctions de toutes ces grandes charges sont exercées par un seul homme appelé Fredersdorff, qui, de plus, est valet de chambre ordinaire de quartier, secrétaire ordinaire du cabinet et gentilhomme de la chambre. Tous les grands sont payés avec le titre d'excellence, toute la chambre consiste en huit pages, autant de laquais de chambres, quatre coureurs, six jeunes gens avec l'habillement de différents orientaux, mais tout en couleur de rose et chargés de galons. Le reste de la livrée n'y ressemble point du tout. En général, il n'aime que les couleurs douces, et, dans les appartements qu'il occupe, les meubles sont couleur de rose ou lilas bleu.

Pour lui, les deux reines et la princesse Amélie, il n'a plus que 130 chevaux, pas une seule voiture qui vaille 300 livres. Feu son père aimait la chasse, avait un équipage, vaille qui vaille, et celui-ci, à son avènement au trône, voulut le réformer; le grand veneur, qui aimait la chasse à la folie et qui, en représentant que c'était un bénéfice pour le Roi en continuant à faire vendre le gibier comme par le passé, s'avisa de dire au Roi qu'il perdrait 200,000 écus de revenus en supprimant la chasse, le Roi lui dit dans le moment: Je vous donne tout l'équipage, je vous abandonne tout mon gibier et la pêche de mes rivières et vous me donnerez 200,000 écus par an. Le pauvre hère n'osa refuser et il a payé jusqu'à présent en se ruinant, il n'a plus de gibier, ni de poisson, ni rien. Les gens dans le secret m'ont assuré qu'il était à bout et qu'il ne pouvait payer cette année. Gare, Spandau! Les 200,000 écus ont leur destination, manquant il faut un revirement de partie et un nouveau tableau dont plus d'un souffrirait, il faut que cette somme rentre par quelque moyen que ce soit, et toutes les cordes sont si prodigieusement tendues qu'il est dangereux de toucher à aucune. Les subsides imposés sur les sujets sont forts et proportionnés au revenu de chaque particulier suivant le contrat et baux, et ce que le sujet fait valoir par lui-même, sans égard pour ceux qui devaient lors du nouveau plan. Par exemple, j'ai 10,000 livres de rente, mes créanciers jouissent de cinq ou six, même de plus, il faut pourtant que je paye autant que mon voisin qui jouit en plein de 10,000 livres de rente. Beaucoup de gens de condition, Silésiens, sortent successivement du pays en abandonnant ce qu'ils ne peuvent emporter. On veut que le maréchal Schwerin ait osé lui dire dans le temps : Si vous comptez ne pas garder cette province, vous en tirez suffisamment. Si vous devez la garder, beaucoup trop : il lui tourna le dos et ne lui a jamais pardonné.

Pour faire vivre les cordonniers dont le pays est rempli, il vient de défendre de faire ni de porter des sabots ; qu'en résulte-t-il ? la moitié de ses sujets vont nu-pieds. Il permet d'assommer les gens à coups de bâton et défend de fouetter un cheval de poste. Ce ne sont pas des mensonges transcrits, rien n'est plus vrai.

Les gens qui l'approchent le plus veulent que sa politesse ne soit pas naturelle, que c'est un reste du temps où il avait besoin de tout le monde contre les persécutions de son père. Il n'a pas fait de bien à ceux qui se sont exposés à être pendus pour empêcher qu'il n'eut le col coupé, et n'a point fait de mal à ceux qui avaient opiné pour qu'il eût la tête tranchée.

Il respecte sa mère, c'est la seule femme pour laquelle il ait une sorte d'attention ; il estime sa femme et ne peut la souffrir. Depuis dix-neuf ans de mariage, il ne lui a pas encore adressé la parole ; il y a peu de jours qu'elle lui remit une lettre pour lui demander des choses dont elle avait un pressant besoin, il prit la lettre avec son air riant, gracieux, poli, qu'il se donne quand il veut, et, sans la décacheter, il la déchira devant elle, fit une grande révérence et lui tourna le dos (1).

La Reine mère est une bonne grosse femme qui va et rit rondement; elle a 400,000 florins de revenu par an pour l'entretien de sa maison ; on prétend qu'elle thésaurise quatre jours de la semaine; il y a appartement chez elle où les gens du pays ne vont qu'après y être invités; ces jours-là, il y a une table le soir de vingt-quatre couverts, sur laquelle on sert huit plats indécemment servis par six jeunes polissons de pages, hommes et femmes y mangent. C'est le grand maître qui prie tout le monde de se retirer à quatre heures ; les autres jours, la Reine mère mange seule. La grande maîtresse, le grand maître et les trois filles d'honneur ont leur table, on leur sert deux plats pour tout.

Elle est indécemment logée au château ; son Mon-Bijou, qui est à la porte de Berlin, serait assez joli pour un particulier, elle y passe quatre mois dans la belle saison.

La Reine régnante est la meilleure femme du monde; toute l'année, elle mange seule, elle tient appartement le jeudi. A neuf heures, tout le monde se retire, ses morceaux sont coupés, ses pas comptés, ses paroles dictées; elle est malheureuse et fait tout ce

---

(1) On sait que Frédéric-Guillaume, par un acte odieux de tyrannie paternelle, avait forcé son fils à épouser Élisabeth de Brunswick-Bevern. — « Il y aura une princesse malheureuse de plus », dit le prince, lorsque son mariage fut décidé.

qu'elle peut pour le cacher. A peine a-t-elle le nécessaire à la Cour, elle est logée au second étage. Schonhausen est sa campagne ; à l'exception du jardin qui est assez joli, nos messieurs de la rue Saint-Honoré s'y trouveraient fort mal logés.

La princesse Amélie est assez aimable, elle a souvent de l'humeur parce qu'elle voudrait respirer un autre air et que l'état de fille n'est rien moins qu'agréable dans cette Cour ; elle est logée et nourrie avec sa mère ; elle a 6,000 livres pour son entretien et ses menus plaisirs.

Le prince aîné et successeur est dans les mêmes sentiments et a la même façon de penser que le Roi. Son despotisme ne sera pas plus doux, son gouvernement sera tout aussi militaire, plus intéressé s'il est possible, infiniment moins d'esprit et de connaissances et capable de faire regretter le Roi par ses sujets. Sa femme est aussi gênée et n'a pas plus d'agrément que sa sœur ; elle a deux enfants mâles. Ce prince était le favori du feu Roi qui, pour lui prouver sa tendresse de père, n'a jamais voulu qu'il apprît à lire et à écrire ; ce n'est que depuis la mort de son père qu'il a appris.

Son père lui a donné en mourant ce qu'il appelait son petit trésor et lui en avait remis la clef ; mais dès qu'il fut expiré, le premier soin de son successeur fut de s'en emparer ; ce petit trésor contenait 50 millions.

Ce prince a 120,000 écus pour lui, sa femme et sa maison ; on dit qu'il a du reste et qu'il épargne beaucoup. Il commerce. C'est le plus fort marchand de son frère.

Le prince Henri, qui va épouser la princesse de Hesse, est le plus aimable ; il est poli, généreux, aime la belle compagnie : il a environ 80,000 écus de revenus que son père lui a donnés, des biens confisqués à ceux à qui il a fait couper la tête ou fait mourir dans les fers. Si, en se mariant, son frère, qui le déteste, ne lui donne rien, il sera mal à son aise. On lui meuble une maison de particulier où il logera après son mariage. On le dit posdamiste ; si cela est, pauvre princesse, que vous allez être déçue ! !

Le prince Ferdinand est un petit châtain, crapuleux à l'excès, que tout le monde évite, personne n'en dit du bien ; il a aussi 100,000 écus de revenus de biens confisqués ; on lui donne un argent comptant considérable. Il est logé chez le Roi, va vivre où il ne lui en coûte rien. Tous les trois sont en bottes et en habit uniforme ; il faut qu'ils passent trois mois à leur régiment comme des particuliers ; la façon dont ils vivent est étonnante pour le peu de dépense.

CHAPITRE X.

Émoi produit dans le camp des gens de lettres par les comédies de Palissot : le *Cercle* et la *Comédie des Philosophes*. — Rousseau tourné en ridicule demande la grâce du coupable. — Extrait du *Journal* de Barbier dans lequel il est parlé de la *Comédie des Philosophes*. — L'abbé Morellet arrêté et conduit à la Bastille. — Le duc de Choiseuil défend Palissot. — Un article de l'*Encyclopédie* intitulé *Parade*. — Le comte de Tressan entre en possession du Commandement de Bitche. — Lettre de Buffon.

Les succès du comte de Tressan dans cette Académie dont il avait été pour ainsi dire le fondateur et dans laquelle il avait une grande influence, devaient lui attirer bientôt de nouvelles tracasseries.

Les Encyclopédistes avaient été très froissés d'une comédie de Palissot intitulée *Le Cercle*, cette pièce qui fut jouée à Nancy (le jour même de l'inauguration de la statue du Roi de France, le 26 novembre 1755) visait les ridicules de certains écrivains transformés en Trissotin et en Vadius par l'auteur, Jean-Jacques Rousseau y était représenté en quadrupède.

Stanislas et le public de Nancy ne relevèrent aucune de ces satires. Mais à Paris la chose fut prise au tragique ; d'Alembert, furieux contre Palissot, voulut le faire exclure de l'Académie de Nancy, et il écrivit à ce sujet à M. de Tressan. Celui-ci eut le grand tort d'accepter le rôle de champion des philosophes, et surtout d'entrer en correspondance avec le plus vaniteux d'entre eux, c'est-à-dire avec Jean-Jacques, afin de statuer sur la sanction dont le coupable devait être frappé.

Rousseau, prenant l'attitude orgueilleuse d'un homme supérieur, bien au-dessus de si insignifiantes attaques, répondit en plaidant lui-même la cause de Palissot et priant le comte de Tressan de demander grâce pour l'académicien qui avait offensé la philosophie ; cette lettre m'a semblé assez intéressante pour être reproduite :

« Je vous honorais, Monsieur, comme nous faisons tous ; il m'est doux de joindre la reconnaissance à l'estime, et je remercierais volontiers M. Palissot, de m'avoir procuré, sans y songer, des témoignages de vos bontés, qui me permettent de vous en donner de mon respect. Si cet auteur a manqué à celui qu'il devait et que doit toute la terre au Prince (1) qu'il voulait amuser, qui plus que moi doit le trouver inexcusable ? Mais si tout son crime est d'avoir exposé mes ridicules, c'est le droit du théâtre, je ne vois rien en cela de répréhensible pour l'honnête homme, et j'y vois pour l'auteur le mérite d'avoir pu choisir un sujet très riche.

« Je vous prie donc, Monsieur, de ne pas écouter là-dessus le zèle que l'amitié et la générosité inspirent à M. d'Alembert, et de ne point chagriner pour cette bagatelle une homme de mérite qui ne m'a fait

---

(1) Le roi Stanislas.

aucune peine, et qui porterait avec douleur la disgrâce du Roi de Pologne et la vôtre.

« Mon cœur est ému des éloges dont vous honorez ceux de mes concitoyens qui sont sous vos ordres. Effectivement, le Genevois est naturellement bon, il a l'âme honnête, il ne manque pas de sens, et il ne lui faut que de bons exemples pour se tourner tout à fait au bien.

« Permettez-moi d'exhorter les jeunes officiers à profiter du vôtre, à se rendre dignes de vos bontés et à perfectionner sous vos yeux les qualités qu'ils vous doivent peut-être et que vous attribuez à leur éducation. Je prendrai volontiers pour moi, quand vous viendrez à Paris, le conseil que je leur donne : ils étudieront l'homme de guerre, moi le philosophe; notre étude commune sera l'homme de bien et vous serez toujours notre maître.

« Je suis avec respect, Monsieur, votre très humble et très obéissant serviteur.

« ROUSSEAU. »

A Paris, le 27 septembre 1755.

D'Alembert crut devoir renchérir sur la magnanimité de Rousseau :

« Vous recevrez probablement cette lettre, Monsieur et cher confrère, en même temps que celle que j'eus l'honneur de vous écrire hier. J'ai envoyé votre lettre à M. Rousseau et je vois, par sa réponse, que je ne lui ai nullement dictée, qu'il se conduit comme j'aurais fait à sa place, et que je me suis conduit de mon côté comme il aurait fait s'il eût été à la mienne. En qualité de son ami, j'ai dû vous exciter à demander justice pour lui ; en qualité de philosophe, il désire qu'on pardonne à celui qui l'a insulté, et je suis tout à fait de son avis.

« Peut-être ce procédé corrigera-t-il l'auteur plus eficacement que tout le mal qu'on pourrait lui faire ; qu'il emploie ses talents, s'il en a, à quelque chose de meilleur et de plus honorable qu'à de mauvaises satires. Ceux qui se sont si indécemment déchaînés contre M. Rousseau apprendront du moins par là que sa façon de penser n'est pas moins estimable que ses talents, que nous avons fait tout ce que nous devions dans cette affaire, et que nous nous réunissons comme de raison, avec l'offensé, au parti de la douceur et de la modération.

« Je vous embrasse de tout mon cœur.

« D'ALEMBERT. »

Ce 27 décembre 1755.

« *P.-S.* — Ne lisez au Roi dans ma lettre que l'endroit qui le regarde, je ne veux point nuire à Fréron ou à d'autres ; je n'ai point envoyé votre lettre à Mme de la Marck, parce qu'il ne faut pas ôter le pain à Palissot, mais elle n'ignore pas la manière dont M. Rousseau s'est conduit et que j'approuve. »

Dans cette lettre, d'Alembert disait le contraire de ce qu'il pensait ; ainsi que ses confrères les Encyclopédistes, il n'était pas sans en vouloir beaucoup au professeur genevois de sa démarche. Il ne pouvait non plus avoir oublié si vite sa rancune contre Palissot, qu'il avait traité si durement peu de temps auparavant dans la lettre que voici :

A Paris, ce 17 juin.

« Cette lettre vous sera rendue, mon cher et illustre confrère, par mon intime ami, M. Bourgelat, homme de beaucoup d'esprit et de savoir, correspondant de notre Académie, et qui a fourni à l'Encyclopédie un grand nombre d'excellents articles. Il sera envoyé en Lorraine par le Ministère, qui s'avise enfin de soupçonner que ses talents supérieurs peuvent le rendre utile à l'État. Comme il vous connaît de réputation, il me demande une lettre pour vous, et j'ose espérer de votre amitié pour moi que vous lui procurerez en Lorraine tous les agréments qui dépendront de vous. Quand vous l'aurez vu et connu, vous ferez certainement pour lui seul ce que je vous prie de faire d'abord à ma recommandation.

« Je ne vous entretiens point de toutes les infamies qui se passent ici. J'ai commencé par en être affligé et je finis par en rire et par mépriser également les protégés et les protecteurs, les Palissot de Nancy et ceux de Versailles, les Palissot mâles et femelles, enfin les faquins de toutes espèces qui déshonorent notre nation et notre siècle. Je vous embrasse, mon cher confrère, de tout notre cœur, et je finis en vous recommandant de nouveau mon ami avec les plus fortes instances. « D'ALEMBERT. »

Palissot finit par avoir les rieurs de son côté. Mais

une nouvelle pièce du même auteur, la Comédie des *Philosophes* (jouée à Paris en 1760) porta l'exaspération des partis à son comble, « à ce point, dit Grimm dans sa correspondance, que si la nouvelle d'une victoire remportée fût arrivée à Paris le jour de la première représentation des *Philosophes*, c'était une bataille perdue pour la gloire du général qui l'aurait gagnée, car personne n'en aurait parlé. »

De son côté, Jean-Jacques Rousseau, répondant à mon arrière-grand-oncle, s'exprimait ainsi sur cet événement gros d'orage :

« Vous voulez sans doute que je vous parle de la fameuse *Comédie des Philosophes*, qui a tant occupé le public depuis six semaines. Rien ne peint mieux le caractère de cette nation que ce qui vient de se passer sous nos yeux.

« On sait que nous avons quelques mauvaises affaires en Europe. Quel serait l'étonnement d'un étranger qui arriverait à Paris dans ces circonstances, n'y entendrait parler que de Ramponneau, Pompignan et Palissot? Voilà cependant où nous en sommes. »

Écoutons ce que dit Barbier dans son journal, à propos de cette nouvelle à sensation :

Mai 1760.

« La Comédie des *Philosophes*, de M. Palissot, a eu quinze représentations, ce qui aura valu de l'argent à l'auteur qui en avait besoin. Il a vendu sa pièce à Duchesne, imprimeur, deux mille livres, elle se vend trente sols, et le libraire gagnera encore beaucoup ; il a déjà paru plusieurs petites brochures contre cette pièce.

« La meilleure est une préface sous le nom de *Visions de M. Palissot*. C'est l'apparition d'une femme qui lui conseille de faire la Comédie des *Philosophes*, qui lui prédit ce qui arrivera et tout ce qu'on dira de lui, sur ses mœurs et sur ce qu'il a fait de mal, et qui se découvrira à la fin à lui pour être la *Dévotion*. Cette brochure est écrite à merveille et de la plus fine malignité ; mais le portrait de la dévotion pourrait être dangereux pour l'auteur. »

Juin 1760.

« On a arrêté et mis en prison un libraire du Palais-Royal qui vendait la petite brochure des *Visions de Palissot*.

« Ce libraire, pour avoir la liberté, a été obligé de nommer l'auteur, qui est l'abbé Morellet. C'est un homme d'un grand talent, qui n'a que trente-cinq ans, et qui a fait dans l'*Encyclopédie* de très grands articles de théologie, comme : *Foi, Fils de Dieu, Fatalité*. Il est même surprenant qu'il ait pu faire, avec autant de délicatesse, un ouvrage de pure plaisanterie, tel que *Visions de M. Palissot sur la Comédie des Philosophes* pour venger un peu les écrivains célèbres de l'*Encyclopédie*.

« M. l'abbé Morellet a été arrêté et est actuellement à la Bastille. »

L'auteur de tout ce tapage eut cette fois pour défenseur le duc de Choiseuil lui-même ; l'intervention de ce grand seigneur dans ce débat s'explique par le grand intérêt qu'il portait à tous ses compatriotes ; or, M. Palissot de Montenoy était Lorrain. Né à Nancy en 1730, il soutint à treize ans une thèse de théologie, voulut d'abord se faire oratorien, changea d'avis, vint à Paris à dix-neuf ans et se jeta dans la polémique littéraire, prit parti contre les philosophes et les attaqua sans relâche, soit dans ses comédies, soit dans des pamphlets (*Petites lettres contre de grands philosophes*), soit dans son poème de *La Dunciade*. L'*Encyclopédie* crut devoir venger les philosophes par un article des plus violents qui parut dans le *Dictionnaire des Sciences* sous le titre de *Parade*. Voici l'article en question :

Parade (1) : Espèce de farce, originairement préparée pour amuser le peuple et qui souvent fait rire un moment la meilleure compagnie.

Ce spectacle tient également des anciennes comédies nommées *Platariæ*, composées de simples dialogues presque sans action et de celles dont les personnages étaient pris dans le bas peuple, dont les scènes se passaient dans les cabarets et qui, pour cette raison, furent nommées *Tabernariæ*. . . . .
. . . .
. . . .

Quel abus ne fait-on pas tous les jours de la facilité qu'on trouve à rassembler quelques dialogues sous le

---

(1) *Encyclopédie* ou *Dictionnaire raisonné des Sciences*, Tome XXIV, O. R. G., PAU.

nom de comédie? Souvent sans invention et toujours sans intérêt, ces espèces de parades ne renferment qu'une fausse métaphysique, un jargon précieux, des caricatures ou de petites esquisses, mal dessinées, des mœurs et des ridicules ; quelquefois même, on y voit régner une licence grossière ; les jeux de Thalie n'y sont plus animés par une critique fine et judicieuse, ils sont avilis, déshonorés par les traits les plus odieux de la satire.

Pourra-t-on croire un jour que, dans le siècle le plus ressemblant à celui d'Auguste, dans la fête la plus solennelle, sous les yeux d'un des meilleurs rois qui soit né pour le bonheur des hommes, pourra-t-on croire que le manque de goût, l'ignorance ou la malignité aient fait admettre et représenter une parade de l'espèce de celle que nous venons de défendre ?

Un citoyen, qui jouissait de la réputation d'honnête homme (M. Rousseau de Genève), y fut traduit sur la scène avec les traits extérieurs qui pouvaient le caractériser. L'auteur de la pièce, pour achever de l'avilir, osa lui prêter son langage. C'est ainsi que la populace de Londres traîne quelquefois, dans le quartier de Drury lane, une figure contrefaite avec une bourse, un plumet et une cocarde blanche, croyant insulter notre nation. Un murmure général s'éleva dans la salle ; il fut à peine contenu par la présence d'un maître adoré ; l'indignation publique, la voix de l'estime et de l'amitié, demandèrent la punition de cet attentat, un arrêt flétrissant fut signé par une main qui tient et qui honore également le sceptre des rois et la plume des gens de lettres. Mais le philosophe, fidèle à ses pri -

cipes, demanda la grâce du coupable, et le monarque crut rendre un plus digne hommage à la vertu en accordant le pardon de cette odieuse licence, qu'en punissant l'auteur avec sévérité. La pièce rentrera dans le néant avec son auteur.

Rien ne corrige les méchants : l'auteur de cette première parade en a fait une seconde où il a joué le même citoyen, qui avait obtenu son pardon, avec un grand nombre de gens parmi lesquels on nomme un de ses bienfaiteurs. Le bienfaiteur indignement travesti est l'honnête M. H... et l'ingrat est un certain P. de M.

En narrateur impartial de cette polémique littéraire et pour éclairer l'opinion du public, je ne puis faire autrement que de produire les deux lettres suivantes que Palissot écrivit neuf ans plus tard, c'est-à-dire en 1769, au comte de Tressan :

« Monsieur,

« Je ne me rappelais votre nom qu'avec le sentiment de la reconnaissance dont vous m'aviez pénétré par la lettre que vous me fîtes l'honneur de m'écrire en 1763. Vous m'y donniez des témoignages si éclatants de votre estime, vous y faisiez un désaveu si noble d'une injustice, que quelques prétendus philosophes vous avaient forcé de commettre à mon égard, que souvent je m'applaudissais de cette injustice même, puisque sans elle j'aurais peut-être ignoré toujours comment un homme supérieur sait tirer parti de ses fautes pour nous imposer plus d'admiration. Cette démarche avait été prévenue de votre part, Monsieur, par des assurances très flatteuses de vos sentiments pour moi, que vous m'aviez fait donner par différentes personnes qui, sachant le prix que j'attachais à votre estime, ont bien voulu me faire le sacrifice de vos lettres. Vous m'avez confirmé depuis ces marques honorables de votre façon de penser sur ma personne et sur mes ouvrages. J'en ai conservé les preuves, je me suis fait même un devoir de les produire et d'associer, dans quelques papiers publics, votre lettre de 1763 à celle que le Roi de France me fit l'honneur de m'écrire dans le même temps. D'après cela, Monsieur, avec quelle indignation n'apprendrez-vous pas que, pour se venger de votre abandon, les mêmes philosophes qui vous avaient déjà compromis ont osé, dans un recoin de leur vaste compilation encyclopédique, insérer, sous votre nom, un *article Parade* rempli d'indécence, d'injures et qui pis est d'absurdités. On renouvelle dans cet article toutes ces calomnies honteuses que la haine philosophique consigna dans une foule de libelles méprisés, pendant qu'on jouait la comédie des *Philosophes*, et longtemps encore après cette époque. Ces messieurs auraient dû se faire gloire d'imiter la politesse, la circonspection, les justes égards dont M. de Voltaire leur avait donné l'exemple dans la lettre qu'il m'écrivit au sujet de cette même comédie, quoique partisan de ceux qui voulaient absolument s'y reconnaître, mais ils s'étaient flattés sans doute que leur nouveau libelle, enseveli dans l'immensité de leurs volumes, échapperait à tous les yeux ; car avec quelle apparence pouvaient-ils penser qu'on préférerait, sur leur parole, à M. le comte de Tressan, une inconséquence de cette nature ? Comment persuader qu'un homme de son rang et de son mérite se serait abaissé jusqu'à écrire sur les *Parades* et jusqu'à composer l'article le plus trivial et le plus abject de leur dictionnaire? M. de Tressan peut-il même être censé savoir ce que c'est qu'une parade, et n'est-il pas fort étrange que, dans le prétendu dépôt des connaissances humaines, on ait consacré plusieurs pages à disserter gravement sur ce genre de polissonnerie, rebuté aujourd'hui même de la livrée? Ces messieurs avaient donc espéré que cette indignité resterait dans les ténèbres; mais leur expérience devrait cependant leur avoir appris que tout se découvre. Je me flatte, Monsieur, que vous voudrez bien les punir de leur audace en désavouant ce tissu d'injures qu'on a osé publier sous votre nom, et je vous promets que je ne tarderai pas à vous en venger moi-même comme je le dois. Que ces Messieurs traitent de parades ma comédie du *Cercle* et celle des *Philosophes*, ce n'est pas ce qui m'offense. Les hypocrites osèrent traiter de farce le chef-d'œuvre du *Tartufe* ; et la comédie des *Philosophes*, qui n'était ni moins indispensable ni moins hardie, doit sans doute éprouver les mêmes outrages. La fureur que cette pièce a inspirée à nos ennemis, les absurdités qu'elle leur a fait dire, les calomnies par lesquelles ils n'ont pas rougi de l'avilir, tous ces excès n'ont fait qu'honorer mon triomphe, et il manquerait quelque chose à ma gloire si la compilation encyclopédique (*rudis indigestaque moles*) n'eut pas enfin prêté l'appui de sa consistance à des libelles odieux que l'on commençait à oublier. Il m'est bien doux de voir mes ennemis renouveler leur propre honte et attester à la postérité, par des injures si peu convenables à des philosophes, la fidélité de mon pinceau. J'ose m'en féliciter avec vous, Monsieur, vous à qui je dois le moment de plaisir le plus pur que j'aie goûté de ma vie, lorsque vous avez daigné mêler vos applaudissements à ceux dont le public m'avait honoré. Ah! je conçois que ces messieurs ne me le pardonneront jamais, et moi je leur pardonne tout à ce prix, excepté l'audace qu'ils ont eu d'abuser de votre nom.

« Permettez-moi, Monsieur, de profiter de cette occasion pour vous annoncer un nouvel ouvrage que je me propose de faire paraître incessamment. C'est celui que je suis le plus flatté d'avoir fait et pour lequel j'ose le plus compter pour ma réputation. Je l'ai écrit comme j'ai tâché d'écrire la comédie des *Philosophes*, moins pour mon siècle, dont j'ai eu quelquefois le courage de faire sentir les ridicules, que pour la postérité. Il sera question de vous dans cet ouvrage, et c'est ce qui me le rend encore plus cher.

« Je suis avec respect,
   « Monsieur,
« Votre très humble et très obéissant serviteur,
            « Pallissot de Montenoy. »

A Argenteuil, près Paris, ce 3 février 1769.

« Je vous remercie de votre charmante lettre, Monsieur le Comte, pour moi et pour toute ma société, quoique vous me donniez les plus grands regrets. Je suis au milieu de mes vendanges, et, après demain matin, nous partons tous pour un Franconville qui n'est pas le vôtre, mais où l'on veut bien aussi nous traiter avec bonté et où nous resterons jusqu'au 15. C'est le Franconville de M. Gerbier. Nous irons de là passer huit jours à Paris, ensuite nous serons entièrement à vos ordres.

« Le libraire Pancouke doit venir demain me demander à dîner. Je lui parlerai de votre ouvrage, et peut-être serais-je assez heureux pour l'engager à faire ce qui vous serait agréable. Si je ne réussis pas auprès de lui, je vous promets d'employer les huit jours que je me propose de passer à Paris, à voir d'autres libraires, et particulièrement soyez persuadé, Monsieur le Comte, de tout mon dévouement et de tout mon zèle.

« Je vous prie de faire agréer mes respects à Mme de Tressan et de lui témoigner combien nos dames sont flattées d'avoir eu l'avantage de lui plaire. Je supprime tous les compliments pour assurer de toute ma tendresse le plus aimable des hommes.

« PALISSOT. »

J'ai tenu à citer ces lettres qui nous prouvent que l'auteur de la comédie du *Cercle* fut un adversaire redoutable pour les philosophes, exaspérés de l'audace de ce jeune homme qui avait osé s'armer contre eux du fouet de la satire, habitués qu'ils étaient à voir régner dans leur camp l'admiration mutuelle la plus complète. On peut conclure en disant que, dans cette polémique, l'avantage resta à l'ancien élève des Oratoriens.

La mort de M. de Bombelles ayant mis le gouverneur de Toul en possession du commandement de Bitche, il fut moins exposé aux désagréments que lui avaient occasionnés les querelles académiques. Il était plus éloigné de Nancy, et l'importance de son service ne lui permettait pas d'y aller aussi souvent. Il était aussi plus près du théâtre de la guerre, il fallait qu'il remplît sa mission militaire et qu'il entretînt la bonne intelligence avec les princes voisins qui, sans se déclarer pour la France, lui étaient néanmoins très utiles pour le passage de ses armées, les vivres et toutes les munitions de guerre.

Malgré la multiplicité de ses devoirs, il se réservait tous les jours quelques heures qu'il consacrait au travail; vers le même temps, il composa pour l'Encyclopédie plusieurs articles, presque tous sur l'art militaire.

Il entretenait également une correspondance suivie avec ses amis. Je retrouve dans ses papiers, à la date du mois d'août 1763, une lettre de Buffon que voici :

« J'ai grand tort avec vous, mon très cher Monsieur. Il est affreux d'avoir passé tant de mois sans vous demander de vos nouvelles ; mais ne connaissez-vous pas, Monsieur, la paresse des gens occupés et la sécurité souvent trop grande de ceux qu'ils se croient aimés. D'ailleurs, y a-t-il une âme au monde semblable à la vôtre, présente en même temps à tous ses devoirs et à tous ses plaisirs, toujours active dès qu'il s'agit de plaire ou d'obliger ? Je la connais cette belle âme, et je trouve la mienne bien inférieure, bien moins agissante.

« Cependant mon dévouement pour vous, Monsieur, est toujours le même, également fidèle et respectueux ; mon attachement pour votre personne et pour toute votre maison aussi sincère et même aussi tendre que vous pouvez le désirer. Je n'ai donc d'autres torts que de ne vous le pas dire aussi souvent que je le devrais et que je le voudrais, car je me suis souvent reproché la continuité de mon silence. Vous nous aviez fait espérer, mon très cher Monsieur, que nous aurions le plaisir de vous voir à Montbard ou à Paris ; nous nous en sommes flattés toujours, mais nos voyages s'arrangent fort mal, et je vois que nous aurons beaucoup de peine à nous rencontrer ; vous n'êtes venu à Paris depuis deux ans que dans les mois de septembre et d'octobre et nous restons à Montbard régulièrement jusqu'au mois de novembre. Si vous ne retourniez pas avec le roi de Pologne, ne pourriez-vous pas, Monsieur, prendre votre route par Montbard, Mme de Buffon en serait comblée de joie, elle me charge de vous le dire et de vous offrir ses respects pour Mme la comtesse de Tressan. Vous seriez content de nos jardins ; cependant nous n'avons ni belles fleurs ni cantalupes, à peine y a-t-il eu cette année quelques melons mangeables.

« Vous ne trouverez au jardin du Roi que le jeune Daubenton, car le docteur revient ici dès que l'Académie prendra ses vacances. Vous verrez au cabinet une collection immense de plantes marines et de coquilles qui nous sont arrivées de Saint-Domingue.

« Adieu, mon très cher Monsieur ; encore une fois, tâchez de retourner par Montbard, nous aurions mille choses à vous dire et à vous demander ; c'est avec un très sincère et respectueux dévouement que je serai toute ma vie, Monsieur,

« Votre très humble et très obéissant serviteur,

« BUFFON. »

De Montbard, ce 29 août 1763.

On reconnaît dans cette lettre ce Buffon dont les écrits sont regardés universellement comme le plus beau modèle de la noblesse et de l'harmonie du style. C'est avec une admirable fidélité qu'il a décrit les mœurs et les traits caractéristiques des animaux, et on doit reconnaître qu'il a fait faire à l'histoire naturelle de grands progrès, soit par la nouveauté de ses vues, soit par la multiplicité de ses recherches ; mais on peut lui reprocher d'avoir dédaigné les classifications scientifiques, sans lesquelles pourtant il n'y a ni ordre ni clarté. Pour sa réception à l'Académie, il prononça un discours remarquable sur le style ; il s'évertua à démontrer que le style est tout l'homme.

Louis XV le créa comte, et, avant de mourir, il put voir sa statue placée à l'entrée du Musée d'histoire naturelle avec cette inscription : *Majestati naturæ par ingenium.*

Daubenton, dont le célèbre naturaliste parle dans sa lettre, était son compatriote (1) ; il collabora avec

---

(1) Daubenton et Buffon étaient nés à Montbard en Bourgogne.

lui à la rédaction de l'histoire naturelle des animaux et fournit aux quinze premiers volumes des articles de description anatomique ; ces descriptions sont regardées comme des chefs-d'œuvre d'exactitude et forment encore aujourd'hui une des bases de l'anatomie comparée. Buffon le fit nommer, en 1745, garde et démonstrateur du cabinet d'histoire naturelle ; il devint plus tard professeur d'histoire naturelle au Collège de France. Il fut reçu de bonne heure à l'Académie des Sciences et fournit à cette Société un grand nombre de mémoires.

CHAPITRE XI.

Lettres de Voltaire datées de Lauzanne : il se montre reconnaissant envers le roi Stanislas, Mmes de Boufflers et de Bassompierre, des témoignages d'intérêt qu'il reçut de la Cour de Lorraine lors de la mort de Mme du Châtelet. — Il prévoit une guerre prochaine. — Ses réflexions à propos du *Mondain*. — Inquiet des mesures qui pourraient être prises contre lui, il prie le comte de Tressan de le renseigner sur ce qui se passe. — Lettre dans laquelle il est question du talent d'actrice de Mme Denis et des persécutions contre Diderot et d'Alembert. — Correspondance de Voltaire aux *Délices*.

O Voltaire ! O mon maître ! O mon illustre ami !
. . . .

Ce vers ne semble-t-il pas avoir été dicté au comte de Tressan par l'admiration sans bornes qu'il avait voué à celui qu'il appelait son illustre ami.

Voltaire, de son côté, n'était pas insensible à ces protestations d'amitié. S'il fit une guerre sans merci à ses ennemis (tels que le Franc de Pompignan, Fréron et tant d'autres qui tombèrent sur le champ de bataille criblés de plaisanteries), il était d'un commerce très sur et très fidèle dans son amitié. Voyez-le avec ses amis de vingt ans : le maréchal de Richelieu, Montcrif, Helvetius, Thiriot, Cideville, d'Argental,... n'est-ce pas en leur écrivant qu'il s'écrie à chaque page : « Mon cœur ne vieillit pas ! » Comme il est prodigue d'esprit et de gaieté pour son ami Tressan, lorsqu'il cherche à le consoler de ses infortunes dans ces lettres charmantes que je me fais un devoir de soumettre au public.

Les premières de ces lettres sont datées de Lauzanne où Voltaire avait acheté une magnifique maison, d'où, en étant dans son lit, il découvrait quinze lieues du lac Léman, la Savoie et les Alpes ; c'était sa maison d'hiver.

A Morimond, près de Lauzanne,
11 janvier 1756.

« Il me paraît, Monsieur, que S. M. P. n'est pas le seul homme bienfaisant en Lorraine, et que vous savez bien faire comme bien dire. Mon cœur est aussi pénétré de votre lettre que mon esprit a été charmé de votre discours. Je prends la liberté d'écrire au Roi de Pologne, comme vous me le conseillez, et je me sers de votre nom pour autoriser cette liberté. J'ai l'honneur de vous adresser la lettre, mon cœur l'a dictée, et je me souviendrai toute ma vie que ce bon prince vint me consoler un quart d'heure dans ma chambre, à la Malgrange, à la mort de Mme du Châtelet; ses bontés me sont toujours présentes; j'ose compter sur celles de Mme de Boufflers et de Mme de Bassompierre. Je me flatte que M. Delnée ne m'a pas oublié; mais c'est à vous que je dois leur souvenir. Comme il faut toujours espérer, j'espère que j'aurai la force d'aller à Plombières, puisque tout est sur la route. Vous m'avez écrit à mon château de Monpon. C'est Ragotin qu'on appelle monseigneur. Je ne suis point homme à châteaux. Voici ma position : j'avais toujours imaginé que les environs du lac de Genève étaient un lieu très agréable pour un philosophe et très sain pour un malade ; je tiens le lac par les deux bouts : j'ai un ermitage fort joli aux portes de Genève, un autre aux portes de Lauzanne ; je passe de l'un à l'autre ; je vis dans la tranquillité, l'idépendance et l'aisance, avec une nièce qui a de l'esprit et des talents et qui a consacré sa vie aux restes de la mienne. Je ne me flatte pas que le gouverneur de Toul vienne jamais manger des truites de notre lac ; mais si jamais il avait cette fantaisie, nous le recevrions avec transport, nous compterions ce jour parmi les plus beaux de notre vie. Vous avez l'air, Messieurs les lieutenants-généraux, de passer le Rhin cette année, plutôt que le Mont Jura, et j'ai peur que vous ne soyez à Hanovre quand je serai à Plombières. Devenez maréchal de France, passez du gouvernement de Toul à celui de Metz, soyez aussi heureux que vous méritez de l'être, faites la guerre et écrivez-la. L'histoire que vous en ferez vaudra certainement mieux que la rapsodie de la guerre de 1741 qu'on met impudemdemment sous mon nom. C'est un ramas informe et tout défiguré de mes manuscrits que j'ai laissés entre les mains de M. le comte d'Argenson.

« Je vous préviens sur cela, parce que j'ambitionne votre estime. J'ai autant envie de vous plaire, Monsieur, que de vous voir, de vous faire ma cour, de vous dire combien vos bontés me pénètrent ; il n'y a pas d'apparence que j'abandonne tous mes ermitages et un établissement tout fait dans deux maisons qui conviennent à mon âge et à mon goût de retraite ; je sens que si je pouvais les quitter, ce serait pour vous, après toutes offres que vous me faites avec tant de bienveillance. Je crois avoir renoncé aux rois, mais non pas à un homme comme vous.

« Permettez-moi de présenter mes respects à Mᵐᵉ la comtesse de Tressan, et recevez les tendres et respectueux remerciements du Suisse V..... »

Le 9 novembre ou décembre 1757.

Il est certain que c'est M. le Président Dupuy qui a distribué des copies du *Mondain* dans le monde, et qui pis est des copies très défigurées. La pièce, tout innocente qu'elle est, n'était pas faite assurément pour être publique ; vous savez, d'ailleurs, que je n'ai jamais fait imprimer aucun de ces petits ouvrages de société, qui sont comme les parades du prince Charles et du duc de Nevers, supportables à huis-clos ; il y a dix ans que je refuse constamment de laisser prendre copie d'une seule page du poëme de *La Pucelle*, poëme cependant plus mesuré que l'*Arioste*, quoique peut-être aussi gai ; enfin, malgré le soin que j'ai toujours pris de renfermer mes enfants dans la maison, ils se sont mis quelquefois à courir les rues ; le *Mondain* a été plus libertin qu'un autre. Le président Dupuy dit qu'il le tenait de l'évêque de Luçon, lequel prélat, par parenthèse, n'était pas encore assez mondain, puisqu'il a eu le malheur d'amasser douze mille inutiles louis dont il eût pu, de son vivant, acheter douze mille plaisirs.

« Venons au fait ; il est tout naturel et tout simple que vous ayez communiqué ce *Mondain* de V... à cet autre mondain d'évêque ; je suis fâché seulement qu'on ait mis dans la copie :

> Les parfums les plus doux,
> Rendent sa peau, douce, fraîche et polie.

« Il fallait mettre :

> Rendent sa peau plus fraîche et plus jolie.

« Voilà sans doute le plus grand grief, rien ne peut arriver de pis à un poëte qu'un vers estropié.

« Le second grief est qu'on ait pu avoir la mauvaise foi, et j'ose dire la lâche cruauté, de chercher à m'inquiéter pour quelque chose d'aussi simple, pour un badinage plein de naïveté et d'innocence ; cet acharnement à troubler le repos de ma vie sur des prétextes aussi misérables, ne peut venir que d'un dessein formé de m'accabler et de me chasser de ma patrie. J'avais déjà quitté Paris pour être à l'abri de la fureur de mes ennemis. L'amitié la plus respectable a conduit dans la retraite des personnes qui connaissent le fond de mon cœur et qui ont renoncé au monde pour vivre en paix avec un honnête homme, dont les mœurs leur ont paru dignes peut-être de tout autre prix que d'une persécution : s'il faut que je m'arrache encore à cette solitude et que j'aille dans les pays étrangers, il m'en coûtera sans doute ; mais il faudra bien se résoudre, et les mêmes personnes qui daignent s'attacher à moi aiment beaucoup mieux me

voir libre ailleurs que menacé ici. M. le prince royal
de Prusse m'a écrit depuis longtemps, en des termes
qui me font rougir, pour m'engager à venir à sa cour.
On m'a offert une place auprès de l'héritier d'une
vaste monarchie, avec 10,000 livres d'appointement;
on m'a offert des choses très flatteuses en Angleterre;
vous devinez aisément que je n'ai été tenté de rien, et
que, si je suis obligé de quitter la France, ce ne sera
pas pour aller servir des princes. Je voudrais seulement savoir, une bonne fois pour toutes, quelle est
l'intention du ministère, et si, parmi mes ennemis, il
n'y en a pas d'assez cruel pour avoir juré de me persécuter sans relâche. Ces ennemis, au reste, je ne les
connais pas; je n'ai offensé personne, ils m'accablent
gratuitement.

*Plane vere suis non respondere favorem
Spera hinc meritis.*

« Je demande uniquement d'être au fait de bien
savoir ce qu'on veut, de n'être pas toujours dans la
crainte, de pouvoir enfin prendre un parti. Vous êtes
à portée, et par vous-même et par vos amis, de savoir
précisément les intentions; M. le bailly de Froulay,
M. de Bissy peuvent s'unir avec vous, je vous devrai
tout. Si je vous dois au moins la connaissance de ce
qu'on veut, voilà la grâce que je vous demande, celui
qui vous a aimé dès votre enfance, qui a vu un des
premiers tout ce que vous deviez valoir un jour, et
qui vous aime avec d'autant plus de tendresse, que
vous avez passé toutes ses espérances. Soyez aussi
heureux que vous méritez de l'être, et à la Cour et en

amour. Vous êtes né pour plaire, même à vos rivaux. Je serai consolé de tout ce qu'on me fait souffrir, si j'apprends au moins que la fortune continue à vous rendre justice. Comptez qu'il n'y a pas deux personnes que votre bonheur intéresse plus que moi ; permettez-moi de présenter mes respects à Mlle de Tressan et à Mme de Genlis.

« Vous m'écriviez :

Formosam renovare doces Amaryllida Silvas.

« Faudra-t-il que je vous réponde :

Nos patriam fugimus.

« Adieu Pollion, adieu Tibulle, on me traite comme Bavius. »

A Lauzanne, 3 février 1758.

« Mon adorable gouverneur, béni soit le sieur Ligier et ses consorts, et ses mauvais vers et sa sottise. Puisque cela m'attire tant de bontés de votre part, soyez bien sûr que je ne suis sensible qu'aux marques généreuses de votre amitié et point du tout à ces platitudes moitié francomtoises et moitié lotaringiennes. La nation des petits collets et des petits beaux esprits de province a été oubliée par M. de Réaumur dans l'histoire des insectes. Ainsi ne prenons pas garde à leur existence.

« J'étais fort malade lorsqu'on me régala de ces beaux vers dignes d'une académie de..... Mme Denis les renvoya à Toul bien cachetés, elle aussi sensible que moi à la mention que vous voulez bien faire d'elle. Vous l'aimeriez davantage si vous l'aviez vue jouer avant-hier dans une tragédie nouvelle, sur un très joli théâtre, avec de très bons acteurs dont j'étais le plus médiocre. Je ne me tirai pourtant pas mal du rôle du vieillard, attendu que, malheureusement, je le joue d'après nature. J'aurais bien voulu que M. le gouverneur de Toul nous eût honorés de sa présence réelle. Les infamies et les persécutions dont on a affublé nos philosophes Diderot, d'Alembert et compagnie, me tiennent plus au cœur que les beaux vers de M. l'abbé Ligier. Je persiste toujours dans mon idée qu'il faut déclarer qu'on renonce unanimement à l'Encyclopédie, jusqu'à ce qu'on soit assuré d'une honnête liberté et d'un peu de protection. Trois mille souscripteurs se joindront à eux; ils crieront comme des aveugles, et le cri public est la plus infaillible des intrigues et la meilleure des protections.

« Vous avez vu sans doute que notre ami d'Alembert, appelé O, a, dans l'article de Genève, loué beaucoup cette Église calviniste de n'être pas chrétienne. Vous savez que ces prêtres en ont été très ébaubis, et qu'ils ont fait une belle profession de foi dans laquelle ils résument pour solde totale qu'ils ont de la vénération pour Jésus et qu'ils croient en Dieu. Leurs voisins leur reprochent à présent d'avoir autrefois brûlé Servet et d'aller aujourd'hui plus loin que Servet; c'est un bon article pour l'histoire des contradictions de ce monde. Voici le champ de l'histoire des meurtres qui va se rouvrir. Mgr le comte de Clermont aura une armée terriblement délabrée, son bisaïeul y eût été bien empêché. Qu'aurait dit Louis XIV, s'il avait vu un marquis de Brandebourg résister mieux que lui aux trois quarts de l'Europe ! Heureux qui voit du port tous ces orages ! Je vais planter aux *Délices*, de là je reviens à Lausanne pour nos spectacles ; cela est plus sensé que d'aller en Allemagne. Je ne regrette aucun roi, aucun prince ; mais je regrette fort M. le gouverneur de Toul, pour qui je suis pénétré de la plus tendre et de la plus respectueuse reconnaissance, et à qui je serai attaché toute ma vie.   V...... »

Les lettres qui suivent ont été écrites des *Délices*. C'est ainsi que M. Arsène Houssaye nous dépeint ce séjour de Voltaire :

De Lyon, Voltaire alla à Genève ; à son arrivée, les portes étaient fermées ; à peine eut-il dit son nom que les portes s'ouvrirent à deux battants. Il voulait vivre à Genève, mais le rigorisme des réformés l'effraya autant que le zèle des catholiques. Il acheta, à une lieue de cette ville, le beau domaine des *Délices ;* il y vécut en grand seigneur, il y reçut beaucoup de monde et y joua la comédie. On l'a vu souvent se promener dans le parc, vêtu en Arabe, avec une longue barbe, répétant le rôle de Mohabar, ou avec un habit à la grecque répétant Narbas. Dès qu'il fut installé, les comédiens de Paris vinrent lui faire leur cour en jouant avec lui sur son théâtre ; des savants, des gens de lettres et des princes suivirent les comédiens sur le chemin des *Délices*. On se rappelle que Montesquieu, assistant à une représentation de *l'Orphelin de la Chine*, s'endormit profondément. Voltaire, qui l'aperçut, lui jeta son chapeau à la tête en lui disant : Croyez-vous être à l'audience (1) !

Aux Délices, 22 mars 1758.

« Mon adorable gouverneur, je suis toujours très fâché que les auteurs de l'Encyclopédie n'aient pas formé une société de frères, qu'ils ne se soient pas rendus libres, qu'ils travaillent comme on rame aux galères ; qu'un livre, qui devait être l'instruction des hommes, devienne un ramas de déclarations puériles qui tient la moitié des volumes ; tout cela fait saigner le cœur ; mais, depuis cinquante ans, c'est le sort de la France d'avoir des livres où il y a de bonnes choses et pas un bon livre. Nous sommes dans la décadence des talents, dans le temps où l'esprit s'est perfectionné ; au reste, s'il y a de l'esprit en France, ce n'est pas parmi les gredins qui ont abusé de votre nom et qui m'ont écrit sous celui du petit séminariste de Toul ; ces misérables sont encore plus méchants et plus brouillons qu'ils ne sont bêtes. Cette première lettre qu'ils m'avaient écrite était datée de Toul, et ce fut à Toul qu'on la renvoya, comme vous le savez. Il est clair que le maître de la poste est du complot, puisque ce petit séminariste n'a point reçu le paquet renvoyé et que je viens de recevoir une seconde lettre relative à toute cette aventure, dont l'enveloppe est

---

(1) *Portraits du* XVIIIe *siècle* (1re série), p. 147. Arsène Houssaye.

précisément de la même main qui avait écrit la première lettre. Cette seconde que je reçois est d'une main contrefaite ; rien n'est plus bas et plus misérable que le style et les choses qu'elle contient. On y parle de vous d'une manière indécente. Il y a des vers dignes du cocher de M. de Vertamont. On m'y dit des injures atroces qui me choquent moins que la manière insolente dont on y parle de vous. Elle est signée *Roquentin;* tout cela est un ouvrage de canaille ; j'ai jeté la lettre au feu, mais je vous envoie l'enveloppe, vous pourriez savoir du maître de poste de quel endroit la lettre est venue ; le timbre, que je ne connais pas, peut servir d'indice ; il y a certainement, dans toute cette aventure, un manège qui doit être découvert et réprimé ; il y a de grands fous dans le monde ; heureusement, cette pauvre espèce-là n'est pas fort dangereuse. Celle qui inonde l'Allemagne de sang et qui met tant de familles à la mendicité est un peu plus à craindre ; si vous vous mettez à voyager autour de votre province, mon cher gouverneur, tâchez de prendre le temps où nous jouons des comédies à Lauzanne : nous vous en donnerons de nouvelles, *recreati presentia.*

« Vous vous imaginez donc que j'ai un château près de Lausanne, vous me faites trop d'honneur ; j'ai une maison commode et bien bâtie dans un faubourg ; elle sera château quand vous y serez. Je fais actuellement le métier de jardinier dans ma petite retraite des *Délices* qui seraient encore plus délices si on avait le bonheur de vous y posséder.

« Conservez vos bontés au Suisse.   « V... »

Aux Délices, 18 août.

« Vous êtes donc comme messieurs vos parents, que j'ai eu l'honneur de connaître très gourmands ; vous en avez été malade. Je suis pénétré, Monsieur, de votre souvenir ; je m'intéresse à votre santé, à vos plaisirs, à votre gloire, à tout ce qui vous touche ; je prends la liberté de vous ennuyer de tout mon cœur. Vous avez fait vraiment une œuvre pie de continuer les *Aventures de Jeanne*, et je serais charmé de voir un si saint ouvrage de votre façon.

« Pour moi, qui suis dans un état à ne plus toucher aux pucelles, je serai enchanté qu'un homme, aussi fait pour elles que vous l'êtes, daigne faire ce que je ne peux plus tenter. Tâchez de me faire tenir comme vous pourrez cette honnête besogne qui adoucira ma cacochyme vieillesse. Je n'ai point eu la force d'aller à Plombières ; cela n'est bon que pour les gens qui se portent bien, ou pour les demi-malades.

« J'ai actuellement chez moi M. d'Alembert, votre ami et tout digne de l'être. Je voudrais bien que vous fissiez quelque jour le même honneur à mes petites *Délices* ; vous êtes assez philosophe pour ne pas dédaigner mon ermitage.

« Je vous crois plus que jamais sur les Anglais ; mais je ne puis comprendre comment ces dogues-là, qui, dites-vous, se battirent si mal à Dettingue, vinrent pourtant à bout de vous battre. Il est vrai que, depuis ce temps-là, vous le leur avez bien rendu. Il faut que chacun ait son tour en ce monde.

« Pour l'Académie françoise ou française, et les

autres académies, je ne sais quand ce sera leur tour. Vous ferez toujours bien de l'honneur à celles dont vous serez. Quelle est la société qui ne cherchera pas à posséder celui qui fait le charme de la société. Dieu donne longue vie au roi de Pologne ; Dieu vous le conserve, ce bon prince, qui passe sa journée à faire du bien et qui, Dieu merci, n'a que cela à faire. Je vous supplie de me mettre à ses pieds. Je veux faire un petit bâtiment chinois à son honneur dans mon petit jardin ; je ferai en bois un petit temple grand comme la main et je le lui dédierai.

« Mlle Clairon est à Lyon ; elle joue comme un ange des Idamé, des Mérope, des Zaïre, des Alzire. Cependant je ne vais point la voir. Si je faisais des voyages, ce serait pour vous, pour avoir encore la consolation de rendre mes respects à Mme de Boufflers et à ceux qui daignent se souvenir de moi. Vous jugez bien, si je renonce à la Lorraine, je renonce aussi à Paris où je pourrais aller comme à Genève, mais qui n'est pas fait pour un vieux malade, planteur de choux.

« Comptez toujours sur les regrets et sur le très tendre attachement de V... »

« Je vous ai toujours cru ou parti ou partant, mon divin Pollion (1). Je vous ai cru portant la terreur et

---

(1) Voltaire se plaisait à donner ce surnom à son ami, le comparant à ce Consul romain qui fut à la fois orateur et personnage politique, qui accompagna César au passage du Rubicon et à la bataille de Pharsale, obtint le triomphe à la suite de ses victoires

les grâces dans le pays des Malboroug et des Newton. Mais vous êtes comme les grâces en Aulide ; à cela près que, de cette affaire, il y aura plus de pucelles f..... que de pucelles immolées. Je n'ai point écrit à M. le duc de Richelieu ; je l'ai cru trop occupé. Je prépare pour lui ma trompette et ma lyre. Partez, soyez l'Achille et l'Homère, et conservez vos bontés pour votre ancien, très tendre et très attaché serviteur.

« V... »

Aux Délices, 7 juin 1758

« M. de Florian ne sera pas assurément le seul, mon très cher gouverneur, qui vous écrira du petit ermitage des *Délices*. C'est un plaisir dont j'aurai aussi ma part ; il y a longtemps que je n'ai joui de cette consolation ; ma déplorable santé rend ma main aussi paresseuse que mon cœur est actif, et puis on a tant de choses à dire qu'on ne dit rien ; il s'est passé des aventures si singulières dans ce monde, qu'on est tout ébahi et qu'on se tait, et comme cette lettre-ci passera par la France, c'est encore une nouvelle raison pour ne pas tout dire ; quand je lis les lettres de Cicéron et que je vois avec quelle liberté il s'explique au milieu des guerres civiles, et sous la domination de César, je conclus qu'on disait plus librement sa pensée du temps des Romains que du temps des postes. Cette

---

sur les Dalmates, puis abandonna la gloire pour se vouer à l'art oratoire et aux lettres. Pollion fut, comme Mécène, le protecteur des lettres et l'ami de Virgile et d'Horace. (*Note de l'auteur.*)

belle facilité d'écrire d'un bout de l'Europe à l'autre traîne après elle un inconvénient assez triste. C'est qu'on ne reçoit pas un mot de vérité pour son argent; ce n'est que quand les lettres passent par le territoire de nos bons Suisses qu'on peut ouvrir son cœur. Par quelque poste que ce petit billet passe, je peux au moins vous assurer que vous n'avez ni de plus vieux serviteur, ni de plus tendrement attaché que moi.

« Peut-être, quand vous aurez la bonté de m'écrire par la Suisse, me direz-vous ce que vous pensez sur bien des choses; par exemple, sur l'Encyclopédie, sur *la Fille d'Aristide*, sur l'Académie française. N'aurais-je pas le bonheur de m'entretenir avec vous ? N'irais-je jamais à Plombières ? Pourquoi Tronchin ne m'ordonne-t-il pas les eaux ? Pourquoi ma retraite est-elle si loin de votre gouvernement, quand mon cœur est si près ?

« Mille tendres respects, le Suisse   « V... »

Aux Délices, 12 janvier 1759.

« Oui, il y a bien quarante ans, mon charmant gouverneur, que je vis cet enfant pour la première fois, je l'avoue; mais avouez aussi que je prédis dès lors que cet enfant serait un des plus aimables hommes de France; si on peut être quelque chose de plus, vous l'êtes encore; vous cultivez les lettres et les sciences, vous les encouragez; vous voilà parvenu au comble des honneurs, vous êtes à la tête de l'Académie de Nancy.

« Franchement, vous pouvez vous passer d'académies, mais elles ne peuvent se passer de vous. Je regrette Formont ; tout indifférent qu'était ce sage, il était très bon homme, mais il n'aimait pas assez. M⁽ᵐᵉ⁾ de Graffigny (1) avait, je crois, le cœur plus sensible, du moins les apparences étaient en sa faveur. Les voilà tous deux arrachés à la société dont ils faisaient les agréments.

« M⁽ᵐᵉ⁾ du Deffand (2), devenue aveugle, n'est plus qu'une ombre.

« Le président Hénault n'est plus qu'à la Reine, et vous qui soutenez encore ce pauvre siècle, vous avez renoncé à Paris. S'il est ainsi, que ferais-je dans ce pays-là ?

« J'aurais voulu m'enterrer en Lorraine, puisque vous y êtes, et y arriver comme Triptolème avec le semoir de M⁽ᵐᵉ⁾ de Château-Vieux ; il m'a paru que je

---

(1) Madame de Graffigny, née à Nancy en 1694, avait épousé un chambellan du duc de Lorraine, homme violent, dont elle fut obligée de se séparer, elle vint à Paris, en 1743, avec M⁽ˡˡᵉ⁾ de Guise (depuis duchesse de Richelieu), et s'y consacra aux lettres : elle publia les *Lettres d'une Péruvienne;* elle donna deux drames : *Cénée* et la *Fille d'Aristide.* Elle a laissé une *Vie privée de Voltaire* et de *Madame du Châtelet.* Elle mourut en 1758.

(2) Marie de Vichy-Chamrond, marquise du Deffand, épousa, étant encore très jeune, le marquis du Deffand, qui était d'un certain âge, et dont elle ne tarda pas à se séparer. Belle, spirituelle, d'une morale peu sévère, sa maison était le rendez-vous de tout ce que la Cour et la littérature renfermaient d'hommes marquants. Elle entretint avec Voltaire, Horace Walpole, d'Alembert, le président Hénault, une correspondance suivie. A cinquante-quatre ans elle eut le malheur de perdre la vue, elle n'en conserva pas moins toute la vivacité de son esprit jusqu'à l'âge le plus avancé.

ferais mieux de rester où je suis. J'ai combattu les sentiments de mon cœur, mais quand ont jouit de la liberté, il ne faut pas hasarder de la perdre. J'ai augmenté cette liberté avec mes petits domaines. J'ai acheté le comté de Tourney, pays charmant qui est entre Genève et la France, et qui ne paye rien au Roi, et qui ne doit rien à Genève. J'ai trouvé le secret que j'ai toujours cherché d'être indépendant, il n'y a rien au-dessus du plaisir de vivre avec vous.

« Les livres dont vous me parlez m'ont paru bien durs et bien faibles à la fois, prodigieusement remplis d'amour-propre. Cela n'est ni utile, ni agréable; des phrases, de l'esprit, voilà tout ce qu'on y trouve. Eh! qui est-ce qui n'a pas d'esprit dans ce siècle? Mais du talent, du génie, où le trouve-t-on? Quand on n'a que de l'esprit avec l'envie de paraître, on fait un mauvais livre. Que vous êtes supérieur à tous ces messieurs-là ! Et que je suis fâché contre les montagnes qui nous séparent ! Mettez-moi, je vous prie, aux pieds du roi de Pologne ; il fait du bien aux hommes tant qu'il peut. Le roi de Prusse fait plus de mal au genre humain ; il me mandait l'autre jour que j'étais plus heureux que lui ; vraiment je le crois bien, mais vous manquez à mon bonheur.

« Mille tendres respects.   « V... »

Aux Délices, 16 août 1760.

« Voici deux Genevois aimables que je prends la liberté d'adresser à mon cher gouverneur, et que je voudrais bien accompagner. MM. Turretin et Rilliet sont les seuls objets de mon envie, car je vous jure, mon très cher gouverneur, que je n'envie ni Pompignan, ni même Fréron ; je ne voudrais être à la place que de ceux qui peuvent avoir le bonheur de vous voir et de vous entendre. Il me paraît que ce Fréron vous a un tant soit peu manqué de respect dans une de ses *Mal-Semaines*. Il faut pardonner à un homme comme lui, enivré de sa gloire et de la faveur du public.

« Mon cher Palissot est-il toujours favori de Sa Majesté Polonaise ? Comment trouvez-vous la conduite de ce personnage et celle de sa pièce ? Notre cher frère Menou m'a envoyé, de la part du roi de Pologne, *l'Incrédulité combattue par le simple ;* essai par un roi, essai auquel il paraît que cher frère Menou a mis la dernière main. Il ne vous montrera pas la réponse que je lui ai faite, mais moi je vous montre ma lettre au roi de Pologne, et j'espère bientôt vous envoyer le premier volume de l'histoire de *Pierre Premier ;* vous savez que c'est un ouvrage que je vous dois ; je n'oublierai jamais certain petit certificat (1) que vous m'avez honoré ; quoique je sois occupé actuellement à bâtir une église, je me sens encore très mondain ; l'envie de vous plaire l'emporte encore sur ma piété, j'espère que Dieu me pardonnera cette faiblesse, et qu'il ne me fera pas la grâce cruelle de m'en corriger ; je sais qu'il faut oublier ce monde, mais j'ai mis dans mon

---

(1) Voltaire fait ici allusion à cette partie de la préface de l'histoire de Charles XII, intitulée : *Avis important sur l'histoire de Charles XII.* Cette pièce, signée du comte de Tressan, lui fut dictée par le roi de Pologne, pour constater l'exacte vérité des faits contenus dans cette histoire (nous avons cru devoir reproduire ce document à l'appendice).

marché que vous seriez excepté nommément ; plaignez-moi, Monsieur, d'être si loin de vous et de vieillir sans faire ma cour à ce que la France a de plus aimable ; mon tendre et respectueux attachement ne finira qu'avec ma vie.

« Voltaire. »

CHAPITRE XI.

Le comte de Tressan obtient la dispense de résider à Bitche. — Il se retire avec toute sa famille à la Cour de Stanislas. — Ce monarque cherche à consoler le grand maréchal de sa maison de ses malheurs. — Lettres du roi de Pologne. — Soirées de la marquise de Boufflers. — Madrigaux, chansons, épigrammes — Voyages de Stanislas à Versailles. — Mort du Dauphin. — Lettre de M. le Dauphin au comte de Tressan. — Stanislas victime de l'accident le plus affreux. — Mort de ce prince.

L'importance du commandement de Bitche créait de lourdes charges à son gouverneur, qui était loin d'être riche ; la représentation à laquelle il était tenu, avec une garnison considérable et au milieu du mouvement continuel des troupes qui allaient en Allemagne ou qui en revenaient, acheva de ruiner ses affaires.

A peine commençait-il, en 1764, à les rétablir, qu'il perdit, sous le ministère de Choiseuil, le traitement de lieutenant-général en activité qu'il avait obtenu sous le maréchal de Belle-Isle. Réduit à un revenu trop modique pour continuer sa résidence à Bitche, au lieu de donner sa démission d'un commandement que Louis XV lui avait accordé pour la vie, il obtint la dispense d'y résider et se retira avec toute sa famille à la Cour du roi de Pologne, qu'il ne quitta plus jusqu'à la mort de ce prince, dont l'amitié le consola des malheurs qu'il avait successivement éprouvés.

Quelques lettres feront juger de l'intimité qui existait depuis fort longtemps entre le roi Stanislas et le comte de Tressan (1) :

« Votre lettre, mon cher Tressan, est un discours académique qui m'enchante par votre éloquence ordinaire, et qui me touche par vos sentiments, que je dois à votre prévention favorable pour moi. J'en sens trop le prix pour ne pas faire mon possible à la mériter, ou du moins à ne vous pas détromper de l'erreur qui m'est si avantageuse. Je suis charmé des soins que vous prenez de faire valoir votre direction. Il vous sera aisé de réussir et de répondre à l'attente du public. Vous me ferez grand plaisir de dire à M. le président Hénaut combien je suis sensible à ce qu'il vous dit dans sa lettre, et l'assurer de toute mon estime et amitié ; ne manquez pas non plus, je vous prie, de remercier M. Moncrif du beau présent qu'il me fait de ses ouvrages. C'est à votre attachement pour moi que je dois ces faveurs que je reçois de vos amis. J'espère qu'après la première séance de Nancy, j'aurai le plaisir de vous voir et de vous dire que je suis de tout mon cœur

« Votre très affectionné,

« *Signé* : STANISLAS, Roi. »

Le 9 de février 1752.

« Rien ne s'accorde mieux, mon cher comte, au

---

(1) Ces lettres font partie de la collection d'autographes du marquis de Tressan.

charmant style de vos lettres, que l'agréable matière qui vous a fourni l'occasion de m'écrire depuis que vous êtes à Versailles ; je suis pénétré de joie de leur contenu et de reconnaissance de votre exacte attention. Vous ne vous contentez pas de mettre du baume dans mon sang par les bonnes nouvelles de la santé du cher Dauphin, vous y joignez toutes les douceurs capables de me donner de la vanité si j'étais persuadé de les mériter ; cela n'empêche pas d'avouer que votre suffrage me rend bien glorieux : quant à ce que vous me demandez sur mon voyage, je suis toujours dans la même perplexité ; ainsi je vous conseille, ayant fait vos affaires, de revenir. J'attends avec plaisir votre retour pour vous embrasser et vous dire que je suis de tout mon cœur

» Votre très affectionné,

« *Signé :* STANISLAS, Roi. »

Le 17 d'août 1752.

« J'ai reçu, mon cher comte, avec grand plaisir, votre lettre qui pourrait tenir lieu d'un beau discours académique, où le cœur est aussi éloquent que l'esprit. J'ai lu avec bien de la satisfaction et de l'admiration la belle pièce que vous m'envoyez, qui doit faire le plus bel ornement du recueil qui va paraître. Je l'envoie à Solignac qui est à Nancy. Si tous les ouvrages de littérature étaient comme celui-là, on ne balancerait pas entre la crédulité et le doute pour se déterminer à juger de sa perfection. J'espère que vous n'oubliez pas ce que vous devez dire à l'érection de la statue. Je compte beaucoup sur l'honneur que vous ferez à la fête que je prépare.

« Je vous embrasse de tout mon cœur.

« *Signé :* STANISLAS, Roi.

« Mes compliments à Mme de Tressan. »

« Vous êtes toujours le très bien venu quand vous venez et maudit quand vous ne venez pas. J'attendrai donc avec impatience votre arrivée pour lever la malédiction et bénir le jour par votre présence. Au reste, je vous souhaite en vérité, pour cette année, plus de bonheur que vous ne sauriez désirer ; il est dû à votre mérite et à la part que j'y prends.

« Je suis de tout mon cœur votre très affectionné,

« *Signé :* STANISLAS, Roi. »

Le 1er janvier 1857.

« Je prends toute la part possible, mon cher comte, à la douleur que vous cause la maladie de votre second fils, j'ai le plus vif désir de vous voir consolé ; je voudrais qu'il fût un remède efficace pour son rétablissement. Au reste, tout ce que vous dites sur les affaires du temps est très judicieux et véritable.

« C'est dommage que votre façon de penser se réduise en fumée, car je viens de brûler la lettre. Quant au maréchal de Belle-Isle, je me réserve de mettre en usage ce que vous souhaitez, quand on verra plus clair sur ce qui le regarde.

« Je vous embrasse de tout mon cœur.

« *Signé :* STANISLAS, Roi. »

Le 9 de février 1857.

« Je ne saurais assez vous exprimer à quel point je ressens la satisfaction que vous donne la nouvelle que vous m'apprenez, tout ce qui vous intéresse me touche infiniment. J'espère que votre santé vous permettra de venir partager votre joie avec moi. Je vous attends avec impatience, et suis de tout mon cœur votre très affectionné.

« *Signé :* Stanislas, Roi. »

20 novembre 1758.

« J'ai lu, mon cher marquis (1), avec l'admiration qui est due à tous vos ouvrages, le discours préliminaire qui donne un grand avant-goût de ce qu'il annonce ; mais prenez garde que les plus beaux tableaux mal encadrés, autant que les grandes beautés mal ajustées perdent de leur mérite ; qu'il ne vous arrive pas de même par le mauvais sujet que vous choisissez dans votre épître dédicatoire pour illustrer votre ouvrage ; au reste, nous sommes impatients d'apprendre la délivrance de Mme de Tressan ; si votre opération avait été une expérience électrique, l'accouchement aurait été plus prompt. Je vous embrasse de tout mon cœur.

« Stanislas, Roi. »

---

(1) M. de Tressan était en réalité marquis depuis la mort de son père, il ne prit jamais ce titre.

C'est du marquis de Tressan, son père, qu'il a dit :

> De Pézenas vient un marquis,
> Tantôt le plus déraisonnable,
> Ou des mortels le plus aimable,
> Très digne père de son fils.

Stanislas savait apprécier et récompenser le mérite, il avait été lui-même élevé à l'école de l'adversité; aussi son amitié pour le comte de Tressan semblait-elle s'accroître avec l'infortune de celui-ci. Il affectait de prodiguer au grand maréchal de sa maison les honneurs et les distinctions. Le comte répondit à tant de bontés par un attachement sans bornes et garda toute sa vie le souvenir du meilleur des rois dont il avait été pendant dix-huit ans le grand ami et dont il fut parfois le poète, ainsi qu'il l'a dit lui-même.

« Un jour qu'on jouait la comédie en présence du roi de Pologne et qu'on chantait des couplets, je lui fis celui-ci :

> Quand la Pologne en danger
> De tomber dans l'esclavage,
> Recevant un étranger,
> Dans son Roi perdit un sage ;
> Ce qui fit tout son malheur,
> Lorrains, fit votre avantage ;
> Ce qui fit tout son malheur,
> Lorrains, fit votre bonheur.

« La première fois que le roi Stanislas me fit l'honneur de venir dîner chez moi à Toul, ville de la résidence de mon commandement du Toulois et de la Lorraine française, je lui dis :

> Le Dieu qui lance le tonnerre
> Vint voir Philémon et Baucis ;
> Un repas frugal sut lui plaire ;
> Il reçut leurs vœux réunis.

Aimez notre petit ménage,
Vous qui l'honorez en ce jour ;
Vous y recevez un hommage
Bien tendre et bien rare à la Cour.

Tout ici retrace l'image
De la simplicité des champs,
Le cœur de celle qui m'engage
En conserve le sentiment.

Votre bonté, votre présence,
La touchent plus que mon retour ;
Pour vous, notre reconnaissance
Est plus vive que notre amour.

« Un autre jour, le roi de Pologne me faisait l'honneur de dîner chez moi avec toute sa Cour, je mis quatre bouquets sur son couvert, l'un était d'immortelles, le second était d'épis de blé, le troisième de rameaux de lauriers et le quatrième de lys ; chaque bouquet portait un des quatre vers suivants :

Vos écrits sont gravés au temple de mémoire,
Vous répandez ces dons sur vos peuples heureux,
Vous les avez cueillis dans les champs de la gloire,
Ces lys naissent de vous pour vos derniers neveux. »

Stanislas s'était accoutumé à la société de M. de Tressan au point qu'il ne lui laissait plus la liberté de s'absenter un seul jour. Après avoir terminé son travail avec ses ministres, Stanislas avait l'habitude de demander : « Où est Tressan ? » S'il ne paraissait pas, il fallait qu'on le cherchât jusqu'à ce qu'on l'eût trouvé. Dès lors, il ne pouvait plus s'éloigner jusqu'à ce que le Roi fût couché. Quand le grand maréchal avait la goutte, le monarque se faisait porter près de son lit : « Plains-toi, mon ami, lui disait-il, jure, crie, gronde à ton aise. » Le malade, qui d'ailleurs, s'en acquittait bien, s'égayait, faisait rire le prince et oubliait ses maux.

L'amitié du bon Roi, une bibliothèque bien choisie, un cabinet d'histoire naturelle, une petite chartreuse avec un jardin délicieux dans les bosquets riants et variés de Lunéville, une riche collection de fleurs les plus rares et les plus belles, ses amis et sa famille semblaient avoir amorti chez le comte de Tressan le sentiment de ses chagrins. La promenade, les visites, le jeu et surtout la conversation occupaient ses jours.

Les soirées se passaient ordinairement chez le marquise de Boufflers qui, depuis la mort de la marquise du Châtelet, réunissait chez elle la Cour la plus spirituelle et la plus brillante. Le comte animait ces réunions par la vivacité de son esprit, ses mots heureux et ses piquantes saillies. Le Roi prenait plaisir à le mettre aux prises avec la marquise de Boufflers, son fils, sa fille et ses sœurs. « Le voici, disait-il un jour, je vais lui arracher quelque mauvaise plaisanterie ou quelque bonne méchanceté. » Ce qui donnait lieu à de fines réparties, à des vers charmants, dont une partie se trouve dans le recueil manuscrit des poésies du comte de Tressan. Madrigaux, chansons, épigrammes, toutes les variétés de la poésie légère se rencontrent dans ce volume. Je crois devoir en citer quelques extraits :

CHANSON

FAITE APRÈS UNE TRACASSERIE SUIVIE D'UN RACCOMMODEMENT

A Madame la Marquise de Boufflers.

Le destin, dans sa balance,
A mis les biens et les maux,
Et tous ceux qu'il nous dispense
Me paraissent bien égaux.
La goutte, le jeu, la disgrâce
M'ont frappé de mille coups ;
Hier, je tombai sur la glace,
Mais j'avais soupé chez vous.

C'est également à la marquise qu'il adressait les vers suivants :

De ma chère électricité,
O rivale trop redoutable,
Pourquoi ne suis-je pas tenté
De découvrir la vérité,
Ou tout au moins le vraisemblable ?
Chère Eglé, je n'ai d'existence
Que celle que je tiens de vous,
Dans le Styx par votre courroux,
Dans le néant par votre absence
Et dans l'Olympe à vos genoux.

Quand vous dissertez sagement
Et démêlez si finement
La réalité d'une idée,
Les nuances d'un sentiment,
Par vous ma raison éclairée
Apprend à juger sainement.

> Jamais Apollon ne m'inspire,
> Je crains ses savantes leçons ;
> Eglé seule accorde ma lyre,
> Je lui dois ses plus tendres sons.
>
> Chère Eglé ! ce que je puis être
> Dépendra de vos sentiments.
> Ah ! rendez mes progrès moins lents !
> Que votre feu brillant m'éclaire,
> Que le mien passe en votre cœur,
> Et, par l'excès de mon bonheur,
> Rendez-moi digne de vous plaire.

La muse du poète s'armait parfois d'une pointe d'ironie. C'est ainsi que, s'adressant à une personne connue pour rechercher presque exclusivement la société des femmes, il lui disait :

> Sapho, la Muse de la Grèce,
> Chez son sexe, dit-on, chercha la volupté ;
> Dans l'esprit, vous avez même délicatesse
> Et vous avez plus de beauté ;
> Quel sexe ne serait tenté
> De vous avoir pour sa maitresse ?

Mais la Cour de Lorraine ne devait pas tarder à devenir aussi calme et aussi triste qu'elle avait été naguère animée et brillante ; les étrangers de distinction semblaient avoir oublié le chemin de Lunéville, la noblesse du pays tournait ses regards du côté de la France, sachant que là était l'avenir pour elle. Stanislas se trouvait donc moins entouré. C'est que le bon Roi vieillissait, tout en conservant ses facultés intellectuelles aussi vives et l'enjouement de son caractère ; sa vue avait baissé au point qu'il ne pouvait plus ni lire ni écrire. Une obésité démesurée était devenue pour lui une véritable infirmité, lui rendant la marche presque impossible. Aussi, en 1765, dut-il renoncer au voyage à Versailles qu'il faisait régulièrement chaque année depuis son installation en Lorraine.

Mᵐᵉ la marquise des Réaultx raconte de la façon suivante (1) les visites que ce monarque faisait à sa fille Marie. Ces voyages se ressemblaient beaucoup. Chaque fois, Stanislas était accueilli avec la même effusion ; son installation se faisait toujours à Trianon, et il ne manquait jamais d'amener son inséparable, le duc Ossolinski, deux chambellans, quelques dignitaires, etc...

Dans ces voyages, nous dit le duc de Luynes, Stanislas avait un surtout complet qui marchait avec lui ; au sortir de son dîner, il donnait l'ordre pour le lieu où il devait dîner le lendemain.

Le surtout partait en poste avec un officier de sa bouche et il allait coucher dans ce lieu, de sorte qu'il trouvait son dîner prêt à l'heure qu'il ordonnait, non seulement pour sa personne, mais pour sa suite.

L'arrivée, annoncée officiellement, était le plus souvent devancée par Stanislas, heureux de faire cette douce surprise à Marie pour laquelle l'affection paternelle était d'autant plus précieuse que celle de Louis XV lui avait échappé bien vite. Les incertitudes des arrivées et des départs du roi de Pologne déran-

(1) *Le roi Stanislas et Marie Leczinska*, par la marquise des Réaultx. Librairie Plon et Nourrit.

geaient sans cesse les combinaisons de Marie pour les réceptions officielles qu'elle tenait à faire à son père. Les hauts dignitaires chargés de ce soin arrivaient en retard, soit pour le recevoir, soit pour le reconduire, de même la garde qui devait sortir et battre aux champs ne parvenait pas toujours à saisir le moment de l'arrivée ou du départ (1).

Alarmée de voir le roi de Pologne différer son voyage, Marie Leczinska vint passer avec lui l'été à Commercy ; rappelée auprès du Dauphin dont l'état s'était rapidement aggravé, au moment de quitter son père, la Reine eut le pressentiment qu'elle ne devait plus le revoir. Peu de temps après, elle eut la douleur de perdre son fils ; sa grande piété put seule lui permettre de résister à ce coup terrible qui vint frapper le roi Stanislas au plus profond de son cœur :

« Hélas ! s'écriait-il dans sa douleur, j'ai perdu deux fois la couronne, je n'en ai pas été ébranlé, la mort de mon cher Dauphin m'anéantit. »

L'atteinte fut si profonde qu'il ne s'en releva jamais complètement. Le comte de Tressan fut inconsolable d'une perte que toute la France ressentit. M. le Dauphin, qui l'avait aimé dès son enfance, avait toujours soutenu son courage dans ses disgrâces ; il était avec lui en correspondance assidue et intime (2).

L'évêque de Verdun, Nicolaï, et le maréchal du Muy

---

(1) Mémoires du duc de Luynes.
(2) L'auteur a donné (voir à l'*Appendice*) la copie d'une lettre du Dauphin, adressée au comte de Tressan.

qui, tous deux, avaient de l'esprit et de l'instruction, l'abbé de Saint-Cyr, homme érudit, mais superstitieux, formaient, avec le duc de la Vauguyon, la société du Dauphin. Ce prince avait acquis des connaissances, et l'instruction était jointe en lui à des principes de vertu.

Comme, dans sa petite jeunesse, il contrefaisait, pour s'amuser, les basses-tailles de la chapelle du Roi, ceux qui l'entendirent publièrent que c'était un *vrai bigot* qui ne s'occupait qu'à chanter vêpres. Cette impression, une fois dans le public, resta, mais bien à tort, car si le Dauphin était dévot, il n'était rien moins qu'intolérant.

Le Dauphin lisait beaucoup et avait des entretiens avec quelques hommes instruits ; mais, toute sa vie, il eut une répugnance bien marquée pour ce qu'on appelait les *Philosophes*.

Un jour que le Dauphin était appuyé sur le grand balcon du château de Bellevue, les yeux fixés sur Paris, un homme qui le voyait familièrement, s'approcha de lui et lui dit : « Monsieur le Dauphin a l'air bien pensif. »

« Je songeais, répondit ce prince, aux délices que doit éprouver un souverain en faisant le bonheur de tant d'hommes. »

Tous ceux qui crurent avoir à se plaindre de la Cour s'attachèrent au Dauphin ; il se trouva ainsi, presque malgré lui, le chef d'un parti de frondeurs qui le représentaient comme le protecteur des mœurs et le zélé défenseur de la religion.

Le Roi, voyant dans son fils des dispositions qui semblaient devoir l'éloigner de lui, le traita avec froideur, et le Dauphin a passé vingt ans de sa vie à ne voir le Roi que pendant quelques moments et comme courtisan.

On a remarqué une singularité entre le père et le fils, c'est que jamais celui-ci n'appelait le Roi ni *sire*, ni *mon père*; il trouvait le moyen d'éviter par des périphrases toute expression nominative et ne faisait au Roi que de courtes réponses et d'un air embarrassé.

Si le Dauphin eût vécu, on croit qu'il aurait fait dans le gouvernement des changements essentiels. On pense d'ailleurs qu'investi du pouvoir suprême, ce prince aurait senti la nécessité d'une marche suivie et constante. Les affaires, les circonstances auraient sans doute rapproché de lui des hommes éclairés et sa justice naturelle, ainsi que la bonté de son caractère, lui auraient inspiré de l'indulgence pour ceux qu'aurait entraîné l'erreur de leur esprit.

S'entretenant un jour avec le maréchal de Richelieu, il lui dit : « Monsieur le Maréchal, vous avez la réputation de faire très bien les portraits, faites le mien. »

Comme le maréchal s'en défendait, le Dauphin insista et le duc lui dit : « Puisque M. le Dauphin l'ordonne, voici son portrait ; quand je vois M. le Dauphin, je crois être dans un magasin de l'Opéra ; le prince se mit à rire et le maréchal continua : on voit, reprit-il, dans le magasin de l'Opéra, le costume d'un grand prêtre, d'un guerrier, d'un philosophe, d'Arlequin, d'un berger, et tout cela se trouve chez M. le Dauphin. »

Le prince ne s'offensa pas, quoique cette comparaison peignît l'incertitude présumée de ses idées.

J'entrerai dans quelques détails (1) sur sa mort, parce qu'une partie de l'Europe a été persuadée qu'il avait été empoisonné.

« Le Dauphin, triste et ennuyé, était tombé dans une mélancolie qui altérait sa santé. Dans le même temps, une dartre lui survint au-dessous du nez, et, voulant la faire disparaître, il usa d'une drogue de charlatan ; la dartre disparut, mais l'humeur passa dans le sang et se jeta sur la poitrine ; bientôt après, le Dauphin se mit à tousser et il partit pour Compiègne dans cet état en juillet 1765.

Le régiment Dauphin-Dragons y vint et le Dauphin s'empressa de le faire manœuvrer tant à pied qu'à cheval. Un jour qu'après s'être échauffé il assistait à une manœuvre à pied dans un pré très humide, il se mouilla les pieds, et comme l'heure du conseil pressait, il s'y rendit en voiture sans prendre le temps de changer de linge et de chaussures. Le lendemain, il eut un gros rhume, ne voulut rien faire pour le guérir et continua de se livrer avec excès à la fatigue, au chaud et au froid ; revenu à Versailles, sa poitrine parut attaquée. La Cour alla à Fontainebleau au mois d'octobre 1765. Cette maladie avait fait de si grands progrès qu'il n'y avait bientôt plus d'espoir.

---

(1) Ces détails sont tirés d'un écrit de M. de Meilhan.

Le Dauphin voyant la mort s'approcher se soumit alors à tous les remèdes qu'on lui proposait, mais il était trop tard, et le 20 décembre, il mourut comme tous ceux qui ont le même genre de maladie et par les mêmes gradations.

Collé nous dit dans ses mémoires :

Depuis que M. le Dauphin a été convaincu que sa maladie était mortelle, il ne s'est occupé que des services qu'il pouvait rendre à ceux qu'il aimait ; c'est ainsi qu'il a fait donner une compagnie à un page qu'il affectionnait.

CHAPITRE XIII.

Lettre de l'abbé de Saint-Cyr. — M. de Tressan cède sa collection d'histoire naturelle à la Margrave de Bade; il prend sa retraite à Nogent-l'Artaut. — Consultation donnée par le comte de Tressan à un de ses amis. — M. de Nointel guéri de la grippe par des demoiselles de l'Opéra. — Bel exemple de reconnaissance donné par le chirurgien Le Cat, médecin de Louis XV. — La Bibliothèque des romans. — Opinion du marquis de Paulmy sur les romans de chevalerie qu'il éditait alors.

Les regrets du comte de Tressan ont duré autant que sa vie, cependant ni lui, ni ses fils, ni sa fille, dont le Roi de Pologne et la Reine de France avaient été parrain et marraine, ne se sont trouvés sur le testament de ce prince.

La Reine en fut touchée et, dans sa dernière maladie, elle avait commencé, pour y suppléer, à prendre quelques mesures qui eussent été sans effet, si Louis XV, à qui le duc de La Vauguyon (1) fit connaître la situation malheureuse du comte de Tressan, ne lui eût accordé sur sa cassette, une pension en attendant

---

(1) Le duc de La Vauguyon fut toujours le grand ami et le protecteur du comte de Tressan, c'est chez lui qu'il descendait lorsqu'il venait à Versailles; il en parlait ainsi : « Le duc de La Vauguyon, gouverneur des Enfants de France, celui que mon cœur aima dès l'âge de quatorze ans, avec lequel je jurai fraternité d'armes, avec lequel j'ai vécu pendant cinquante-trois ans comme avec un frère et que je pleurerai jusqu'au dernier soupir. »

qu'il pût être dédommagé des pertes qu'il avait faites sous le ministère du duc de Choiseul.

Il fallait aviser au plus pressé, M. de Tressan suivit les conseils qui lui donnait l'abbé de Saint-Cyr, dans la lettre que voici :

« Votre portrait du Roi de Pologne est très beau, Monsieur, et je l'ai lu avec grand plaisir, je m'intéresse bien vivement au succès de votre demande, et je ne perds aucune des occasions où je crois pouvoir vous être utile, mais je crains bien que cette dernière tentative ne réussisse pas mieux que les autres. Je vous conseille de travailler à l'arrangement de vos affaires par la diminution de vos dépenses et par la vente des curieuses inutilités qui ne conviennent pas à votre fortune et qui doivent faire l'ornement d'une maison plus opulente que la vôtre ; je ne vous donne ce conseil que par le tendre attachement que je vous ai voué, et je me flatte que vous n'en doutez pas.

« L'Abbé de Saint-Cyr. »

Versailles, 1766.

« Mme de Villars a été fort contente de votre discours et vous fait tous ses compliments. »

Le comte se décida donc à faire successivement les réformes indispensables, dans sa maison. C'est ainsi qu'il se défit de sa bibliothèque et de sa riche collection d'histoire naturelle qui fut acquise par la Margrave de Bade ainsi que nous l'apprend cette lettre :

« Monsieur,

« De retour à notre Cour, je n'ai rien de plus pressé ni de plus agréable que de communiquer à Son Altesse, Mme la Margrave, l'offre obligeante, que vous m'avez faite, de rouvrir pour elle toutes vos caisses et de vous priver en sa faveur de votre collection de plantes marines, supérieure à tout ce que je conçois en ce genre.

« Son Altesse m'a tout de suite chargé, Monsieur, de vous témoigner qu'elle est très sensible à cette charmante attention, dont elle n'abusera cependant point, tant parce que ces pièces sont déjà emballées que parce qu'il reste la difficulté qu'on ignore combien on doit les estimer; j'ai cru et je comprends fort bien, Monsieur, que vous êtes très éloigné d'en vouloir fixer un prix à Son Altesse et c'est pourtant une chose qu'on voudrait savoir.

« Rendez-moi, Monsieur, je vous en supplie, la justice d'être bien persuadé que je me trouve fort honoré et fort flatté que les ordres de Son Altesse m'aient procuré cette occasion de m'entretenir avec vous, et de vous assurer des sentiments de profond respect et de la vive reconnaissance avec lesquels j'ai l'honneur d'être, Monsieur,

« Votre très humble et très obéissant serviteur,

« DE SCHMIDT. »

Carlsruhe, ce 5 mai 1766.

Après estimation ce fut affaire conclue.

M. de Tressan vendit également ses chevaux, ses équipages et tout ce qui pouvait se retrancher de son ameublement, il restreignit sa table et ses autres dépenses ; et se réduisit à un seul valet pour payer les dettes qu'il avait contractées, soit à la guerre (1), soit dans ses divers commandements, et pour soutenir ses enfants au service.

Le maréchal de Berchény, qu'il avait connu à la Cour de Lorraine, désirant jouir de son voisinage, lui indiqua près de sa terre de Lusancy, à Nogent-l'Artaut, une maison qui avait appartenu à M. Poisson avant la fortune de sa fille la marquise de Pompadour ; cette maison qui était spacieuse et entourée de beaux jardins lui couta 10,000 livres

Ce fut la retraite qu'il se choisit, pour se consacrer tout entier à l'éducation de ses enfants. Il fit à ce propos un livre intitulé : *Réflexions sommaires sur l'esprit et l'éducation.*

Dans l'avant-propos de cet ouvrage il s'exprime ainsi :

« Je regretterais qu'une expérience de plus de cinquante ans que j'ai passés dans la société des gens les plus éclairés de mon siècle fût absolument perdue pour mes enfants, je me restreins dans ce faible ouvrage à leur montrer ce qui peut rendre l'esprit actif, juste et véritablement éclairé.

---

(1) Une grande charge pour un officier était la composition de son équipage. Ce n'était pas tout de payer le grade, il fallait encore, à ses frais, s'équiper, et c'étaient plusieurs valets, plusieurs chevaux, des mulets de bât ; tout cela coûtait très cher. Rien qu'un habit coûtait de 800 à 850 livres.

« J'ai connu les écueils qui peuvent le détruire et les fausses notions qui peuvent l'égarer, puissais-je réussir, dans ces réflexions sommaires, à leur indiquer les moyens de se garantir des ridicules momentanés qui prouvent la médiocrité de l'esprit et des torts réels qui l'avilissent ou le rendent coupable. »

Dans ce volume le comte de Tressan raconte dans quelles circonstances il prit goût à la physique et à l'histoire naturelle :

« Elevé au Palais-Royal dans la Cour du Régent du royaume, dont mon oncle était premier aumônier et favori, élevé de même dès l'âge de 14 ans à la Cour du plus grand et du meilleur des maîtres et dans la maison de mon oncle où les gens les plus éclairés de ce temps aimaient à se rassembler, j'aime à me rappeler l'époque où M. Le Cat (1) s'attacha à mon oncle, pour ne le quitter qu'à son dernier soupir.

La sympathie la plus mutuelle et la plus forte m'unit à M. Le Cat, et, depuis l'âge de seize ans jusqu'à celui de vingt-six, je travaillai avec lui à l'anatomie et à toutes les parties de la physique générale. »

Il était lié également avec La Condamine, ce savant qui cultiva toutes les sciences et parcourut presque

---

(1) Le Cat, chirurgien, né en 1700, à Blérancourt (Aisne), remporta plusieurs prix à l'Académie royale de chirurgie ; il établit à Rouen des cours publics d'anatomie, fonda l'Académie royale de Rouen en 1744. Il introduisit en France une méthode nouvelle sur l'opération de la taille.

toutes les parties du monde. Il fut choisi en 1736, avec Bouguer, pour aller à l'Équateur, afin de déterminer la grandeur et la figure de la terre. Il traversa, dans ce voyage, toute l'Amérique du Sud et ne revint qu'au bout de dix ans, après des fatigues inouïes. Aussi était-il dans un état de santé très précaire, en 1767, alors qu'il écrivait à son ami :

Paris, 4 mars 1767.

« Dans le temps où j'ai reçu votre lettre, mon cher comte, c'est-à-dire il y a environ quinze jours, j'essayais des courants électriques d'après l'avis de M. Van Swieten, et je les ai continués jusqu'à lundi dernier. J'ai différé à vous répondre, tant pour vous en dire des nouvelles comme physicien, que de l'effet que ce nouveau moyen aurait produit sur votre ami.

« Je croyais que vous m'aviez totalement oublié ; je vous ai écrit plusieurs fois depuis la mort du roi-philosophe, et deux fois depuis votre dernière lettre ; je vous ai écrit à Lunéville le 10 septembre, d'Aix-la-Chapelle, dont j'ai été prendre les eaux, les bains et les douches, et de là à Spa prendre les bains froids, dont on me promettait merveilles et qui n'ont pas eu plus d'effet que tous les autres remèdes des Tronchin, des Van Swieten, sans compter les esculapes de Paris. Je vous ai fait le récit peut-être trop au long de mes maux et du triste état de mes pieds, mains, jambes et de toutes les parties inférieures dont la sensibilité a diminué de moitié, sans que j'en aie perdu les mouvements ; rien n'a opéré, ni l'électricité non plus. Le tronc est sain, mais les branches se détachent. Je vous ai envoyé des vers tels quels sur mon état, dont je sens les conséquences, mais qui ne me cause pas de mélancolie. Je comptais que vous liriez tout cela à Mᵐᵉ de Boufflers, à qui je n'ai point écrit pour lui épargner la peine de me répondre, comptant sur vous et n'ayant que des choses tristes à mander. Je n'ai reçu aucune réponse. Ma lettre était adressée à Lunéville, et tous les jours la poste part d'Aix-la-Chapelle pour Bruxelles. Je me suis informé de votre santé à tous ceux qui pouvaient m'en dire des nouvelles, particulièrement depuis six semaines que je suis de retour à Paris, car je suis revenu le 1ᵉʳ octobre des eaux à Saint-Quentin et à Esvrillé, où j'ai végété dans le sein de ma famille, entre ma sœur et ma femme, qui me cultivaient comme une plante de Bornéo et de Sumatra. Mᵐᵉ de la Condamine a fait avec moi le voyage des eaux qui nous a ruiné. J'ai depuis un an des chevaux que je n'avais que quand elle était à Paris. Je ne puis plus marcher à pied dans les rues sans un risque évident ; il est temps de manger son fonds à soixante-six ans, quand on n'a point d'enfants.

« Je croyais vous trouver à Paris en conséquence de vos projets d'il y a un an. J'apprends avec déplaisir que vous n'êtes pas en état de vous y établir, et avec quelque consolation que vous avez arrangé vos affaires et vous êtes choisi une jolie retraite champêtre d'où vous nous faites espérer que vous nous viendrez voir quelquefois. Je doute que j'en puisse profiter ; cependant on m'assure que je n'ai point d'apoplexie à craindre, mais j'ai vieilli de vingt ans, sans savoir pourquoi, depuis dix-huit mois ; jusque-là je me portais comme à quarante ans ; aujourd'hui, en supposant que j'aie quatre-vingt-six ans, je puis dire encore que je me porte assez bien pour cet âge.

« Vous ne me dites rien de votre santé, je la dois croire très bonne si j'en juge par votre nouvel ouvrage écrit avec beaucoup de sagesse et de noblesse. Je n'ai lu celui-ci que deux fois parce qu'on me l'a arraché, mais je le relirai avec le même plaisir et le même attendrissement ; je ne suis pas surpris que la Reine en ait désiré l'impression. Vous donnez adroitement un coup de patte à ceux qui ont tiré meilleur parti que vous de la faveur de votre défunt maître.

« Mon troisième mémoire, qui devait être lu en novembre 1764, et pour lequel M. de F... m'avait fait place sans préjudice de *Bébé*, ne fut pas lu parce que j'avais reçu ce jour-là même, à midi, la nouvelle de l'inoculation du prince de Parme.

« Mettez-moi, je vous prie, aux pieds de Mme la marquise de Boufflers, en rappelant à son souvenir l'homme du monde qui lui est le plus dévoué. Que ne puis-je vous donner des preuves de ma reconnaissance et de mes sentiments ; je croirais en affaiblir le témoignage en vous parlant de respect.

« LA CONDAMINE. »

« Il règne cet hiver (écrivait le comte de Tressan en 1776), une maladie générale dans le royaume, qu'on appelle *grippe*, qui commence par un rhume et un mal de tête, ce qui provient du brouillard et du mauvais air ; depuis quinze jours il n'y a point de maison dans Paris où il n'y ait eu des malades.

« Un de mes amis, M. Fanjus de Saint-Fond, avait été atteint par le fléau et en était resté fort abattu ; je lui écrivis en lui donnant les conseils suivants :

« Si je ne connaissais pas vos lumières, votre courage et votre philosophie, j'entreprendrais de combattre cette espèce d'apathie où je vous vois; mais je ne peux vous rien dire qu'une tête aussi éclairée que l'est la vôtre ne se soit représenté déjà. Je me tiens au conseil le plus simple et le plus analogue à l'économie animale de l'homme, dans lequel elle doit être le plus et le mieux combinée avec la spiritualité : Faites de l'exercice ; sciez votre bois s'il le faut; oubliez, s'il est possible, que vous avez de l'esprit ; exercez-vous comme un montagnard du mont Jura ; faites circuler votre sang ; broyez les fluides, rendez-les subtils en les délayant par une boisson douce; défendez-vous des acides qui coagulent la lymphe, malgré l'exemple d'un homme qui vous est et respectable et cher ; excitez la transpiration, et vous vous trouverez en peu beaucoup mieux. Songez, mon cher ami, que l'état où vous êtes est un cercle vicieux d'où vous devez vous tirer ; votre mélancolie augmente la stagnation des liquides, celle-ci augmente votre mélancolie. M. de Nointel, homme très aimé de la bonne compagnie, fut deux ans dans cet état ; Chirac (1) était son ami, il va trouver le grand Prieur d'Orléans et plusieurs gens aimables de cette société ; ils conviennent de leurs faits.

---

(1) Chirac, médecin célèbre, qui fut d'abord attaché au Régent, puis nommé médecin de Louis XV, en 1731.

« Un soir, sur les dix heures, huit d'entre eux, bien déguisés, entrent brusquement dans la chambre de M. de Nointel, courent à son lit, le roulent dans ses couvertures et l'enlèvent sans lui dire un mot ; il se démène ; on le serre plus étroitement ; on le porte dans une gondole à six chevaux ; on le fait courir à toutes jambes ; on arrive à la petite maison du grand Prieur : pas une lumière, silence absolu ; on le porte dans un grand lit, on ferme les rideaux et on le laisse seul à lui-même rêver une heure à ce qui lui arrive ; au bout de ce temps il entend la flûte de Blavet et le violon de Quignon qui forment une harmonie éloignée. Tout à coup une grande porte s'ouvre : la clarté de cent bougies lui fait voir une table en désordre, des filles vêtues en nymphes et en bacchantes et ses meilleurs amis le verre à la main.

« Le grand Prieur, l'aimable marquis de Fargis et le célèbre Thévenard, habillé en Silène, accourent à son lit, le verre à la main ; Mlle Salé en nymphe, Camargot en bacchante, viennent le couvrir de fleurs. M. de Nointel frémit, mais déjà ce frémissement était agréable ; de grosses larmes couvrent ses joues ; il reçoit un bouquet de Salé, un verre de vin de Champagne de Camargot ; il serre ses amis dans ses bras ; on le couvre d'une robe de chambre couleur de rose, on lui met une couronne de lierre ; on le porte à table ; il sourit à ses amis, agace les filles d'Opéra, chante et boit avec eux, s'enivre, se rendort et se réveille complètement guéri. Il a vécu huit ans depuis, gaillard et très heureux. Au bout de ce temps, il retombe ; Chirac, Thévenard, Fargis étaient morts ;

le grand Prieur était dévot, et le pauvre Nointel ne sortit plus de son état.

« Je vous fais cette longue histoire, pour vous prouver que l'émotion (d'abord lugubre), mais passant rapidement aux sensations les plus agréables, donne la secousse nécessaire à ses nerfs pour se remettre à leur ton, dissiper les engorgements, relever le diamètre des couloirs affaissés par la langueur ; et tout se ranima en lui, comme on ranime une horloge, en excitant l'oscillation de son pendule ! »

Le Cat se souvint de son ancien ami lorsque l'adversité vint fondre sur lui et se montra reconnaissant des bienfaits dont l'aumônier du Régent l'avait comblé.

« Monsieur très illustre et très respectable confrère (écrivait-il au comte de Tressan),

« J'ai su votre désastre et j'en été accablé ; je suis charmé que vous me fournissiez l'occasion de vous servir auprès de notre bon archevêque, c'est le meilleur prélat de la terre ; il a mille bontés pour moi et je ne le verrai pas que je ne le presse de tenir la parole qu'il vous a donnée sur sa demande à M. le Dauphin. Comptez sur lui. C'est un bien honnête homme et la bienveillance incarnée.

« Il fait d'ailleurs grand cas des personnes de grande condition comme vous et dit que Monsieur votre fils est de bonnes mœurs, je suis sûr qu'il lui donnera un bénéfice. Que je serais content d'avoir quelque part à cette bonne œuvre ! que je serais content de voir sur mes vieux jours, un Tressan grand vicaire d'un archevêché où j'ai vu le grand-oncle, mon maître et mon protecteur. J'aurai bien du plaisir à me revancher, si je le puis, sur le petit-neveu des bontés que le grand-oncle et le papa ont eues pour moi.

« Tels sont mes sentiments, Monsieur et illustre Confrère, et telle sera ma conduite dans la commission dont vous m'honorez.

« Permettez-moi de me dire très respectueusement, Monsieur,

« Votre très humble et très obéissant serviteur,

« Le Cat. »

A Rouen, 31 juillet 1766.

Je dois ajouter que ce fut grâce aux démarches de Le Cat que le plus jeune des fils du comte obtint un bénéfice et devint l'abbé de Tressan.

En citant cette lettre je ne fais que m'acquitter d'une dette envers la mémoire de cet honnête homme.

De plus j'ai tenu à prouver qu'à cette époque comme à toute autre, on rencontrait des types d'honneur et de loyauté.

Il m'a été donné de constater par moi-même, combien hélas ! le sentiment de la reconnaissance est devenu chose rare de nos jours.

C'est à cette époque que le marquis de Paulmy créait *la Bibliothèque des Romans*, il invita le comte de Tressan à y travailler. Celui-ci avait toujours conservé du goût pour les romans de Chevalerie, poussé par son imagination ardente il avait dévoré dans sa jeunesse la plupart de ces documents antiques, lors de son voyage en Italie, voyage dont il nous a parlé dans les termes suivants :

« Un goût très vif pour les beaux-arts et pour la littérature ancienne et moderne, me détermina à faire un voyage ; en Italie, je passai l'hiver à Parme, à la Cour de l'Infant Dom Carlos aujourd'hui Roi d'Espagne ; et ce grand prince daigna m'honorer d'une bonté particulière dont j'ai toujours reçu, depuis ce temps, des marques qui me sont aussi honorables que chères.

« Les riches collections de la maison Farnèse, rassemblées à Parme, les statues, les médailles antiques, les tableaux de Raphaël, et surtout ceux du Corrège et du Parmesan, m'occupaient délicieusement.

« Cependant je me rapprochais toujours du docteur Buoniore, premier médecin de l'Infant, homme supérieur dans tout ce qui tient à la chimie et à l'économie animale ; il daignait se plaire avec moi, il connaissait mieux que moi-même la pente secrète qui m'entraînait vers la science des faits.

« En sortant de Parme je passai quatre mois à Rome où je me donnai tout entier à l'étude des beaux-arts, et à celle des antiques, des gravures et de la littérature ; les bontés et l'amitié de M. le cardinal Querini m'ouvrirent la bibliothèque du Vatican où je trouvai celle de la Reine Christine comprise. C'est dans cette dernière que je tirai plusieurs extraits sur l'ancienne chevalerie française, et des notes très intéressantes sur nos auteurs français du xve et du xvie siècle. »

M. de Tressan donna à la Bibliothèque des romans : *Le Petit Jehan de Saintré, Gérard de Nevers, Artus de Bretagne, Huon de Bordeaux, Tristan le Léonais, Dom Ursino le Navarin, Guérin de Montclave, Les Amadis.* Et il donna aussi une traduction libre du *Roland* de l'Arioste.

On n'imagine pas avec quelle rapidité il écrivait ces divers ouvrages dont le succès se soutient encore aujourd'hui. Excepté le petit roman d'*Ursino*, le comte de Tressan n'est l'inventeur d'aucun de ses sujets, il ne s'est jamais donné pour un interprète très scrupuleux, mais il a excellé dans l'art de rajeunir les récits de nos vieilles chroniques.

Les deux lettres que voici, de M. le marquis de Paulmy à l'auteur de ces romans, m'ont semblé assez intéressantes :

A l'Arsenal (1), ce 28 avril.

« Pour vous prouver, mon cher comte, que M. Soyer n'est pas si paresseux et que M. Bastide est malade et cherche à rétablir sa santé à Vincennes, c'est que je vais répondre moi-même aux deux billets que vous m'avez fait l'honneur et à M. Bastide de nous écrire dimanche 26, avant-hier.

« Les idées que vous avez conçues sur les deux romans de *Guérin de Montclave* et de *Galien restauré* sont fort justes, et le projet de n'en faire qu'un seul

---

(1) La superbe bibliothèque du marquis de Paulmy, achetée en 1781 par le comte d'Artois, porte aujourd'hui le nom de Bibliothèque de l'Arsenal.

extrait d'autant meilleur qu'il y a surtout dans le premier roman bien des choses qui sont déjà dans nos autres volumes, ne fût-ce que la défaite de Roncevaux et les trahisons de Ganelon ; nous retrouverons encore ces faits dans *Les quatre fils Aymon ;* mais la scène des Gabs doit être conservée et fera un des bons morceaux de votre extrait.

« J'ai fait, autant que j'ai pu, la généalogie des douze pairs que vous désirez, mon cher comte ; mais, en vous la montrant, vous verrez : *primo*, qu'il est impossible de la faire remonter jusqu'à Odin ; *secundo*, que, de ces douze pairs, il y en a cinq ou six qui n'ont rien fait, que les savants disputent sur le vrai nom des autres et que les gens du monde ne s'en embarrassent guère, ce qui fait que j'ai laissé là ces questions généalogiques.

« Si nous voulions nous jeter dans ces dissertations, nos préambules seraient plus longs que nos extraits d'anciens romans et l'ouvrage en tout serait bien plus ennuyeux.

« Je sais bien que les premiers volumes des *Amadis*, surtout, extraits et tournés par la plume enchanteresse de M. le comte de Tressan, seront bien plus agréables que ce qui nous reste à extraire de la classe de ceux de Charlemagne ; mais il faut que la seconde classe soit épuisée avant de passer à la troisième pour la bibliothèque des romans, car il faut bien suivre le plan ; au reste, si l'ordre des romans de Charlemagne a été un peu interverti par l'extrait de Huon de Bordeaux, songez, mon cher comte, que c'est vous qui avez paru empressé de traiter celui-là avant d'autres ; il a bien fallu vous laisser cette satisfaction, et le public est bien loin de s'en plaindre, puisque l'extrait de Huon plaît universellement.

« Il ne me reste de force et de temps que pour embrasser bien tendrement mon cher comte et général, à qui je suis fidèlement attaché.

« R. DE PAULMY (1). »

« A présent, je vais renvoyer votre lettre à M. de Bastide, malade à Vincennes ; il vous remerciera quand il le pourra, mais je lui manderai que j'ai répondu au plus pressé. »

Ce jeudi 1ᵉʳ octobre.

« Je viens, mon cher comte, de remettre à l'imprimeur le charmant extrait que vous avez fait de Guérin de Montclave ; le public ne pourra pas se tromper sur l'auteur d'une infinité de traits également heureux, spirituels, nobles et chevaleresques que vous avez semés dans cet extrait et que j'ai admirés et respectés. Je n'ai pris la liberté de toucher qu'à quelques gaîtés que j'ai adoucies, en tâchant cependant de ne leur rien faire perdre de leur sel. Je ne fais aucun doute que cet extrait ait le plus grand succès, car il y a de tout, de l'intérêt, de la gaîté, de

---

(1) Argenson (Antoine-René Voyer d'), dit le marquis de Paulmy, fils du Ministre des affaires étrangères du même nom, fut conseiller au Parlement dès l'âge de vingt ans ; puis commissaire général des guerres, ambassadeur en Suisse en 1748, ministre de la guerre en 1757, puis ambassadeur à Venise ; il quitta les affaires en 1770 et ne s'occupa plus que d'études littéraires. (*Note de l'auteur.*)

la morale, de la plaisanterie et des événements merveilleux. Je ne peux trop vous faire de compliments sur ce travail qui vous coûte peu, car vous le faites en jouant. Pour moi, je le revois avec grand plaisir. Je mets seulement les points sur les *i*, et j'ai besoin, en faisant cette révision, d'être en garde contre l'enthousiasme que me causent les élans de votre âme et de votre imagination.

« J'ai grande impatience de vous voir, car si c'est satisfaction à mon avis que de s'écrire réciproquement quatre lignes de temps en temps, il est impossible de toujours bien s'entendre sur un travail.

« Nous ne pouvons publier d'extrait des *Amadis* que l'année prochaine ; mais c'est alors, mon cher général, que, si vous voulez nous gratifier de votre travail sur cette partie de la romancie chevaleresque, nous vous en ferons honneur et vous nous ferez grand plaisir.

« Si, cependant, vous voulez bien les publier à part, je me joindrai au reste du public pour les lire et les admirer.

« Je fais continuer Mme Fallet, une de mes principales ouvrières, à arranger et annoter tous les *Amadis* et leurs suites au nombre d'environ cinquante volumes.

« Si vous voulez vous charger de travailler sur toute cette suite, après tout ce que vous avez déjà fait, certainement vous auriez la gloriette et le grand plaisir d'avoir donné un charmant morceau de littérature : je vous y invite, mon cher comte, et je me fais gloire de vous y avoir encouragé.

« Nous reparlerons de tout cela quand je vous

reverrai enfin à Paris, et d'autre chose ne veux parler ou écrire, car, au moment présent, toute affaire sérieuse me pue au nez, aussi je n'y fourre point le mien et vous conseille qu'ainsi soit de vous. Faisons comme le bon roi Hugon qui honorait l'agriculture en la pratiquant ; vous avez votre bibliothèque : *et hæc sufficiant*, et si vos filles trouvent *des Oliviers* (1), tant mieux pour elles.

« Ne doutez jamais que ce ne soit avec le plus tendre et le plus fidèle attachement que j'ai l'honneur d'être votre serviteur à la vie et à la mort.

« R. DE PAULMY. »

« Je n'ai eu garde de toucher au mot sur les Monteynard. J'honore tous mes successeurs dans le beau ministère que j'ai autrefois rempli (et j'en ai déjà sept ou huit) ; mais, entre eux tous, j'estime et respecte celui dans lequel j'ai trouvé la probité, l'équité et la sagesse d'un bon ministre ; il avait du courage d'ailleurs, car il était excellent militaire, mais il en manquait peut-être dans sa dernière place. »

---

(1) (Ou *des Olivier*). Le marquis de Paulmy fait allusion à l'un des principaux personnages du roman de *Roland furieux*, le Paladin Olivier, cousin de Roland.

CHAPITRE XIV.

Le comte de Tressan, poète. — Vers qu'il fit à propos de son fils. — Il cherche à oublier ses douleurs et ses infirmités en s'abandonnant à sa muse. — Tristesses et regrets. — Voltaire, patriarche de Ferney; il fait bâtir une église; ses dernières lettres au comte de Tressan, lettres dans lesquelles il est parlé : des oraisons funèbres, des tracasseries éprouvées par les gens de lettres. — Diatribe violente contre le peuple Français auquel il reproche d'avoir assassiné trois de ses rois. — Echange d'épîtres entre M. de Tressan et l'auteur de *Zaïre*. — Voyage de Voltaire à Paris; sa dernière lettre, sa mort (30 mai 1778).

> Les fleurs nouvellement écloses
> Ont encore pour moi des appas.
> Eloignez ces cyprès,... apportez-moi des roses.
> . . . .

C'est à l'âge de soixante-treize ans que M. de Tressan écrivait ces vers dans lesquels on trouve toute la fraîcheur d'une imagination jeune et riante.

C'est à la même époque qu'il répondait à une dame d'un certain âge qui le soupçonnait d'être jaloux de son fils :

> Déjà mes beaux jours sont passés,
> Et mon fils n'est qu'à son aurore ;
> Pour vous, il est trop jeune encore,
> Et je ne le suis pas assez.
>
> Une maligne destinée
> Sauve nos cœurs de votre loi ;

>   Vous naquites trop tard pour moi,
>   Pour lui, vous êtes trop tôt née.
>
>   Que mon fils donc seul y prétende,
>   Que, pour posséder vos appas,
>   L'amour en lui double le pas
>   Et que votre beauté l'attende.
>
>   Votre cœur, s'il veut prendre avis
>   Sur un si délicat mystère,
>   Pourrait essayer sur le père
>   Comment il aimerait le fils.

C'est en s'abandonnant à cette heureuse facilité d'improvisation qu'il maîtrisait en quelque sorte les douleurs et les infirmités qui assiégeaient sa vieillesse.

Écoutons-le plutôt :

« J'adressais les vers suivants à Mylord Stafford un soir qu'un commencement de goutte m'empêchait d'aller souper chez lui avec l'abbé Prévost, Bernard, l'abbé de B... et plusieurs gens très aimables :

>   Je suis au lit et vous à table ;
>   Je jure un peu, quand vous riez,
>   Je cède à l'ennui qui m'accable,
>   Et vous, dans un punch agréable,
>   Tranquillement vous vous noyez,
>   Et de bon propos égayez
>   La liberté qui tient la table
>   Du mylord que vous adorez.
>
>   Peut-être quelqu'élève heureuse,
>   De Florence ou de la Paris,
>   Jeune, folle ou capricieuse,
>   Ou qui mieux est encore honteuse,
>   Viendra, conduite par les ris,
>   Trouver votre troupe joyeuse.

D'Exiles (1), je vois le baron :
Qui la prend au moins pour Astrée,
Bernard plus délicat dit non,
Je la reconnais, à son ton,
Pour une nymphe de Caprée.

Eh ! morbleu ! messieurs, tout est bon,
Dira le mylord en furie ;
Eh quoi ? prenez-vous ma maison
Pour Sceaux, ou quelque bergerie,
Et mon vin pour l'eau du Lignon ?

A ces mots, de folles orgies
Commenceront avec grand bruit
Et dureront toute la nuit.
A la clarté de cent bougies,
En interrompant le festin,
Priape anime cette fête,
Bacchus lui couronne la tête
De fleurs qu'il arrose de vin.

Cédant au transport qui l'inspire,
Tour à tour, fêtés, agacés,
Je vois dans un double délire
Filles et flacons renversés,
Et l'amour en mourir de rire,
Disant de Bernard, en danger
D'oublier Claudine et Thémire...
Aux tendres accords de sa lyre,
Je le prenais pour un berger,
Comment, diable, c'est un satyre !

Toute sa vie, le comte de Tressan aima les vers, il en fit de très bonne heure ; parvenu à la vieillesse, il

---

(1) L'abbé Prévost, l'auteur de *Manon Lescaut*, étant en Hollande, se faisait appeler le baron d'Exiles.

recueillit en un volume les poésies éparses qui avaient fait l'amusement de sa jeunesse, ainsi qu'il l'écrivait en tête de ce recueil :

> Petits vers qui, dans ma jeunesse,
> Me fûtes dictés par l'amour,
> Je vous écris pour être un jour
> L'amusement de ma vieillesse.

Ces poésies sont d'ailleurs sans prétention ; n'a-t-il pas dit lui-même : je n'ai jamais écrit de vers que ceux qui me furent dictés par l'amour ou par l'amitié.

> Des vieux habitants du Marais (1),
> Je reçus au plus quelques traits
> De la gaité, du badinage,
> Et je bégayai leur langage.
> Rimailler est mon faible ;... mais
> Paresseux bien plus que poète,
> Mes ouvrages les plus parfaits
> Ne passent pas la chansonnette.
> Mon hypocrène est du vin frais
> Et mon Parnasse est la guinguette.
> Je n'ai tout au plus hérité
> Du gros du Broussin, mon grand-père (2),
> Qu'une muse folle et légère

---

(1) La Société de Messieurs de Vendôme au temple, où se rassemblaient : Boileau, Chapelle et l'abbé de Chaulieu.

(2) Pierre Brûlard de Genlis, marquis de Broussin, grand-père maternel du comte de Tressan ; il était grand maître des Côteaux, c'est à lui que le joli voyage de Bachaumond et de Chapelle est adressé.

> Propre à chanter la volupté,
> Et je frémis, en vérité,
> D'une entreprise téméraire :
> Aux vers alexandrins, mon luth n'est pas monté.

. . . .

Dans ses poésies semble poindre parfois une nuance de mélancolie, ainsi que le regret de la jeunesse évanouie. Les vers que voici, adressés à une jeune et jolie femme, en sont un exemple :

> Aimable fille des neuf sœurs
> Qu'adopta le dieu de Cythère,
> Vous savez trop dans tous les cœurs
> Réveiller le désir de plaire,
> Et vous me rendez téméraire
> Lorsque vous couronnez de fleurs
> Ma tête septuagénaire.
>
> Vous m'inspirez des sentiments
> Qui me font oublier mon âge ;
> Au moment qu'on vous rend hommage,
> On est toujours dans son printemps ;
> Vos yeux et vos écrits charmants
> Méritent celui d'un vieux sage
> Et d'un Galaor de vingt ans.

Quelque philosophe qu'on veuille paraître, il est toujours pénible de s'avouer n'être plus qu'un vieux sage.

Voltaire lui-même semble avoir éprouvé le même sentiment lorsqu'il disait : « Le cœur ne vieillit pas, je le sens bien, mais il est dur aux immortels de se trouver logés dans des ruines. Je rêvais, il n'y a pas longtemps, à cette décadence qui se fait sentir de jour en jour, et voici comment j'en parlais :

> Si vous voulez que j'aime encore,
> Rendez-moi l'âge des amours.
> Au crépuscule de mes jours,
> Rejoignez, s'il se peut, l'aurore. »

Ainsi que son ami de Tressan, Voltaire avait pris sa retraite. Bien qu'il ait dit : « Je ne suis pas un homme à châteaux », il en fit bâtir un à Ferney, dans un site merveilleux. Il fut lui-même son architecte ; il n'oublia, bien entendu, ni le théâtre, ni la bibliothèque, ni la galerie de tableaux. Il avait trouvé en cet endroit une église délabrée, il la fit abattre pour la reconstruire un peu plus loin. Voici, à ce sujet, ce qu'il écrivait au comte d'Argental :

« Comme j'aime passionnément à être le maître, j'ai jeté par terre l'église, j'ai pris les cloches, l'autel, les confessionnaux, les fonts baptismaux, j'ai envoyé mes paroissiens entendre la messe à une lieue ; le lieutenant criminel et le procureur du Roi sont venus instrumenter et j'ai envoyé promener tout le monde. De quoi se plaint Mgr l'évêque d'Annecy ? Son Dieu et le mien était logé dans une grange, je le logerai dans un temple. »

Ferney devint le pèlerinage des philosophes. Voltaire fut surnommé le patriarche.

Un grand nombre de ses ouvrages sont datés de cette résidence, entre autres : *l'Histoire de l'Empire de*

Russie, *l'Histoire du Parlement de Paris*, *Tancrède*, *l'Écossaise*, etc.; des contes, des poésies et ses dernières lettres au comte de Tressan, lettres qui, à partir de 1759, ne sont plus de sa main; depuis cette époque, trop fatigué pour écrire lui-même, il dicte ses ouvrages et sa correspondance à son secrétaire Vannières.

Ces lettres sont particulièrement intéressantes :

Au château de Ferney, par Genève,
28 février 1767.

« Votre souvenir m'a bien touché, Monsieur, et votre ouvrage a fait sur moi l'impression la plus tendre ; voilà comme je voudrais qu'on fît les oraisons funèbres ; il faut que ce soit le cœur qui parle, il faut avoir vécu intimement avec le mort qu'on regrette. C'étaient les parents ou les amis qui faisaient les oraisons funèbres chez les Romains. L'étranger qui s'en mêle a toujours l'air d'un charlatan ; il y a même une espèce de ridicule à débiter avec emphase l'éloge d'un homme qu'on n'a jamais vu. Mais où sont les courtisans capables de louer un bon roi ? Il n'y a peut-être que vous. Les patriciens romains savaient tous parfaitement leur langue. Les lettres de Brutus sont peut-être plus belles que celles de Cicéron. César écrivait comme Salluste. Il n'en est pas ainsi parmi nous autres Welches ; votre ouvrage est vrai, il est attendrissant, il est bien écrit, je vous remercie tendrement de me l'avoir envoyé. Je me suis informé de vous à tous ceux qui ont pu m'en donner des nouvelles, je ne vous ai jamais oublié. Je savais que vous aviez fait des pertes et je croyais qu'on vous avait dédommagé ; vous comptez donc aller vivre en philosophe à la campagne. Je souhaite que ce goût vous dure comme à moi. Il y a treize ans que j'ai pris ce parti, dont je me trouve fort bien. Ce n'est guère que dans la retraite qu'on peut méditer à son aise.

« Je signe de tout mon cœur votre profession de foi ; il paraît que nous avons le même catéchisme ; vous me paraissez d'ailleurs tenir pour ce feu élémentaire que Newton se garda toujours d'appeler corporel. Ce principe peut mener loin, et si Dieu, par hasard, avait accordé la pensée à quelques monades de ce feu élémentaire, les docteurs n'auraient rien à dire ; on aurait seulement à leur dire que le feu élémentaire n'est pas bien lumineux et que leur monade est un peu impertinente.

« Je suis affligé que vous ayez la goutte ; mais il paraît que ce n'est pas votre tête qu'elle attaque.

« Vous faites donc actuellement des vers pour votre fille, après en avoir fait pour la mère ; si elle tient de vous, elle aura du sentiment et de l'esprit. Il faut que vous me permettiez de lui présenter ici mes respects.

« Je n'oublierai jamais mon cher Panpan (1) ; c'est une âme digne de la vôtre. Que fera-t-il quand vous ne serez plus en Lorraine ? Toute la Cour de votre bon roi va s'éparpiller, et la Lorraine ne sera plus qu'une province. On commençait à penser. Ces belles

---

(1) Surnom du jeune de Boufflers (fils de la marquise de Boufflers) qui fut plus tard le chevalier de Boufflers.

semences ne produiront plus rien ; c'est vers la Marne qu'il faudra voyager.

« Notre lac de Genève fait bien ses compliments à la Marne.

« Ne tremblez point pour les personnes dont vous vous souvenez ; jamais querelle ne fut plus pacifique. Nous avons à la vérité des dragons, mais ils sont aussi tranquilles que les Genevois.

« Adieu, Monsieur, conservez-moi des bontés qui sont la consolation de ma vieillesse. Votre paquet m'est venu par Paris, après bien des cascades.

« V... »

16 février 1776.

« Je ne sais pas de quoi il s'agit, Monsieur, mais je vois que l'on commet une injustice ridicule et affreuse. Tout me persuade qu'il y a un parti pris d'opprimer ceux qui ont la vertueuse folie d'éclairer les hommes. La petite aventure qu'essuya l'année dernière le pauvre La Harpe me fit naître cette idée, et tout me l'a confirmée depuis. Jugez si l'homme qui se plaignit à vous d'une épître qu'on lui imputa avait raison de se plaindre. Vous savez qu'il n'y a nul ouvrage qu'on ne puisse empoisonner et nul homme qu'on ne puisse persécuter.

« Je vous prie très instamment de vouloir bien me dire quel est l'infortuné qui m'a écrit de chez vous ? quel est le scélérat qui le poursuit ? pourquoi on l'accuse d'être l'auteur d'un ouvrage qui n'est pas sous son nom ? quelles procédures on a faites contre son ouvrage ou contre sa personne ? Est-il décrété de prise de corps? Est-il poursuivi par le procureur du Roi? Y a-t-il des défenseurs et des protecteurs? Il faut dans ces affaires en agir comme en temps de peste : *Cito, longè, tardè.* Fuyez vite, allez loin, revenez tard. Pythagore a dit : *Dans la tempête, adorez l'écho.* Cela signifie, à mon avis : Si on vous persécute à la ville, allez-vous en à la campagne. Votre homme fait fort bien d'adorer l'écho de Franconville ; les échos de ma retraite saluent très humblement ceux de la vôtre.

« Je vous demande en grâce de m'instruire pleinement de tout, ou d'engager votre réfugié à m'instruire.

« Agréez mon tendre attachement qui ne finira qu'avec la vie. « V..... »

« Le philosophe qui adore actuellement l'écho de Franconville, pendant le plus ridicule orage du monde, ne doit pas douter du vif intérêt que je prends à lui. Je dois d'ailleurs lui dire : *Hodie tibi, cras mihi.* Il peut en attendant me donner ses ordres en toute sûreté.

À Ferney, 3 mars 1776.

« L'apôtre prétendu de la tolérance pourrait bien en être le martyr ; il sait bien que la cabale du fanatisme est plus animée et plus dangereuse que la cabale contre M. Turgot. Le vieil apôtre est obligé, dans le moment présent, d'aller faire un petit voyage en Allemagne, pour des affaires indispensables ; mais, en quelqu'endroit qu'il soit, il prendra un intérêt bien vif à M. de L..., auquel il conseille de ne jamais exposer sa personne. L'effervescence est trop violente, on n'est que trop bien informé des résolutions prises par des assassins en robe noire, les uns tondus, les autres en bonnet carré ; tout cela est affreux, *mais très digne d'une nation qui n'a encore assassiné que trois de ses rois* (1), qui n'a fait qu'une grande Saint-Barthélemy, mais qui en a fait mille petites en détail.

« Les ministres, tout sages et tout éclairés qu'ils sont, ne pourraient s'opposer aux barbaries que les persécuteurs méditent.

On embrasse tendrement le seigneur de Franconville.
« V....... »

17 mars 1776.

« Mon respectable philosophe, je n'ai pas pu vous féliciter, vous et M. Delisle, aussitôt que je l'aurais voulu. Je savais bien que M. d'Argental ne serait pas inutile à M. de Salles ; il a été autrefois conseiller au Parlement, il a des amis, il déteste la persécution et chérit la philosophie. Il paraît qu'on ne persécute, dans le moment présent, que M. Turgot ; celui-là se tirera d'affaire fort aisément. Il a du génie et de la vertu ; son maître paraît digne d'avoir un tel ministre, et je ne crois pas que Messieurs veuillent faire la guerre de la Fronde pour des corvées.

« Je dois à ce digne ministre la suppression de toutes les gabelles et de tous les commis qui désolaient mon petit pays, moitié français, moitié suisse.

---

(1) Voltaire semble prédire ici le forfait du 21 janvier 1793.

J'en souhaite autant aux citoyens de Franconville et de Pontoise, mais ils sont trop près du centre ; on a commencé par notre chétive frontière pour en faire un essai. C'est : *experimentum in animâ vili*. Mais l'expérience est belle et est de la vraie philosophie. Celles que vous faites sur l'électricité m'instruisent beaucoup. Je me suis mêlé d'électriser le tonnerre dans le jardin que je cultive auprès de ma chaumière. Il y a longtemps que je regarde cette électricité comme le feu élémentaire qui est la source de la vie ; je me flatte qu'il n'en sera pas de votre ouvrage comme de celui de l'*Éducation* que j'ai si vainement attendu. Continuez, philosophe, dans votre retraite. Votre printemps a été orné de tant de fleurs, qu'il faut bien que votre automne porte beaucoup de fruits. Il n'y a plus de jouissance pour moi, qui suis dans l'extrême vieillesse ; mais vous me consolerez, vous me donnerez des idées, si je ne puis en produire.

« J'ai lu avec beaucoup d'attention l'ouvrage de M. Bailly sur l'ancienne astronomie ; il y a des vues bien neuves et bien plausibles. Je souhaite que tout soit aussi vrai qu'ingénieux. Ce livre recule furieusement l'origine du monde, s'il y en a une. Remarquez en passant que le petit peuple juif, qui parut si tard, est le seul qui ait parlé d'Adam et de sa famille, absolument inconnu dans le reste du monde entier.

« Adieu, Monsieur ; conservez-moi vos bontés et ne m'oubliez pas auprès de M. de Salles, auquel je fais les plus sincères et les plus tendres compliments.

« V........ »

11 novembre 1766.

« Je n'ai fait qu'entrevoir M. de Toulongeon ; il m'a donné, Monsieur, la plus grande envie de jouir de sa charmante société ; mais mon âge et mes maux ne me l'ont pas permis ; je ne suis plus de ce monde. Je m'intéresserai tendrement à vous jusqu'à mon dernier moment, mais à quoi cela sert-il ? Je suis *prensantem nequiquam umbras et multa volentem dicere*, et je suis réduit à ne rien dire.

M. de Toulongeon m'a paru infiniment aimable et bien digne de votre amitié. Il a les grâces, la politesse, les talents que je vous ai connus. Avec tout cela, on n'est pas toujours heureux ; il y a, comme vous le savez, une distance immense entre être heureux et être aimable.

« Je suis consolé en apprenant que vous passez votre vie avec M. de Saint-Lambert, mais j'ai peur que l'hiver ne vous sépare.

« Il n'y a que nous autres, ours des Alpes et du mont Jura, qui passions notre vie à la campagne. Les beaux oiseaux de vos cantons doivent se retirer à la ville quand les feuilles sont tombées.

Mihi jam non regia Roma,
Sed vacuum Tibur placet aut nubella Tarentum.

« Je suis très touché, Monsieur, de votre souvenir ; vos bontés pour moi rappellent mon ancienne sensibilité, elle ne finira qu'avec mes jours. *Posthume, Posthume, labuntur anni.* J'aime à citer Horace à un homme de sa famille.

« *Le vieux malade* V....... »

Parfois les deux amis s'adressaient de véritables épîtres. C'est ainsi que le comte de Tressan écrivait à Voltaire, dans le temps que l'on répétait *Zaïre* :

> Entre Formont et Cideville (1),
> Moi, certes, qui ne les vaux pas,
> Je vous écris de cette ville,
> Que l'on dit être si fertile
> En fabriqueurs de faux contrats,
> Issus, à ce qu'apprend l'histoire,
> De ces farouches conquérants,
> Du Nord antiques habitants,
> Qui, du fond d'une forêt noire,
> Furent conduits par la victoire
> Aux bords fertiles et charmants
> Et de la Seine et de la Loire.
> . . . .
> . . . .

« Voilà ce qui s'appelle un vrai rabâchage ; mais vous aimez le nôtre et vous savez que nous sommes ici trois de vos plus fidèles amis. Je leur ai parlé des répétitions de *Zaïre* ; ils sont amoureux de cette charmante demi-chrétienne ; sur ma parole, je n'ai pu m'empêcher même de leur dire que Mlle Gaussin avait tout ce qui pouvait rendre un personnage aussi intéressant. Ils attendent Zaïre avec impatience, et disent qu'ils en ont besoin pour dissiper la terreur que l'ombre d'Amphiocus inspire.....

---

(1) Formont et Cideville étaient deux grands amis de Voltaire. On n'a pas oublié ces jolies stances sur le pupitre du conseiller : « Ah ! datez du sein de Manon... Mais vous baisez votre pupitre....... »

« Je voudrais, sans me nommer, dire de bien jolies choses à notre vieille et aimable doyenne de Cythère et de la bonne compagnie ; mais je n'ai pas, comme vous, à mes ordres :

>Cette muse galante et fine,
>Qui sert parfois aux amants
>A découvrir leurs sentiments
>D'une façon tendre et badine,
>A Martel dites cependant
>Que je l'aime si tendrement,
>Qu'en vain elle serait mutine,
>Que je veux lui faire un enfant,
>Je suis sûr qu'elle me devine. »

Et Voltaire de répondre :

>TRESSAN, l'un des grands favoris
>Du Dieu qui fait qu'on est aimable,
>Du fond des jardins de Cypris,
>Sans peine et par la main des ris,
>Vous cueillez ce laurier durable,
>Qu'à peine un auteur misérable,
>Sur le haut du Pinde perché,
>A son dur travail attaché,
>Arrache en se donnant au diable.

>Vous rendiez les amants jaloux ;
>Les auteurs vont être en alarmes,
>Car vos vers se sentent des charmes
>Que l'amour a versés sur vous.

>Tressan, comment pouvez-vous faire
>Pour mettre si facilement
>Les neuf pucelles dans Cythère
>Et leur donner votre enjouement ?

Ah ! prêtez-moi votre art charmant,
Prêtez-moi votre voix légère ;
Mais ce n'est pas petite affaire
De prétendre vous imiter ;
Je ne suis fait que pour chanter
Et les dieux vous ont fait pour plaire.
Je vous reconnais à ce ton,
Si doux, si tendre, si facile ;
En vain cachez-vous votre nom,
Enfant d'Amour et d'Apollon,
On vous connaît à votre style.

Je dois citer également la lettre que voici, datant de l'époque à laquelle Rousseau écrivit une lettre très dure et très peu digne de l'Horace français, contre Voltaire, à M. Rollin :

Ami, déjà dans nos prairies
L'aquilon a flétri nos fleurs ;
Et dans les froides Tuileries,
Bachelettes tant soient jolies
Ne vont plus chercher de lorgneurs.
Il n'est enfant de bonne mère
Qui, fuyant les murs de Paris,
N'aille aux champs des jeux et des ris
Rejoindre la troupe légère.
Nous savons qu'ils sont réunis
Auprès de celle qui t'est chère,
Avec Amour, leur malin frère.
Même on dit que ce Dieu fripon,
Cachant l'éclatante trompette
Si digne de chanter Bourbon,
Ne t'a laissé qu'une musette,
Ne te permet qu'une chanson.
De la sûre géométrie,
Il badine avec le compas ;

Newton ne l'effarouche pas,
Et jusqu'en la philosophie,
Il sait porter tous les appas
Et les grâces de la folie.
Enfin, on dit que ton amie
A, pour séduire tous les cœurs,
Autant de talents qu'Aspasie :
Je voudrais qu'elle en eût les mœurs !
A ses genoux, meurs de tendresse,
Trop heureux de pouvoir sans cesse
Voir ses beaux yeux et l'écouter.
C'est dans une si douce ivresse
Que rien ne doit t'inquiéter ;
Rousseau, de lyrique mémoire,
En vain suivant son humeur noire,
Hurlera sur les bords du Rhin
Des vers aussi froids que le vin
Que Saurin l'a forcé d'y boire.
L'ami Marot (1), d'Alix et de Martin,
Peintre charmant, s'il lisait son épître,
Sur le vilain briserait le pupitre
Qui lui servit pour écrire à Rollin.

RÉPONSE DE VOLTAIRE.

21 octobre.

Tandis qu'aux fanges du Parnasse,
D'une main criminelle et lasse,
Rousseau va cherchant les poisons,
Ta main délicate et légère
Cueille aux campagnes de Cythère
Des fleurs dignes de tes chansons.

---

(1) Allusion de l'épître de Rousseau à Marot.

Les grâces accordent ta lyre,
Le plaisir mollement t'inspire
Et tu l'inspires à ton tour ;
Que ta muse tendre et badine
Se sent bien de ton origine,
Elle est la fille de l'Amour.

Loin, ce rimeur atrabilaire,
Ce cynique, ce plagiaire
Qui, dans ses efforts odieux,
Fait servir à la calomnie,
A la rage, à l'ignominie,
Le langage sacré des dieux.

Sans doute, les premiers poètes,
Inspirés ainsi que vous l'êtes,
Etaient des dieux ou des amants ;
Tout a changé, tout dégénère,
Et dans l'art d'écrire et de plaire ;
Mais vous êtes des premiers temps.

« Ah! Monsieur, votre charmante épître, vos vers, qui, comme vous, respirent les grâces, méritaient une autre réponse ; mais s'il fallait vous envoyer des vers dignes de vous, je ne vous répondrais jamais, vous me donnez en tout des exemples que je suis loin de suivre ; je fais mes efforts, mais malheur à qui fait des efforts.

« Votre souvenir, votre amitié pour moi, enchantent mon cœur autant que vos vers éveilleraient mon imagination ; j'ose compter sur votre amitié ; il n'y a point de bonheur qui n'augmente par votre commerce délicieux. Ah! si votre muse daignait avoir pour moi autant de bienveillance que de coquetterie ; si vous daigniez m'écrire quelquefois, me parler de vos plaisirs et de vos succès dans le monde, de tout ce qui vous intéresse, que je défierais les Rousseau et les Desfontaine de troubler ma félicité. Je vous envoie le *Mondain*; c'était à vous à le faire. J'y décris une petite vie assez jolie; mais que celle qu'on mène avec vous est au-dessus!

« Comptez à jamais sur le tendre et respectueux attachement de V..... »

« Pourquoi n'ai-je reçu que le 21 votre lettre datée du 5 octobre? »

Voltaire écrivit pour la dernière fois au comte de Tressan pendant un voyage qu'il fit à Paris, à la sollicitation de Mme Denis, sa nièce, afin de faire représenter *Irène*, sa dernière production. Il descendit chez le marquis de Villette dont il est parlé dans cette lettre, il logea chez lui pendant tout le temps de son séjour et y mourut.

Paris, 19 février 1778, rue de Baune.

« Le vieux malade de Ferney est incapable d'avoir passé trois jours sans répondre aux bontés de M. le comte de Tressan, et sans lui avoir témoigné sa tendre et respectueuse reconnaissance. Je suis entre les mains de M. Tronchin, et quoiqu'il m'ait défendu de tout, il ne pourrait m'empêcher de vous écrire. Je suis dans un tourbillon qui ne convient ni à mon âge ni à ma faiblesse. Mon âme serait plus à son aise à Franconville.

« Votre ami, M. de Villette, a raison d'aimer le monde, il y brille dans son étonnante maison, il l'a purifiée par l'arrivée d'une dame aussi étonnante que belle. Je l'abandonnerai bientôt à son nouveau bonheur; mais je compte bien être témoin du vôtre dans votre retraite. Si je puis disposer de moi un moment, il y a longtemps que j'aspire à cette consolation.

« Je serai jusqu'au dernier moment de ma vie, M. le comte, le plus attaché et le plus respectueux de vos serviteurs.   « V... »

Voltaire fut reçu dans la capitale avec un enthousiasme impossible à décrire, mais son véritable triomphe fut le soir de la représentation. A ce sujet, écoutons M. Arsène Houssaye :

« Voltaire se plaça aux secondes, dans la loge des gentilshommes de la Chambre, entre sa nièce et la marquise de Villette. Aussitôt qu'il parut, le comédien Brizart vint apporter une couronne de lauriers, en priant Mme de Villette de la placer sur la tête de cet homme illustre.

Les spectateurs applaudirent par des cris de joie, Voltaire retira aussitôt sa couronne, les spectateurs le supplièrent de la garder. Il y avait plus de monde encore dans les corridors que dans les loges; toutes les femmes étaient debout. Beaucoup d'entre elles étaient descendues au parterre, n'ayant pas trouvé de meilleures places. C'était plus que de l'enthousiasme, c'était une adoration, c'était un culte. . . . .
. . . .
. . . .

A la sortie du spectacle, Voltaire, succombant sous

les lauriers, ne respirant plus que par le sentiment de sa gloire, s'écria d'une voix brisée par l'émotion : « Vous vouliez donc m'étouffer sous des roses. »

Mais ce voyage lui fut fatal ; accablé d'honneurs de tous genres, il ne put résister à tant d'émotions, et succomba trois mois après son arrivée à Paris le 30 mai 1778.

Voltaire est assurément l'homme de qui on a dit le plus de bien et le plus de mal, ses lettres nous le représentent tel qu'il fut en réalité, conservateur, monarchique, ou plutôt despotique. On le voit toujours inquiet, ne se sentant jamais en sûreté, même à Ferney, où sa bienveillance aurait dû cependant lui gagner toutes les sympathies. (Il est vrai de dire que les évêques d'alentour avaient demandé son bannissement.)

Il se montre à la fois d'une mobilité, d'une irascibilité extrême, vindicatif et quelquefois hypocrite, mais il eut aussi de nobles sentiments, et fit beaucoup de bien sans ostentation : Une jeune fille pauvre, parente de Corneille, lui ayant été recommandée, il l'accueillit à Ferney, lui fit donner une éducation chrétienne, la dota avec le produit des *Commentaires de Corneille*, et la maria à un jeune gentilhomme des environs.

CHAPITRE XV.

L'hôtel de la rue Neuve-d'Orléans. — M. de Tressan se retire à Franconville. — Sa correspondance avec sa fille, la marquise de Meaupeou. — Fanchon. - Saint-Lambert, témoin d'une idylle.

« J'étais indépendant, pour la première fois, depuis cinquante ans, et j'en sentais très vivement le bienfait, dans ma petite maison de Nogent-l'Artaut, cultivant paisiblement mes fleurs, et me livrant tout à loisir aux différents genres de littérature pour lesquels, au milieu des Cours comme à l'armée, j'avais toujours su me réserver quelques instants. Mes amis s'employaient de leur mieux à me distraire ; ils venaient me visiter à Nogent, j'allais souvent les retrouver à Paris ; pressé par eux de me fixer dans la capitale, je ne cédai à leurs instances que lorsque l'éducation de mes enfants fut terminée. »

C'est en ces termes que M. de Tressan a parlé de sa retraite. Son hôtel de la rue Neuve-d'Orléans devint le rendez-vous de tout ce que Paris comptait d'hommes célèbres, de savants distingués; il les recevait avec cette amabilité et cette bonhomie si fine qui en faisaient un charmeur. Après souper, chacun lisait ses ouvrages, dans ce salon dont il nous a donné lui-même la description :

« Entre les deux portes de glaces, dans mon salon

de Paris, on voyait le portrait du feu roi Stanislas (1), dont j'ai été pendant dix-huit ans grand maréchal, et étais en même temps commandant dans la Lorraine française ; le portrait de Louis XV, à la Cour duquel, depuis l'âge de treize ans, j'ai eu l'honneur d'être élevé, et qui, à seize ans, m'a fait colonel, en 1722.

« Sur la table de marbre était placé le buste de Voltaire, qui se prit d'amitié pour moi dès l'année 1718, et qui dirigeait mes études. On voyait également sur la même table un groupe de porcelaines de Sèvres, sur lequel présidait l'Amour. Sur le trumeau se lisait l'inscription suivante :

> Ces maîtres adorés ont embelli mes jours ;
> Aux trois que j'ai perdus, j'ai donné bien des larmes,
> L'autre sur mon hiver répand encore des charmes.
> J'aime, j'écris, je pense, et c'est jouir toujours.

« On voyait également le portrait de ma fille au-dessus du mien avec ces vers :

> Au Dieu dont j'ai reçu la loi,
> Je rapporte ces vains hommages,
> Et je place au-dessus de moi
> Le plus charmant de mes ouvrages.

Le comte de Tressan avait conservé le don de plaire et le ton de cette galanterie française qui firent le

---

(1) Ce portrait (don du Roi de Pologne) était au château de Bellot lorsque mon père hérita de cette propriété. J'ai cru devoir lui réserver chez moi la place d'honneur qu'il occupait dans le salon du comte de Tressan. (Note de l'auteur.)

charme de la société de cette époque et qui se retrouvent dans ses vers comme dans ses romans de chevalerie. Aussi était-il accueilli et recherché dans toutes les réunions et dans tous les salons qui affectaient quelque prétention au bel esprit. Il soupait en bonne compagnie, adressait des madrigaux aux femmes à leur petit lever; car à cette époque les marquis allaient voir le lever des femmes, comme les philosophes allaient voir le lever du soleil. Les femmes et le soleil sont toujours du monde, mais ne se lèvent plus en public.

Mais il ne tarda pas à trouver la vie de Paris trop fatigante; il regrettait aussi ses fleurs et la liberté de la campagne. D'un autre côté, ne voulant pas abandonner ses amis, il imagina, pour tout concilier, de s'établir à Franconville, dans la riante vallée de Montmorency.

Ce fut avec bonheur qu'il trouva des fleurs à soigner, des espaliers à tailler, des melons à faire mûrir. Mais il restait toujours poëte, même dans ses amusements champêtres, ainsi qu'il le confesse lui-même :

« J'adressai, nous dit-il, les vers suivants à Mme la comtesse d'Houtetot, en lui envoyant la moitié du premier cantaloup de mes couches :

>   Aimable Déité de ce riant vallon,
>   Pardonnez au pauvre bonhomme
>   L'impertinence d'un tel don.
>   Recevez de sa main la moitié d'un melon ;
>   Il eut reçu de vous la moitié de la pomme.

Se remettant au travail avec plus d'ardeur que

jamais, c'est à Franconville qu'il traduisit l'*Arioste* et qu'il produisit ses principaux romans de chevalerie. A l'âge de soixante-dix-sept ans, il travaillait neuf heures par jour, et c'est justement cette facilité vraiment prodigieuse qui ôtait à ses ouvrages toute idée de contrainte et de gêne.

Jamais sa correspondance ne fut plus importante et plus variée qu'à cette époque de sa vie.

Je ne puis faire autrement que d'en extraire les lettres charmantes que voici :

La première de ces lettres est adressée à sa petite-fille :

A Franconville, ce vendredi 22 juin.

« Bonjour, ma chère enfant (1), la grand'maman et le grand-papa vous embrassent bien tendrement, Azor lèche votre jolie petite bouche, et Papillon ne se laisse plus monter par personne, tant il regrette de ne vous plus porter. Nous vous prions de nous donner des nouvelles de votre maman, car nous commençons à n'être plus compris dans la nation de ses correspondances, mais nous avons eu de ses nouvelles par M. de Méniglesse, et cela m'a fait souvenir de la bonne femme qui brûlait une chandelle au diable pour ne rien négliger.

« L'abbé d'Agout dit qu'il est traité comme nous et vous aime de tout son cœur, ainsi que M. Lucas ; l'un et l'autre viennent nous voir souvent, et nous vous

---

(1) Amicie de Maupeou, qui devint la marquise le Vayer.

prions tous de nous envoyer le compte de vos dents, que nous sommes affligés d'ignorer.

« Mme de Vallon vous dit mille tendresses ; nous regrettons bien de ne vous pas voir trotter dans nos allées d'œillets ; j'aurais bien du plaisir, ma chère Amicie, à vous faire un lit de fleurs et à baiser vos joues rondes, plus vives et plus fraîches qu'elles. Souvenez-vous que vous devez nous aimer au moins jusqu'à l'âge de dix ans, et je tâcherai de vivre le temps qui vous reste, pour en jouir.

« Adieu, ma chère enfant, embrassez bien votre maman de notre part. »

La lettre suivante de M. de Tressan à sa fille, la marquise de Maupeou, est bien curieuse :

Ce mardi matin.

« Toujours bien quant à l'animal, ma chère amie, hors qu'il ne vaudrait rien du tout à présent pour le porter dans une colonie nouvelle ; très tristement quant à l'intellectuel, car en vérité l'*Arioste*, tout charmant qu'il est, ne me console pas d'une heure de conversation avec ma Michou, surtout quand elle vient me caresser doucement la bouche de ses jolies mains qui écrivent de si jolies lettres et qui sont si blanches et si légères sur les instruments.

« J'ai eu un radotage superbe avec moi-même cette nuit, au réveil d'un troisième sommeil d'une heure et demie chacun, je venais de rêver que je grimpais mes escaliers sans bâton, Martin courait après moi en disant : où va-t-il comme cela, est-il fol ? Il va se casser le col, moi de rire de me voir éveillé et de balbutier : donnez-moi vite de la bougie que j'écrive à ma fille que je marche, et puis je me disais tout bas, où la coquine dira que c'est par malice que je n'ai pas voulu marcher devant elle. Enfin je me suis complètement réveillé et mes pattes de derrière m'ont bien assuré que je n'avais fait qu'un songe. Ma foi Dieu me le renvoie, c'est un des plus agréables que j'ai faits.

« Oh ! que le plaisir de marcher est délicieux ! C'est ainsi que goutte qui va bien donne un désir ardent, et ce désir est le contrepoids de nos maux. Voilà des vers que je fis hier à ta mère qui me voyait jouer avec Fanchon.

> Tu me vois folâtrer sans cesse ;
> Va, ne t'inquiète jamais !
> Laisse-moi rire à la jeunesse,
> Ces yeux riants, ce teint si frais,
> Cette bouche qu'Amour exprès
> Fit pour appeler la caresse,
> Éloignant de moi les regrets,
> En roses changent les cyprès,
> Qu'aux cheveux blancs de la vieillesse
> Destine une affreuse déesse,
> Et si l'Amour par gentillesse
> N'y regarde pas de si près,
> Et crois en plus en ma sagesse.

« Ma foi je ne m'en souviens plus, car je n'ai pas pris la peine de les écrire que pour l'insatiable et trop peu difficile recueil de mes rogatons. Adieu, bonne et chère Michou, porte-toi bien, ma chère amie, adieu, quoique tu vailles mieux que la quarante et unième strophe du second chant que je vais traduire.

« J'ai eu hier la visite en passant de M. l'abbé d'Agout qui m'a dit des nouvelles de l'abbé (1) pour lequel il espère beaucoup. Cette bonne petite visite m'a été au cœur. Il est bien doux pour les vieillards d'être recherchés par la jeunesse parée de l'esprit et des grâces. »

Dans une de ses lettres à son ami de Tressan, Voltaire lui disait : « Vous faites donc actuellement des vers pour votre fille après en avoir fait pour la mère. »

Le comte, en effet, avait toujours quelque chose à écrire, en vers ou en prose, à sa chère Michou. Cette correspondance était sa plus grande ressource lors de ses accès de goutte. Écoutons-le plutôt.

« Voici des vers que je fis pour ma fille dans le fort d'un accès de goutte. Pour l'intelligence du nom que je lui donnai, il faut savoir que le roi de Pologne, son parrain avec la feue Reine, lui donnait le nom de Maroultz-Chou, qui veut dire, en polonais, ma chère petite Marie ; et le nom de Michou, par abréviation, lui en est demeuré.

> Viens, ma Michou, dans mon taudis,
> Ma bouche et mes yeux te demandent ;
> Ainsi les Musulmans attendent,
> Dans leur très sensé paradis,

(1) L'abbé de Tressan, fils du comte de Tressan.

> La plus charmante des houris.
> Dans mon lit tristement tranquille,
> Je suis une masse inutile,
> Un automate, un vil fardeau;
> Nul de mes sens ne m'est utile.
> Ah! viens éclairer ce tombeau,
> Tes beaux yeux seront le flambeau,
> Qui ranimera cette argile.

« Je lui écrivis cette lettre, quand je commençai à ne plus souffrir, elle venait dîner de deux jours l'un au chevet de mon lit :

> De deux jours l'un,
> Viens voir ton ami dans ton père,
> De deux jours l'un,
> Viens lui rendre le sens commun.
> Déjà le vieux vaurien espère
> Faire tout ce qui peut lui plaire,
> De deux jours l'un.

« J'espère que ma nuit sera tout aussi bonne que ma journée, j'ai changé de lit pour faire faire le mien et j'ai remué mon maudit pied, avec beaucoup plus de facilité; le bien doit augmenter de jour en jour, viens dîner avec moi jeudi, ma chère Michou, j'espère que tu me verras près de toi dans une bergère où je serai plus à portée de te voir, de t'entendre et d'être tapoté par ta jolie main.

« La mère restera avec nous jusqu'à jeudi au soir, et retournera chez elle le vendredi, ce sera le vingtième jour de tes couches et elle partira bien contente de nous laisser tous deux en bon état.

« J'embrasse ma Michou de toute mon âme, bientôt j'espère me faire porter au coin de ton feu. »

La marquise de Maupeou tenait de son père, ses lettres nous montrent qu'elle avait du sentiment et de l'esprit.

« Vous devez avoir reçu ma lettre, mon cher papa, de la part de ces dames, car elles m'ont demandé votre adresse avec une sorte de mystère et je crois que c'est pour vous envoyer le petit couplet que je leur ai fait, et auquel elles donnent trop de prix. La marquise d'Harcourt voulait absolument vous écrire pour vous envoyer celui d'Aline, son dernier enfant qui tête encore, et qui s'était fait un petit mal à la tête en tombant. Comme probablement elle n'a pas suivi son projet, je vous envoie ce couplet afin qu'il vous inspire d'en faire un plus joli, c'est sur le nouvel air : *Avec les gens dans le village.*

>Aline, un léger mal vous blesse,
>Mais nous pouvons nous rassurer,
>De l'amour ce n'est qu'une adresse,
>De vous il cherche à s'emparer.
>A l'égaler, il vous destine,
>Il vous cache encore son flambeau,
>Mais sur votre charmante mine,
>Il veut essayer son bandeau.

« J'en ai fait un second pour la jolie Rose Tillière, dont je n'avais point parlé dans ma première chanson.

« Sur le même air :

>Vous que la beauté, la jeunesse,
>Embellissent de tous ses dons,
>Je n'ai point osé par sagesse
>Parler de vous dans mes chansons.

> J'ai craint en trop fixant les grâces
> De trop éprouver leur pouvoir,
> Je sais que toujours sur leur trace
> Amour se fait apercevoir.

« Je veux aussi vous envoyer celui de Mme de Trémanville, qui chantait les couplets et qui est mon amie depuis huit ans :

« Il est sur l'air : *Mon petit cœur à chaque instant soupire* :

> De l'amitié si je fais la peinture,
> Quels traits charmants va rendre mon pinceau ;
> Mais, sans chercher une vaine parure,
> En vous nommant, j'achève ce tableau :
> Vous qui chantez d'une voix douce et tendre,
> Ne baissez pas vos trop modestes yeux,
> Ce n'est pas moi que vous venez d'entendre,
> Car tous les cœurs vous nomment dans ces lieux.

« Je vous ferai grâce des autres ; voilà ceux que j'aime le mieux. Jugez de notre abondance : j'en ai fait à peu près quarante-cinq pour ma part ; il y en avait de tous les tons et de tous les genres. Vous n'aviez qu'à paraître pour nous forcer à nous taire et nous y aurions tous gagné ; votre muse aurait soustrait un demi-siècle au nombre de vos années, et son langage jeune, frais et charmant nous aurait rendu l'illusion complète.

« J'ai quitté depuis deux jours ce lieu délicieux par la société qui l'habite, mais on ne m'a laissé partir qu'en donnant parole d'y retourner à la fin de la semaine prochaine. Je suis venue faire acte d'apparition ici ; d'aujourd'hui vendredi en huit j'y retournerai passer encore huit jours, et de là je reviendrai ici pour tout de bon.

« J'ai reçu dernièrement des nouvelles du vicomte (1) ; il est toujours à Cognac et se plaint comme vous de votre silence. Il me mande qu'il vous a écrit très exactement tous les quinze jours, mais que vous ne lui avez pas répondu ; il a reçu les vingt louis dans le temps et a dû vous écrire pour vous en remercier. La lettre se sera peut-être égarée pendant vos courses.

« Je vous prie de me donner de vos nouvelles et d'adresser votre première lettre à Rouen, je ne serai que dans huit jours *au Champ de bataille* (2).

« Mandez-moi si vous et maman vous amusez à Paris et si vous y menez une vie heureuse, je le désire de tout mon cœur. Recevez l'un et l'autre mes vœux et mes hommages (3).

Rouen, le 22 novembre 1782.

Franconville était assez près de Paris pour ne perdre de vue ni ses relations, ni l'Académie ; assez loin cependant pour goûter le calme d'une installation champêtre.

Aussi le comte de Tressan a-t-il célébré le charme de cette résidence dans ses romans, dans ses pièces fugitives et dans le cinquième livre de sa traduction

---

(1) Le vicomte de Tressan, le fils aîné du comte de Tressan, était colonel d'infanterie.

(2) Le Champ-de-Bataille était le nom d'une propriété (située près de Rouen).

(3) Lettre inédite.

libre des *Amadis*, mais jamais avec autant de bonheur que dans les vers qu'on va lire et que je me reprocherais de ne pas citer :

Sur mon ermitage de Franconville.

Vallon délicieux, ô mon cher Franconville !
Ta culture, tes fruits, ton air pur, ta fraîcheur,
Raniment ma vieillesse et consolent mon cœur ;
Que rien ne trouble plus la paix de cet asile
    Où je trouve enfin le bonheur !

    Tranquille en cette solitude,
    Je passe de paisibles nuits ;
Je reprends le matin une facile étude,
Le parfum de mes fleurs chasse au loin mes ennuis.
    Je vois le soir de vrais amis,
    Et m'endors sans inquiétude.

    Souvent conduite par les ris,
    De fleurs nouvellement écloses,
La petite Fanchon orne mes cheveux gris
Et me laisse cueillir, sur ses lèvres de roses,
Un baiser innocent, tel que ceux que Cypris
    Reçoit pour les rendre à son fils.

    Que tu me plais, heureuse enfance !...
    Ni le désir, ni même la pudeur,
    N'impriment encore la rougeur
Sur ce front de douze ans où règne l'innocence.
    Fanchon met toute sa décence
    A marcher les pieds en dehors,
    A ne point déranger son corps,
    Quand elle fait la révérence...
    Cependant déjà Fanchon pense !!...

    Par mille petits soins charmants,
Elle nous prouve à tous qu'elle a le don de plaire,

Qu'elle en a le désir, qu'elle voudrait tout faire
    Pour être utile à tous moments.

    Vas, Fanchon, embellis sans cesse ;
    Attends près de moi tes quinze ans :
    Je respecterai ta jeunesse ;
    Il sied trop mal à la vieillesse
    De faner les fleurs du printemps.
    Je verrai tes jeux innocents,
    Tes grâces et ta gentillesse ;
    Et, veillant sur tes goûts naissants,
    S'il te naît un sixième sens,
    Tu le devras à la tendresse
    Du plus joli de tes amants.

« J'ignore, ajoute l'auteur, le nom de celle qui m'a fait la galanterie de parodier ces vers, que je trouve bien plus agréables que les miens, et que l'on m'a envoyés par la poste :

Vallon délicieux ! fortuné Franconville,
Tu nous fais désirer ton air pur, ta fraîcheur,
Tu rajeunis Tressan en consolant son cœur,
Puissé-je quelque jour en cet heureux asile
    Etre témoin de son bonheur !
Tu souris, mon cher comte, en cette solitude,
Au souvenir charmant de mille heureuses nuits,
Je te vois le matin, jouer avec l'étude ;
En relisant tes vers tu braves les ennuis,
Le soir des malheureux tu te fais des amis.
    Partout t'accompagnent les ris,
Les fleurs de ton esprit semblent toujours écloses,
Si j'étais ta Fanchon malgré tes cheveux gris,
Tu prendrais des baisers sur mes lèvres de roses,
Mais je ne connais plus les baisers de Cypris ;
Une mère à trente ans ne baise que ses fils !

Fanchon te rappelle l'enfance,
Age peu fait pour la pudeur,
Où l'on folâtre sans rougeur,
Où l'on dit, baise-moi, sans perdre l'innocence.
De ta Fanchon, j'adore assez la décence,
Je ris de ses pieds en dehors,
Et de l'art qu'elle met à soutenir son corps.
Je la vois dans ta cour traîner la révérence,
Mais son cœur est perdu si jamais elle pense !
Bientôt cent petits soins charmants
Prouveront qu'à son maître elle a dessein de plaire.
Pour égaler Gaullin (1), elle voudra tout faire,
Et le désir hâtera les moments.
Vas, ma Fanchon, caresse-le sans cesse,
Mais prends bien garde à tes quinze ans;
On court plus d'un danger dans sa tendre jeunesse,
Quand sur le front de sa vieillesse
On trouve les fleurs du printemps.
Il n'est point de jeux innocents
Lorsqu'auprès d'un tel maître on a ta gentillesse,
Anacréon toujours a des charmes naissants,
Le génie à son corps prête un sixième sens,
Et, sans avoir recours au Dieu de la tendresse,
Tu trouveras en lui le plus cher des amants.

Fanchon était une jeune paysanne de treize à quatorze ans qui aidait le comte de Tressan dans ses travaux de jardinage. Les grâces naissantes et la gentillesse de cette enfant semblent avoir produit une impression assez vive sur son esprit. Ce n'est pas, d'ailleurs, la seule fois qu'elle inspira sa muse.

Un beau matin, Saint-Lambert trouva son ami

(1) Gaullin, domestique du comte de Tressan.

cueillant des fraises avec Fanchon ; le lendemain, le témoin de cette idylle recevait les vers suivants :

Entre mes bras j'ai tenu l'innocence,
Le lys des prés, la rose du printemps,
C'est ma Fanchon... elle sort de l'enfance,
Elle a deux mois plus que ses quatorze ans.
Ses yeux charmants, souvent pleins de tendresse,
N'avaient point l'air de voir mes cheveux blancs,
Mais son air doux, sa bouche enchanteresse,
Ses jeunes mains dont la moindre caresse,
Sans le vouloir, font pétiller mes sens,
Ne m'ont point fait oublier mes serments ;
J'ai respecté sa modeste jeunesse,
Ah ! ma Fanchon, que je crains tes quinze ans !

CHAPITRE XVI.

La comtesse d'Houdetot et Saint-Lambert deviennent voisins du comte de Tressan. — Leurs rapports avec l'ermite de Franconville. — Le chevalier de Tressan demande à prendre du service en Amérique, pendant la guerre de l'Indépendance. — Réponse de Franklin à ce propos. — Cassini s'emploie pour les fils de son ami de Tressan.

Ayant eu l'occasion de citer le nom de Saint-Lambert dans le chapitre précédent, je crois devoir rappeler au lecteur que l'ancien capitaine des gardes de Stanislas avait quitté la Cour de Lorraine peu de temps après la mort de Mme du Châtelet; sur les conseils du prince de Beauvau il vint à Paris où il se trouva immédiatement en relations avec Duclos, Rousseau, d'Alembert, Grimm, Diderot, en un mot avec tous les encyclopédistes.

Présenté à Mme la comtesse d'Houdetot, il fit sa conquête, et la protection de cette grande dame lui permit d'obtenir le grade de colonel.

La comtesse d'Houdetot (Sophie de la Live de Bellegarde) était fille d'un fermier général et belle-sœur de Mme d'Épinay; elle avait épousé, en 1748, un gentilhomme de Normandie, officier distingué, qui mourut dans un âge avancé avec le titre de lieutenant général. Mme d'Houdetot fut une des femmes les plus remarquables du xviiie siècle, par ses grâces, son esprit et ses qualités personnelles ; elle doit surtout sa réputation à la vive passion qu'elle inspira à Jean-Jacques Rousseau, ainsi qu'à sa liaison avec Saint-Lambert.

Cette liaison survécut au temps et aux événements ; à l'époque dont je parle, elle était acceptée par tout le monde, en raison même de sa longue durée.

Saint-Lambert avait conservé d'excellentes relations avec M. de Tressan, dont Mme d'Houdetot était également la grande amie, ce qui avait décidé cette dernière à venir habiter non loin de Franconville. C'était entre les deux voisins un échange continuel de visites, de lettres et de petits vers, — vers que l'on peut lire dans le recueil de poésies laissé à Mme de Meaupeou.

En voici quelques échantillons :

A Madame la comtesse d'Houdetot
LA PREMIÈRE FOIS QU'ELLE ME FIT L'HONNEUR
DE VENIR DÎNER CHEZ MOI.

Vous daignez honorer mon petit ermitage,
C'était depuis longtemps le plus doux de mes vœux ;
Je suis venu chercher la retraite du sage,
Vous m'y faites trouver celle de l'homme heureux.

A la même.
UN JOUR FATAL OU TOUS LES ARBRES EN FLEURS DE LA
VALLÉE DE MONTMORENCY FURENT GELÉS.

Au coloris brillant de Flore
Un rouge noir a succédé !
Dans nos vergers chacun déplore
La tendre fleur qui vient d'éclore

> Notre malheur est décidé ;
> Panglofs ! viens dans cette vallée,
> Où l'on entendait, ce matin,
> Chaque famille désolée
> Se plaindre de la destinée
> Et donner raison à Martin (1).

Et la comtesse de chercher à consoler son ami par cette jolie lettre :

« La nature nous traite mal mon cher voisin ; consolez-vous avec les muses qui vous traitent si bien. Vos jolis vers m'ont presque consolée de nos calamités ; vous ressemblez à l'oiseau qui chantait tout à l'heure en dépit du mauvais temps :

> Ce matin encore dans nos champs,
> Malgré le vent et la froidure,
> Malgré le deuil de la nature,
> Du rossignol j'écoutais les accents.
> Ainsi votre muse charmante,
> A sa voix suspendant nos pleurs,
> Nous fait jouir et nous enchante
> Même en nous peignant nos malheurs.

« Il est vrai que tout va assez mal dans ce monde, et Martin avait raison, mais il faut faire comme lui.

> Du mal qui régnait sur la terre,
> Martin ne s'embarrassait guère,
> Et le sage doit l'imiter.
> Le bonheur vient du caractère,
> Le vôtre est de rire et de plaire
> Et rien ne pourra vous l'ôter.

(1) Martin était le jardinier du comte de Tressan.

« J'ai bien envie d'aller vous voir tantôt, mon cher voisin, afin de nous consoler ensemble ; nos deux infortunes feront peut-être une consolation. Notre sage d'Eaubonne (1) travaille dans ce moment, et son travail le console de tout ; il vous est bien attaché ainsi que moi. Voulez-vous bien dire mille choses tendres à votre aimable fille et faire agréer tous nos compliments à Mme la comtesse de Tressan.

« La Comtesse d'Houdetot. »

« J'attendais mon aimable voisin dans cette semaine ; elle est bien avancée, je ne l'ai point encore vu ; j'espère qu'il n'est pas incommodé et que je le verrai incessamment. J'ai reçu non seulement la lettre d'avis, mais le beurre de M. de Vauxban ; je lui dois des remerciements et une réponse, et de plus de l'argent ; donnez-moi, mon cher voisin, les moyens de m'acquitter de tout cela. Je ne sais pas l'adresse de M. de Vauxban ; peut-être est-il étonné de n'avoir pas ma réponse, mais je ne sais où la lui adresser, et j'ignore même le prix du beurre qu'il m'a adressé. Mille pardons de ce détail de cuisine, mais vous savez vous prêter à tout pour obliger. Nous avons un académicien qui est l'abbé Millot ; les ouvrages utiles qu'il a faits me rendent contente de ce choix.

« Nous avons déjà deux éloges de Mme Geoffrin (2),

---

(1) Saint-Lambert, alors à Eaubonne, près de Montmorency. Il s'était installé dans une maison voisine de celle de Mme d'Houdetot. Ce fut là qu'il habita pendant toute la Révolution.

(2) Mme Geoffrin venait de mourir (1777). Veuve de très bonne heure, elle avait fait de sa maison le rendez-vous des savants de

en attendant un troisième; ils sont de main de maître :
le premier est de M. Thomas (1), le second de l'abbé
de Morellet (2), et le troisième sera de M. d'Alembert.
C'est le gage de leur reconnaissance et le sceau de la
célébrité de cette femme étonnante qui a su mériter
ces éloges, et la place qu'elle a tenue dans la société,
dont l'existence n'a pas eu de modèle parmi nous et
je crois n'aura pas de copie. Je ne dois ni ne veux
prévenir votre jugement sur deux ouvrages de mérite;
le second me paraît plus ressemblant, parce qu'il tient
plus du naturel qui caractérisait l'original. Je crois
qu'il vous plaira davantage; dites-moi si je me suis
trompée.

« Adieu, mon cher voisin; ne m'oubliez pas près de
votre aimable fille; veut-elle toujours fuir la société,
dont elle pourrait faire l'ornement? Nous avons deux
tragédies nouvelles de votre ami; on les dit surprenantes.

Tel Sophocle à cent ans charmait encore Athènes;
Tel jadis son vieux sang bouillonnait dans ses veines.

« Je commence à croire que l'esprit ne vieillit plus;

---

la capitale et des étrangers de distinction, plusieurs littérateurs
reçurent d'elle des services importants; sa fille épousa le marquis
de la Ferté-Imbault.

(1) Thomas était membre de l'Académie Française (31e fauteuil).

(2) L'abbé de Morellet, auteur des *Visions de Palissot*. On se
souvient que cet ouvrage lui valut d'être arrêté et conduit à la
Bastille, en 1760.

vous êtes et vous serez, mon cher voisin, une des preuves de cette vérité, si jamais elle peut s'établir.

« La Comtesse D'HOUDETOT.

Le 3 décembre 1777.

« Voulez-vous bien faire agréer tous mes compliments à Mme la comtesse de Tressan ? »

« C'est un grand plaisir d'avoir quelques relations avec vous, mon cher voisin, même quand on ose toucher à vos enfants; je parle de vos couplets, car pour les autres il n'y a rien à faire. Je dis donc qu'il est trop heureux de s'attirer d'une manière quelconque les jolis billets que vous écrivez; ils nous réveillent et nous amusent en attendant que nous vous voyons; ce sera, j'espère, vendredi à dîner avec votre aimable fille et M. Cazanove. Je ne sais si M. de Verneuil est encore chez vous et s'il voudra bien me faire l'honneur d'être de la partie. Nous aurons de quoi bien recevoir le bon Benjamin : c'est un titre que j'aime encore mieux lui donner que celui de Grand, quoiqu'il les mérite tous deux. Il verra le plaisir que nous avons à recevoir un homme de bien et utile au monde. C'est le plus doux et le plus bel emploi des talents, et cet éloge est bien flatteur quand il est aussi véritablement senti que mérité.

Ainsi nous célébrerons à ce dîner tout ce qui fait supporter la vie et ce qui l'embellit : la liberté et les grâces; il y aura toujours des autels pour tous deux.

A Sanois (1), mardi matin.

---

(1) Sanois, nom de la propriété de Mme d'Houdetot.

Le sage d'Eaubonne faisait partie de l'Académie depuis 1770 ; il avait été admis d'emblée au fauteuil de l'abbé Trublet ; l'appui du parti philosophique avait valu ce succès au disciple d'Helvétius.

Mais, en 1779, ce n'était plus le brillant Saint-Lambert de la cour de Lorraine, moins favorisé que Moncrif, resté jeune à ce point que Louis XV, qui se consolait de vieillir en le voyant porter si gaiement ses quatre-vingt-trois ans, lui dit un jour : « qu'on lui donnait plus de quatre-vingt dix ans ». — « Je ne ne les prends pas, Sire », répondit Moncrif. Le bel officier des gardes avait vieilli avant l'âge, perclus de douleurs. Pendant ses dernières années, il vécut dans une profonde retraite, que l'amitié de quelques amis venait seule distraire. Au mois de janvier de cette même année (1779), il écrivait à l'ermite de Franconville :

3 janvier.

« On m'avait flatté, mon cher et aimable Général, que vous viendriez à Paris, et j'avais bien compté aller vous chercher, vous embrasser et vous assurer que je serais pour vous cette année ce que je suis depuis bien des années, c'est-à-dire votre serviteur très dévoué. Vous serez aimable jusqu'au dernier moment, et votre bonne santé, la vie que vous menez, le lieu que vous habitez me promettent que ce dernier moment n'arrivera qu'après un siècle.

« Que faites-vous cet hiver ? Rendez-vous agréable quelque vieux roman qui ne l'était guère ? Faites-vous quelques jolis vers pour Fanchon ? Grondez-vous un peu ? Buvez-vous de bon vin ? Avez-vous quelque petit mouvement de goutte? Aimez-vous vos amis? Car il faut de tout cela dans la vieillesse.

« Pour moi, depuis mon arrivée à Paris, un mal de gorge d'abord et à présent des maux d'entrailles m'ont fait garder ma chambre. J'ai pourtant vu *Mustapha* (1), tragédie qui n'est ni conçue, ni écrite magiquement, mais où il y a bien de l'esprit et bien de l'élégance. Nous attendons *Roland*, que de petites cabales retardent de jour en jour et dont elles nous priveront peut-être.

« Quoique M. de Beauvau soit beaucoup mieux, je ne suis pas encore sans inquiétudes sur sa santé, et ces inquiétudes-là sont bien cruelles pour moi. Mme d'Houdetot se porte assez bien; nous parlons souvent de vous ensemble, nous vous regrettons et nous aspirons au moment d'aller retrouver dans la vallée Anacréon entouré de rossignols.

« Adieu, mon cher et aimable Général; mes respects, je vous prie, à Mme de Tressan, que j'honore et que j'aime, et n'oubliez pas l'homme de Paris qui vous est le plus tendrement attaché.

« Saint-Lambert. »

Paris, 19 janvier.

« Je serais tenté, mon aimable Général, de vous féliciter d'avoir la goutte plutôt que de vous en plaindre; ce sont quelques moments de douleurs qui

---

(1) *Mustapha* et *Zéangir*, tragédie de Chamfort, jouée pour la première fois à Fontainebleau devant le Roi. Le Roi donna douze cents livres de pension à son auteur, et le prince de Condé lui offrit d'être secrétaire de ses commandements.

vous assurent d'une longue santé ; vous serez forcé de garder la chambre pendant l'hiver, et vous serez en état au printemps de visiter vos jacinthes et vos tulipes. D'ailleurs, la goutte vous laisse tant de liberté d'esprit, tant de facilité, tant de grâces, qu'en vérité je doute qu'elle soit un mal ; du moins ce serait à un épicurien comme vous à le dire, et non pas à un triste stoïcien comme Possidonius ; il est vrai qu'elle ne l'empêchait pas de raisonner, mais chez vous elle fait bien mieux : elle vous laisse jouir et produire.

J'ai déjà vos quatre volumes, que j'ai fait prendre chez Gillot ; ainsi ne me les donnez pas. Je reçois cependant avec bien de la reconnaissance l'hommage que vous m'en faites. L'empressement que j'ai eu à les prendre chez le libraire vous est garant de celui que j'aurai à les lire. Vous ferez bien de rester quelque temps à votre campagne, je vous trouve heureux d'y être, votre santé s'en trouvera mieux, et puis vous donnerez le temps au parti Bailly de calmer sa colère, et notre reconnaissance sera toujours la même. Quand je dis notre reconnaissance, j'entends celle de d'Alembert, car je n'ai point l'honneur d'être l'ami de Condorcet (1) ; mais je lui ai donné ma voix parce que j'ai pensé qu'il la méritait ; et depuis que je suis à l'Académie, il ne m'est pas encore arrivé de donner ma voix par amitié ou par inimitié.

---

(1) Condorcet ne l'emporta que d'une voix sur Bailly, son confrère à l'Académie des sciences, à qui l'avenir réservait, comme à lui, un destin tragique, et cette unique voix de majorité, d'Alembert pourrait bien s'en attribuer la conquête.

« Je vous sais gré d'avoir fait une chose juste et d'avoir décidé un choix qui honore l'Académie.

« Adieu, mon cher et aimable confrère ; mes respects, je vous prie, à Mme de Tressan. Recevez les assurances nouvelles de tous mes sentiments pour vous.

« SAINT-LAMBERT. »

Il est encore question de Mme d'Houdetot dans la lettre suivante que Cassini écrivait au comte de Tressan à cette époque :

« Vous pourriez, mon cher et illustre confrère, me rendre un service, et je m'adresse à vous avec confiance. Voici ce dont il s'agit : vous savez que les intendants des finances sont supprimés. M. de Montigny, qui arrive, m'apprend que M. de Trudaine a abandonné le détail des ponts et chaussées, et que M. Necker se réserve l'administration ; mais comme il y a des détails dont il ne peut s'occuper, je voudrais être chargé de la partie qui regarde les routes, parce que cela me mettrait à portée de terminer la carte de France (1), en employant les ingénieurs des ponts et chaussées. Je suis fort connu de M. Necker, et je reçois dans l'instant une lettre de lui ; mais je ne veux point me

---

(1) Cassini de Thury (César-François) fut reçu à l'Académie des Sciences dès l'âge de vingt-deux ans; il corrigea la méridienne qui passe par l'Observatoire et fut chargé de la description géométrique de la France. Le fruit de ses travaux fut cette belle carte de France, composée de 180 feuilles, qui offrait la représentation la plus fidèle et la plus complète de notre pays. Cassini n'eut pas la satisfaction d'achever cette vaste entreprise, son fils la termina et en fit hommage à l'Assemblée Nationale en 1789.

proposer. J'ai pensé que Mme d'Houdetot, qui est amie de Mme Necker, pourrait, si vous l'en pressez, lui en parler et l'engager à me proposer à son mari. Ce ne sont point les appointements qui me touchent, mais c'est une place qui convient plus à moi qu'à tout autre, puisque mes cartes ont fourni les meilleurs matériaux pour les grandes routes.

« Je comptais, mon cher confrère, vous voir à Paris cette semaine, mais Monsieur votre fils, que j'ai rencontré hier, m'a dit que vous vous ressentiez un peu de la goutte. J'espère qu'elle n'est pas assez forte pour vous empêcher d'aller à Sanois voir Mme d'Houdetot.

« Adieu, mon cher confrère ; j'attends votre réponse, et je suis, avec les sentiments que vous me connaissez, votre serviteur et ami.

« Cassini de Thury. »

A l'Académie, ce 9 juillet.

Si l'enjouement et la vivacité de son esprit n'avaient point encore abandonné le comte de Tressan lorsqu'il écrivait ou lorsqu'il se trouvait dans le monde ; quand il était seul, le souvenir des pertes qu'il avait éprouvées lui devenait amer. Il venait d'y avoir une promotion de maréchaux de France, dans laquelle il ne se trouvait pas compris, quoiqu'on lui eût permis d'en concevoir l'espérance ; un ami lui ayant témoigné ses regrets :

« Ma carrière, lui répondit-il, avait commencé d'une
« manière bien brillante ; elle est finie aujourd'hui.
« J'ai négligé la fortune, mais j'ai servi avec honneur.
« Encore si mes enfants étaient placés, j'attendrais la
« mort en paix !... Qu'ils soient du moins instruits par

« mes malheurs, qu'ils soient vertueux, qu'ils se
« rendent utiles, ils trouveront un père dans le meil-
« leur des rois. »

L'inquiétude du comte de Tressan au sujet de l'avenir de ses enfants semblait justifiée ; en effet, de ses trois fils : son fils aîné, le marquis (1), servait en qualité de colonel ; l'abbé jouissait, il est vrai, d'un bénéfice, mais sa carrière ecclésiastique semblait fort limitée en raison de la défaveur de son père ; quant au chevalier, il attendait un brevet de capitaine.

Le marquis avait demandé à prendre du service en Amérique lors de la guerre de l'Indépendance ; le comte de Tressan avait fait des démarches, à ce sujet, auprès de Franklin lorsque celui-ci vint en France pour solliciter des secours (1777). Voici quelle fut la réponse du grand patriote américain :

Passy, 18 juillet 1777.

« Monsieur et très illustre Confrère (2),

(3) « En ma qualité d'Américain, je ne puis que

---

(1) Ainsi que je l'ai déjà dit, le comte de Tressan, bien qu'il eût droit au titre de marquis, ne le porta jamais, l'abandonnant à son fils aîné.

(2) Franklin, de même que le comte de Tressan, faisait partie de l'Académie des Sciences.

(3) Copie de la lettre adressée au comte de Tressan par Franklin, la traduction donnée plus haut est du comte Jean de Bonardi :

Passy, 18 juillet 1777.

« Monsieur et très illustre confrère,
« As an American I cannot but feel myself extreamly obliged

vous être extrêmement reconnaissant de l'offre généreuse que vous nous faites en mettant l'épée de votre fils au service de notre cause.

« Je souhaiterais qu'il fût en mon pouvoir de lui assurer, au moment de son arrivée en Amérique, le rang et l'emploi auxquelss a bonne volonté, ses talents militaires et son expérience lui donnent un juste droit.

« Mais n'ayant aucune autorité pour faire de pareilles offres, je peux seulement lui donner (au cas où, après avoir mûrement délibéré, il se résoudrait à passer la mer) des lettres de recommandation pour le général et quelques autres amis ; je le recommanderais comme un gentilhomme de mérite et de caractère, ce qui lui assurera un bon accueil de leur part, mais

by your generous offer of the services of your son to our cause. I wish it was in my power to assure him the rank and employement on his arrival in America that his good will and his military talents and experience may justly untitle him to. But having no authority for such purposes I can only furnish him (in case he schould upon consideration resolve to pass thither) with letters of recommandation to the general and some other friends as a gentleman of merit and character, which may procure him their civilities but are by no means to be dependet on as giving a certainty of place in our armies, and knowing as I do that there are a number of foreign officers now there offering theire service and for whom employ suitable with theire rank cannot be found ower armies beeing fully officerd I can by no means advise a friend to undertahe so long and hazardous a voyage on such an incertainty.

« With great respect I have the honour to be, Sir, your most obedient and most humble servant.

« B. FRANKLIN. »

ce qui ne pourrait en aucune façon lui donner la certitude d'obtenir une place dans nos armées.

« Connaissant comme je connais le nombre d'officiers étrangers nous offrant actuellement leurs services et pour lesquels on ne peut trouver un grade conforme à leur rang, nos cadres d'officiers étant au grand complet, je ne pourrais en aucune façon conseiller à un ami d'entreprendre avec tant d'incertitude un aussi long et aussi hasardeux voyage.

« J'ai l'honneur d'être, avec le plus grand respect, Monsieur,

« Votre très humble et très obéissant serviteur,

« B. Franklin. »

Le marquis de Tressan ne renonça pas à son projet; mais le bâtiment sur lequel il s'était embarqué, vaisseau commandé par le comte de Kerquelen, fut attaqué et pris par les Anglais, et le marquis, le commandant et l'équipage furent conduits et internés en Irlande.

Les relations que le comte de Tressan s'était créées, alors qu'il était gouverneur de Boulogne, en faisant les honneurs de son commandement à tous les Anglais de marque faits prisonniers, ainsi qu'aux partisans du prince Édouard qui repassaient à Boulogne après leur défaite, lui furent d'un grand secours en cette circonstance. Lord Richmond Lennox s'employa activement à la mise en liberté de son fils, ainsi que le témoigne la lettre suivante :

A Londres, le 23 d'octobre 1781.

« Monsieur (1),

« J'ai reçu la lettre que vous m'avez fait l'honneur de m'écrire le 18 de septembre, et j'ai de suite écrit, comme vous me le demandiez, au comte de Sandwich, au sujet de votre fils aîné, M. le marquis de Tressan, qui a été pris et conduit en Irlande, et j'ai le plaisir de vous dire que j'apprends, par la réponse du comte de Sandwich, qu'il avait envoyé l'ordre que Monsieur votre fils fût mis en liberté et qu'il lui fût permis de retourner en France sans délai.

« Il me marque aussi qu'il a donné l'ordre que M. le comte de Kerquelen et son équipage fussent traités comme prisonniers de guerre, et que M. de Kerquelen fût envoyé en France à la première occasion.

« Je suis charmé, Monsieur, en toute occasion, de me rappeler à votre souvenir; j'aurais souhaité une plus agréable que celle-ci.

« J'ai l'honneur d'être, avec une considération distinguée, Monsieur,

« Votre très humble et très obéissant serviteur,
« RICHMOND LENNOX. »

Cassini, toujours serviable, voyant les inquiétudes de son ami de Tressan, conseilla à ce dernier d'adresser un mémoire à Monsieur et s'offrit comme intermédiaire :

---

(1) J'ai en ma possession l'autographe de cette lettre, qui est écrite en français.

« J'ai pensé, mon cher et illustre confrère, qu'il conviendrait de présenter votre ouvrage à Monsieur et à M. le comte d'Artois ; il suffirait, pour éviter la dépense, qu'il fût relié en veau, à tranche dorée. Quand on ne le regarderait que comme les rêveries d'un militaire qui s'est toujours occupé de la littérature et des sciences, vous donneriez un exemple à tous les militaires qui embrasseraient la même carrière, et vous conviendrez qu'ils en ont besoin : et hier, en grande compagnie, on me dit qu'on ne vous croyait pas capable d'un aussi bon ouvrage, parce qu'on ne vous croyait qu'un esprit superficiel. Occupez-vous aussi d'un mémoire pour exposer votre situation et celle de l'abbé et du chevalier.

« Adieu, mon cher confrère ; aimez-moi toujours autant que je vous aime.

« Cassini de Thury. »

« Le prince, mon cher confrère, m'a envoyé chercher cette nuit ; j'étais couché, je me suis levé ; il avait lu votre lettre et m'a fait la réponse que j'avais prévue :

« Je ne connais point le livre, l'avez-vous ? Je laisse liberté à tout le monde de penser comme il veut, mais non d'écrire. Il faut être conséquent : s'il est question de la nouvelle philosophie, que je puis croire bonne, mais qui attaque les principes de la religion telle que les prêtres la soutiennent, je ne puis me déclarer le protecteur de M. de Tressan ; mais s'il n'est point question de la religion, je ferai ce que vous voudrez ; mais faites-moi connaître son livre.

« Ainsi, mon cher ami, tâchez promptement de me

le procuror ; Milly va vendredi chez vous, remettez-le-lui, le prince l'aura tout de suite.

« Adieu ; j'ai vu hier votre fils, il est charmant ; tâchez que Madame sa mère ne le tracasse pas toujours. On peut ne pas aimer ses enfants, mais il ne faut pas leur dire des choses désagréables ; pour moi, j'en ai été enchanté les trois jours gras.

« CASSINI DE THURY. »

Le chevalier de Tressan, que l'on se plaisait à surnommer Freluche) ne fut qu'un homme d'esprit plus ou moins rimeur, tenant beaucoup de son père ; il avait toujours la saillie et le madrigal sur les lèvres. Le comte, qui avait été son maître, s'était attaché à lui donner, ainsi qu'à ses frères, une excellente instruction. Son éducation s'était achevée dans la société de Voltaire, de Mme du Châtelet, de Montesquieu et de Saint-Lambert.

La comtesse de Tressan avait été fort belle, mais était restée Anglaise malgré les longues années qu'elle avait passées en France ; de caractère froid et compassé, elle ne pouvait comprendre l'esprit primesautier et frivole de son fils, de là la mal entente qui existait entre eux.

Freluche obtint le brevet de capitaine d'infanterie par la protection de Monsieur, et, quelque temps après, fut nommé exempt (1) aux gardes du corps de

---

(1) En sortant des pages trois partis se présentaient au jeune homme qui voulait poursuivre la carrière militaire : acheter une compagnie, un guidon de gendarmerie, ou obtenir un bâton

la Reine. Ayant échappé au massacre du 10 août, il se rendit à Londres, puis, par point d'honneur, alla rejoindre les gardes du corps à Coblentz. Après la révolution, il se fixa en Italie où il mourut.

La même influence fit nommer l'abbé de Tressan grand vicaire de Rouen. En 1791, il suivit l'exemple de la plus grande partie de la noblesse qui avait émigré ; il profita des loisirs que lui donnait sa situation pour visiter les principales villes d'Allemagne avec un de ses amis, Mylord Folkestone. C'est ainsi qu'il se trouvait auprès du Roi, à Mittaw, lorsque Sa Majesté vint au-devant de sa nièce, Madame Royale (Marie-Thérèse-Charlotte), et voici en quels termes il raconte l'arrivée de cette princesse dans cette ville et sa réunion avec les restes de sa famille, échappés à la révolution, dans une lettre écrite au comte d'Hézèques :

Mittaw, 7 juin 1799.

(1) « Je suis arrivé ici, Monsieur, il y a quelques

---

d'exempt des gardes du corps. Une compagnie vous éloignait généralement de la Cour, on y était vite oublié et on risquait de croupir dans un régiment. Le bâton d'exempt ne s'achetait pas, mais était laissé à la disposition absolue des capitaines des gardes, et le bon vouloir du Roi venait se heurter souvent contre le droit qu'il leur avait attribué. Ainsi en arriva-t-il pour M. de Lujeac, que le Roi avait aimé plus que personne, qu'il aime encore beaucoup et qui n'a pu avoir un bâton d'exempt qu'après être resté quatre ans capitaine de dragons.   (Marquis de Lordat, *un page de Louis XV.*)

(1) L'original de cette lettre n'est pas en la possession de l'auteur de cet ouvrage, elle est extraite des *Souvenirs d'un page de la cour de Louis XVI*, par le comte de France d'Hézecques, librairie Didier et Cie, 1873.

jours, avec Mylord Folkestone; et, malgré le peu de temps qui nous reste pour compléter notre voyage, nous n'avons pu résister au désir d'être les témoins de l'arrivée de Marie-Thérèse de France; les bontés du Roi nous autorisent même à rester jusqu'après le jour où elle épousera M. le duc d'Angoulême.

« Il nous serait impossible de vous peindre tous les sentiments qui nous animent; mais puisque tous les détails qui tiennent à cet ange consolateur intéressent la religion, l'honneur et la sensibilité de toutes les âmes honnêtes, nous allons recueillir nos souvenirs et nos pensées pour que vous puissiez leur donner quelque ordre. Nous vous prions, Mylord et moi, de citer de cette lettre tout ce que vous croirez capable d'inspirer les sentiments que nous éprouvons.

« Vous vous rappelez l'événement dirigé par le ciel qui vint adoucir les larmes que l'héritier de saint Louis, de Louis XII, de Henri IV, répandait sur les malheurs de la France et sur ceux de sa famille. Quelque sérénité ne reparut sur son front qu'au moment où il apprit que Madame se rendait à Vienne. Son cœur soupira plus librement lorsqu'il la sut dans cet asile, et aidé, comme il se plaît à le répéter, d'un ami fidèle qui ne me pardonnerait pas de le nommer, il réunit tous ses soins et ses efforts pour obéir aux vues de la Providence qui lui confiait le soin de veiller au sort de l'auguste et malheureuse fille de Louis XVI.

« Le Roi ne resta donc pas un seul moment incertain sur le choix de l'époux qu'il désirait voir accepter par Madame. Jamais son cœur paternel et français ne put soutenir l'idée de la voir séparée de la France par une alliance étrangère, quelque nécessaire qu'elle parût être pour lui donner un appui et pour la sauver du dénûment qui la menace encore. Après s'être assuré de l'approbation de Madame, le Roi borna tous ses soins à obtenir qu'elle voulût s'unir aux larmes, aux espérances, au sort de l'héritier du nom. Les vœux du Roi sont exaucés, Madame est dans ses bras ; c'est là qu'elle réclame ses droits à l'amour des Français ; c'est là qu'elle forme des vœux ardents pour leur bonheur ; car, de ses longs et terribles malheurs, il ne lui reste que l'extrême besoin de voir des heureux.

« Dès que le Roi eut levé tous les obstacles, il instruisit la Reine qu'il allait unir bientôt ses enfants adoptifs, et lui demanda de venir l'aider à les rendre plus heureux. La Reine accourut ; elle est à Mittaw depuis le 4 de ce mois. Elle voit tous les regards satisfaits de sa présence, et les vœux qu'elle entend former pour son bonheur lui prouvent combien les Français qui l'entourent ont de dévouement et d'amour pour leurs maîtres.

« Le lendemain du retour de la Reine, le Roi se mit en voiture pour aller au-devant de Madame. Une route longue et pénible n'avait point altéré ses forces, elle ne souffrait que du retard qui la tenait encore séparée du Roi. Aussitôt que les voitures furent un peu rapprochées, Madame commanda d'arrêter. Elle descendit rapidement : on voulut essayer de la soutenir ; mais s'échappant avec une merveilleuse légèreté, elle courut à travers des tourbillons de poussière vers le Roi qui, les bras étendus, accourait pour la serrer contre son cœur. Les forces du Roi ne purent suffire pour l'empêcher de se jeter à ses pieds ; il se précipita pour la relever ; on l'entendit s'écrier : « Je vous revois enfin, je suis heureuse, voilà votre enfant, veillez sur moi, soyez mon père ! »

« Ah ! Français, que n'étiez-vous là pour voir pleurer votre Roi ! vous auriez senti que celui qui verse de pareilles larmes ne peut être l'ennemi de personne ; vous auriez senti que vos regrets, vos repentirs, votre amour pouvaient seuls ajouter au bonheur qu'il éprouvait.

« Le Roi, sans proférer une parole, serre Madame contre son sein et lui présente le duc d'Angoulême. Ce jeune prince, retenu par le respect, ne put s'exprimer que par des larmes qu'il laissa tomber sur la main de sa cousine, en la pressant contre ses lèvres.

« On se remit en voiture, et bientôt Madame arriva. Aussitôt que le Roi vit ceux de ses serviteurs qui volaient au-devant de lui, il s'écria, rayonnant de bonheur : « la voilà !... » ; ensuite il la conduisit auprès de la Reine. A l'instant, le château retentit de cris de joie ; on se précipitait ; il n'existait plus de consigne, plus de séparation ; il ne semblait plus y avoir qu'un sanctuaire où tous les cœurs allaient se réunir. Les regards avides restaient fixés sur l'appartement de la Reine. Ce ne fut qu'après que Madame eut présenté ses hommages à Sa Majesté, que, conduite par le Roi, elle vint se montrer à nos yeux trop inondés de larmes pour conserver la puissance de distinguer ses traits.

« Le premier mouvement du Roi, en apercevant la foule de ceux qui l'environnaient, fut de conduire

Madame auprès de l'homme inspiré (1) qui a dit à Louis XVI : « Fils de saint Louis, montez au ciel ! » Ce fut à lui le premier qu'il présenta Madame. Des larmes coulèrent de tous les yeux ; le silence fut universel. A ce pieux et premier mouvement de la reconnaissance, un second mouvement succéda. Le roi conduisit Madame au milieu de ses gardes : « Voilà, dit-il, les fidèles gardes de ceux que nous pleurons ; leur âge, leurs blessures et leurs larmes vous disent tout ce que je voudrais exprimer. » Il se retourne ensuite vers nous en disant : « Enfin, elle est à nous, nous ne la quitterons plus, nous ne sommes plus étrangers au bonheur. » N'attendez pas, Monsieur, que je vous répète nos vœux, nos pensées, nos questions ; suppléez à tout le désordre de nos sentiments. Madame rentre dans son appartement pour s'acquitter d'un devoir aussi cher que juste, celui d'exprimer sa vive reconnaissance pour S. M. l'empereur de Russie. Dès les premiers pas qu'elle avait faits dans son empire, elle avait reçu les preuves les plus nobles et les plus empressées de son intérêt, et le cœur de Madame avait senti tout ce qu'elle devait à ce souverain auguste et généreux, auquel le ciel a donné la puissance et la volonté de secourir les rois malheureux. Après avoir rempli ce devoir, Madame demanda M. l'abbé Edgeworth. Dès qu'elle fut seule avec ce dernier, consolateur de Louis XVI, ses larmes ruisselèrent, les mouvements de son cœur furent si vifs

---

(1) M. l'abbé Edgeworth, prêtre non assermenté, qui assista le Roi martyr dans ses derniers moments.   (*Note de l'auteur*).

qu'elle fut prête à s'évanouir. M. Edgeworth, effrayé, voulut appeler. « Ah ! laissez-moi pleurer devant vous, lui dit Madame ; ces larmes et votre présence me soulagent. » Elle n'avait alors pour témoins que le ciel et celui qu'elle regardait comme son interprète. Cependant pas une plainte n'échappa de son cœur. M. Edgeworth n'a vu que des larmes ; c'est de lui-même que je tiens ce récit. Il m'a permis de le citer ; il sent que toute modestie personnelle doit céder à la nécessité de faire connaître cette âme pure et céleste.

« La famille royale dîna dans son intérieur ; et ce fut vers les cinq heures du soir que nous eûmes l'honneur d'être présentés à Madame. Ce fut alors seulement que nous pûmes considérer l'ensemble de ses traits. Il semble que le ciel a voulu joindre à la fraîcheur, à la grâce, à la beauté, un caractère sacré qui nous la rende plus chère et plus vénérable aux Français. On retrouve sur sa physionomie les traits de Louis XVI, de Marie-Antoinette et de Madame Elisabeth. Ces ressemblances augustes sont si grandes que nous sentions le besoin d'invoquer ceux qu'elles rappellent. Ce souvenir et la présence de Madame semblent unir le ciel à la terre ; et certainement toutes les fois qu'elle voudra parler en leur nom, son âme douce et généreuse forcera tous les sentiments à se modeler sur les siens.

« Français, voilà celle que vous pouvez rendre encore heureuse, en reprenant vos anciennes vertus et votre amour pour vos rois. Voilà celle qui demande à rentrer parmi vous pour y être, auprès du Roi son oncle, l'exécutrice du testament de Louis XVI, sur lequel leurs cœurs sont si bien d'accord, le pardon des injures. Elle vient le cœur rempli de sentiments tendres et religieux, vous aimer, vous consoler de vos longs malheurs. Elle vient parée de son innocence, de sa jeunesse et de ses ressemblances... Elle vient, environnée du tribut de vœux que croit lui devoir tout ce qui est honnête, loyal, sensible et fidèle sur la terre. Elle vient comme l'ange de paix désarmer toutes les vengeances et faire cesser les fureurs de la guerre. Que vos cœurs la rappellent, et vous verrez vos ports se rouvrir, votre commerce renaître ; on n'arrachera plus vos enfants de vos bras pour les conduire à la mort ; vous retrouverez le bonheur, le repos et l'estime de l'univers.

« Mais je m'aperçois, Monsieur, que j'entreprends sur votre rôle. Je finis ici, bien sûr que vous me saurez gré d'avoir cherché à vous faire partager ma jouissance.

« J'ai l'honneur, etc. « L'abbé DE TRESSAN. »

Lettre de S. M. Louis XVIII à l'abbé de Tressan, au sujet de la lettre précédente, qui avait paru dans le *Spectateur du Nord* (1) :

A Mittaw, le 6 septembre 1799.

« J'ai attendu, Monsieur, une occasion sûre, et j'en profite avec empressement pour vous exprimer tout le plaisir que m'a fait votre lettre au *Spectateur du Nord*.

(1) Cette lettre du Roi Louis XVIII, ainsi que la réponse de l'abbé de Tressan, sont inédites et font partie de la collection d'autographes de l'auteur.

Votre récit simple et touchant m'a rendu spectateur d'acteur que j'étais dans cette scène, si bien décrite par la plume dont vous avez hérité de Monsieur votre père. Mais c'est, à mon avis, le moindre mérite de votre ouvrage ; il ajoutera, s'il est possible, à l'intérêt qu'inspirent les vertus, les malheurs et les grâces de ma nièce. Moi-même je ne puis qu'y gagner ; les bons Français partageront, en vous lisant, le premier bonheur que j'éprouve après tant d'afflictions, et ceux qui ont prêté l'oreille aux calomnies que les tyrans de la France ne cessent de répandre contre moi, ne pourront au moins s'empêcher de s'écrier : Il sait pourtant aimer ! Ainsi, ne croyant que satisfaire aux besoins de votre cœur, ne vous attendant qu'à émouvoir les âmes sensibles et à plaire à tous ceux qui ont du goût, vous aurez servi l'État ; et si, dans l'autre vie, on éprouve des sentiments qui ont quelque analogie avec ceux qui nous animent ici-bas, tous les La Vergne qui versèrent jadis leur sang pour la cause et sous les yeux d'Henri IV, jouiront de voir leur petit-neveu, dont l'état lui défend de les imiter, employer du moins d'autres armes au même but avec un succès non moins efficace.

« Soyez persuadé, Monsieur, de tous mes sentiments pour vous. « Signé : Louis. »

Réponse de l'abbé de Tressan au Roi :

« Sire,

« Dans l'instant où la plus criminelle ingratitude, armée contre l'autel et le trône, la reconnaissance et la fidélité nous dépouillaient de nos biens et de nos titres, l'espérance de pouvoir nous rendre utiles à nos maîtres nous a fait fuir, mon frère, moi et tout ce qui porte notre nom, une terre où nous ne trouvions plus que des assassins. Ne pouvant emporter tous les titres de nos pères, nous avons préféré ceux qui nous étaient les plus chers :

« Une lettre du sage roi Charles cinquième, plusieurs lettres de Henri IV, et les lettres dont l'auguste père de Votre Majesté a honoré le comte de Tressan ; voilà les richesses dont nous n'avons jamais voulu nous séparer et que nous avons emportées pour être la noble et sûre garantie de nos sentiments d'amour et de fidélité pour nos rois. Je vais unir à ces monuments glorieux la lettre pleine d'indulgence et de bonté par laquelle Votre Majesté vient de récompenser mon zèle et mes vœux.

« Toute expression serait trop faible pour peindre ma reconnaissance, et je ne peux que verser des larmes d'amour en relisant mille fois ces paroles si touchantes de Votre Majesté : « Ceux qui ont prêté l'oreille aux « calomnies que les tyrans de la France ne cessent de « répandre contre moi, ne pourront s'empêcher de « s'écrier : Il sait pourtant aimer. »

« Permettez, Sire, à l'un de vos plus fidèles sujets de dire en admirant ce mouvement sublime de votre cœur : Les malheurs de mon roi sont l'ouvrage du crime. La vertu reprendra son empire et les effacera tous ; la certitude qu'elle renaîtra console les bons qui l'adorent, et ceux-là mêmes qui l'outragent le plus reconnaissent en frémissant son éternelle nécessité.

Sire, que Votre Majesté, en éprouvant aussi vivement le besoin d'aimer et d'être aimé, goûte aussi quelque bonheur en pensant que, d'après les ordres du ciel, tout ce qui est vertueux, sensible et fidèle sur la terre lui doit son amour et ses vœux.

« La majesté royale m'impose la loi de ne parler que de mon obéissance et des prières que j'adresse au ciel pour le bonheur de mon Roi. Je cède à ce devoir, et j'ai l'honneur d'être, avec le plus profond respect,

« Sire,
« de Votre Majesté,
« le très obéissant, très respectueux et très fidèle sujet,
« L'abbé DE TRESSAN. »

L'abbé de Tressan (1) rentra en France après le 18 brumaire et s'occupa de littérature. Il mourut en 1809. On a de lui : *La Mythologie comparée à l'Histoire*, une traduction des *Sermons de Blair* et un roman chevaleresque, *Le Chevalier Robert*. Je possède en outre sa correspondance avec la célèbre Mme Cottin.

---

(1) Le comte de Tressan a fait de son fils le portrait suivant :

>   Monsieur l'abbé de Tressan
>   Est un grand compère,
>   Qui paraît vif et galant
>   Comme était son père.
>   Il fait tout avec esprit,
>   Il parle comme il écrit,
>   C'est un grand vicaire
>   Fait exprès pour plaire. (*Note de l'auteur.*)

CHAPITRE XVII.

L'Académie Française en 1780.

On sera probablement surpris de ne voir le comte de Tressan se mettre sur les rangs pour entrer à l'Académie française que plus que septuagénaire. Un lieutenant général des armées du Roi, membre de l'Académie des Sciences et de plusieurs autres compagnies savantes, homme de lettres ayant depuis nombre d'années fait des preuves suffisantes pour un homme de qualité, aurait pu avoir cette prétention plus tôt et la réaliser. On prétend qu'il n'a jamais osé du temps de Louis XV, qui n'avait pu lui pardonner ses couplets contre Mᵐᵉ de Châteauroux et la marquise de Pompadour; à plusieurs reprises, il s'était ressenti de la rancune de ce prince et craignait, s'il eût été nommé, de recevoir de Sa Majesté une exclusion formelle. Peut-être n'avait-il différé à se présenter à la docte assemblée, qui l'avait comme adopté dès 1747, que parce qu'étant éloigné de la capitale, il n'était pas à portée d'assister à ses séances.

Ce que l'on peut assurer, c'est qu'il regrettait de n'en point faire partie. Il semble d'ailleurs exprimer ce sentiment de regret lorsqu'il nous dit :

« J'adressais cette épître à Saint-Lambert un jour que j'étais à une de nos séances de l'Académie des

Sciences et qu'il assistait à celle de l'Académie française dont je n'étais pas encore :

> Calculer, lorgner une étoile,
> Lever un petit coin du voile
> Qui nous cache cet univers,
> J'aime ce docte radotage,
> Ami, mais bien souvent j'enrage
> De ne plus écouter tes vers.
> La fière et céleste Uranie
> Vaut moins que le brillant génie
> Qui t'éclaire et sait t'enflammer.
> Je sais qu'il est beau d'être utile,
> Chez nous on pétrit bien l'argile
> Mais chez vous on sait l'animer.

Si nous consultons les annales de l'Académie, nous voyons qu'en 1780 les quarante étaient :

Saint-Lambert — Millot — Watelet — le marquis d'Argenson — de Bissy — de Chastellux — de Bernis — Lefranc de Pompignan — Mgr Montazet — le duc de Nivernais — de Sainte-Pelay — de Bréquigny — F. Saint-Arnauld — l'abbé de Radonvilliers — de Coëtlosquet — Suard — de Boisgelin — Chabanon — Delisle — la Harpe — Gaillard — Marmontel — Loménie de Brienne — d'Alembert — Beauzée — Séguier — le cardinal de Rohan-Guéménée — le cardinal de Luynes — Condillac — le maréchal de Richelieu — Ducis — le duc de Duras — le prince de Beauvau — Thomas — Roquelaure — Buffon — Le Batteux — Malesherbes — Saurin — de Boismont.

Nous remarquons de suite la large place occupée dans cette assemblée par l'élément philosophique (pendant quelques années, en effet, la première des conditions pour être admis fut d'avoir collaboré à l'Encyclopédie).

La mort de l'abbé de Condillac (3 août 1780) laissait vacant le 29⁰ fauteuil dit d'Olivet. L'historique de ce fauteuil ayant été fait déjà, je me contenterai de rappeler qu'il fut successivement occupé par :

P. de Boissat. — 1662, Furetières. — 1688, La Chapelle. — 1723, d'Olivet. — 1768, l'abbé de Condillac. — 1780, le comte de Tressan. — 1784, Bailly. — 1795, Sicard. — 1822, Frayssinous. — 1842, duc d'Audiffret-Pasquier. — 1863, Dufaure. — 1881, Cherbuliez.

Les nombreux amis que M. de Tressan comptait à l'Académie l'engagèrent instamment à se présenter pour le remplacer. (Bailly, Lemière et Chamfort s'étaient déjà mis sur les rangs.)

Cédant à ces sollicitations, le comte se décida à faire les démarches d'usage.

Or, à cette époque, le duc de Nivernais avait une influence prépondérante à l'Académie, aussi sa voix était-elle toujours sollicitée en premier par les candidats aux sièges vacants.

Malheureusement les relations entre le duc et mon arrière-grand-oncle avaient été rompues quelques années auparavant à la suite d'une polémique, née, prétend-on, d'une rivalité d'auteur, l'un et l'autre s'étant trouvés traduire l'Arioste au même moment. Quel que fut le motif, la querelle se termina par une chanson assez violente de M. de Tressan ; le bruit en parvint aux oreilles du Roi qui disgracia son ancien compagnon d'enfance.

(1) « Tout cela était tombé dans l'oubli au moment de la mort de Condillac. Le comte de Tressan se mit sur les rangs pour occuper la place vacante à l'Académie. Il crut devoir faire sa visite réglementaire au duc de Nivernais. Celui-ci l'écouta tranquillement et le laissa achever l'énumération de tous ses titres au fauteuil académicien, puis il lui dit d'un grand sang-froid :

« Je vous félicite, Monsieur le Comte, de votre bonne santé, de vos nouvelles espérances et surtout de vos œuvres d'autrefois ; le duc accentua ce dernier mot de façon à troubler profondément son interlocuteur qui se retira croyant la partie perdue. Il se trompait ; le duc vota pour lui, ne voulant pas qu'on pût croire qu'un esprit de rancune l'empêchât de rendre justice aux mérites littéraires du candidat. »

Nous croyons intéressant de reproduire différentes réponses que le comte reçut à la suite des démarches qu'il avait tentées :

« Monsieur le comte,

« Vous vous jetez dans la mêlée comme un brave chevalier, mais je vous préviens que vous aurez à combattre les trente représentations de la *Veuve de Malabar* (2), et peut-être la brigue non moins formidable de M. de Chamfort.

« Il faut avoir, dans ces sortes d'affaires, la partie

---

(1) Mémoires du duc de Nivernais.
(2) Tragédie de Le Mierre.

à peu près arrangée, et il me semble que vous vous en êtes moins occupé que de l'Arioste et de Fanchon. Vous avez raison, car la gloire et le plaisir valent encore mieux que l'Académie. Au reste, vous connaissez nos vénérables statuts qui nous empêchent d'engager notre suffrage. Mais vous savez depuis longtemps combien le mien, s'il était quelque chose, est attaché à l'enchanteur véritable qui a ressuscité le preux Amadis et l'auteur charmant de jolies choses, et j'oserais dire au solitaire si aimable qui m'honore de tant de bontés. Je vous dirai pourtant, en confidence, que je suis un peu fâché que vous ayez mis *le dépôt du bon goût* entre les mains de M*me* de Beauharnais et de M. le chevalier de Cabrières ; peut-être trouvera-t-on que la galanterie française et même chevaleresque ne devait pas aller jusque-là et l'on ne vous croyait pas si disposé à gâter les femmes. Mais, après tout, il ne faut pas *prendre à la lettre* tout ce qui se dit dans une lettre ; j'en excepte cependant l'assurance du respectueux attachement qu'a voué à l'ermite de la vallée le plus humble de ses serviteurs.

« DE LA HARPE. »

Paris, 31 juillet.

« Vous ne devez pas douter de mes dispositions, Monsieur le Comte, elles n'ont pas varié ; mais il ne faut pas vous dissimuler que vous avez un concurrent redoutable dans l'auteur de *La Veuve du Malabar* ; trente représentations en imposent à ceux qu'entraîne *Popularis cura*. Il est vrai que la *Veuve* a eu la maladresse de se montrer de trop près.

Au reste, il est malheureusement probable que tout pourra se concilier ; nous sommes menacés de plusieurs pertes (1), et peu s'en est fallu que je ne vous aie désigné moi-même le fauteuil que vous ambitionnez.

« Je préfère l'autre manière de vous obliger, parce que je jouirai de votre satisfaction et que je vous aurai convaincu, Monsieur le Comte, de tous les sentiments avec lesquels j'ai l'honneur d'être très respectueusement,

Votre très humble et obéissant serviteur,
L'abbé DE BOISMONT (2).

Versailles, le 21 juillet.

Vous me parlez, Monsieur, de la place qui est vacante à l'Académie et vous me demandez mon suffrage. Que puis-je vous répondre ? Rien, ce me semble ; car vous n'ignorez pas que les règlements et statuts de l'Académie me ferment la bouche et m'imposent silence ; tout ce que je puis donc vous dire, c'est que personne ne rend un hommage plus sincère à vos talents littéraires et ne désire plus que moi de les voir couronnés. Tenez-moi compte de ma réserve,

---

(1) L'abbé Batteux et le maréchal de Richelieu étaient assez gravement malades à cette époque.

(2) L'abbé de Boismont, prédicateur du Roi, fut admis à l'Académie française en 1755. Le sermon qui lui fit le plus d'honneur est celui qu'il prononça en 1782, dans une assemblée de charité, pour favoriser l'établissement d'un hospice ; la quête faite à la suite de ce discours rapporta 150,000 livres. Il a prononcé les oraisons funèbres du Dauphin, de la Reine Marie Leczinska, de Louis XV et de Marie-Thérèse.

je vous prie ; mais soyez bien persuadé que je ne la connais point lorsqu'il est question de vous assurer du respectueux attachement avec lequel j'ai l'honneur d'être, Monsieur, votre très humble et très obéissant serviteur,

L'Évêque de Senlis.

A M. le comte de Tressan, à Franconville, route de Poitiers.

« Monsieur le Comte,

« En vérité, je vous admire avec étonnement : quelle gaieté malgré vos maux cruels ! quelle fécondité malgré la faiblesse des organes ! Il faut que votre âme soit indépendante de votre corps. Je ne doute pas que votre nouvelle production n'égale les précédentes ; la manière même dont vous m'en parlez me le fait présumer, car vous vous flattez peu et je ne pardonne pas à vos amis qui connaissent tout votre mérite de ne le pas couronner.

« Je ne puis néanmoins vous dissimuler, Monsieur le Comte, que cette dernière fois cela a été votre faute ; vous auriez eu la place si vous ne vous étiez pas retiré.

« On m'écrit aujourd'hui que M. le maréchal de Richelieu est bien mal. Si vous ne succédez pas à son bâton, prenez au moins sa place à l'Académie. Demandez hardiment, et je ne crois pas que qui que ce soit ose vous refuser son suffrage.

« Je compte être de retour à Paris dans le commencement de mars ; cette malheureuse goutte aura peut-être épuisé sa fureur ; je gémis de vous savoir souffrant.

« Recevez mes vœux les plus sincères pour votre prompt et entier rétablissement, ainsi que les assurances du très ancien et très respectueux attachement avec lequel j'ai l'honneur d'être, Monsieur le Comte,

« Votre très humble et très obéissant serviteur,

« BUFFON. »

Montbard, 1780.

Paris, ce 20 juillet 1780.

« J'ai trouvé, Monsieur le Comte, à mon retour de la campagne, la lettre que vous m'avez fait l'honneur de m'écrire. Je connais dès longtemps tous les titres que vous avez à la place que vous demandez. Nos règles ne me permettent pas de vous dire combien je serai flatté de faire tout ce qui peut vous être agréable, mais rien ne m'empêche de vous dire que personne au monde ne lit avec plus de plaisir et n'attend avec plus d'empressement ces écrits pleins d'éloquence, de fraîcheur et d'imagination par lesquels vous savez charmer les années et la goutte, et qui nous font regretter qu'un talent si aimable et si rare ait été si longtemps perdu pour les lettres et pour nos plaisirs.

« J'ai l'honneur d'être, avec un respectueux attachement, Monsieur le Comte,

« Votre très humble et très obéissant serviteur,

« SUARD (1). »

---

(1) Suard faisait partie de l'Académie depuis 1772 ; il fut nommé censeur en 1774. Beaumarchais eut fort à se plaindre de lui.

Venu à Paris en 1750, il prit part à la rédaction d'un journal anglais qui s'imprimait à Paris, traduisit Robertson (*l'histoire*

« Recevez mes remerciements de la marque de souvenir et de bonté que vous voulez bien donner à ma femme, qui est à la campagne fort loin d'ici, et qui certainement y sera fort sensible. »

Ces lettres des membres les plus influents de l'Académie française semblent témoigner du grand intérêt qu'ils prenaient à l'élection du comte de Tressan. Bachaumont, dans ses mémoires, est plus à même que qui que ce soit de nous donner des détails intéressants sur l'élection en question.

11 août 1780.

« Il est fort heureux pour M. Le Mierre qu'il soit venu à vaquer une seconde place à l'Académie française, car, malgré les promesses qu'il avait reçues de M. d'Alembert, il était décidé qu'il ne remplacerait pas l'abbé Batteux; on était convenu dans le comité de nommer le comte de Tressan qui, plus que septuagénaire, n'avait pas le temps d'attendre; il n'est pas même sûr aujourd'hui que M. Le Mierre ait la place de l'abbé de Condillac; M. de Chamfort la lui dispute, et comme ce dernier a beaucoup d'intrigue et de manège, qu'il a eu l'honneur d'appartenir au prince de Condé et que Mme la duchesse de Bourbon le porte, ce concurrent n'est pas sans espérance et fait trembler les amis du premier qu'on s'est trop accoutumé à refuser. »

d'Amérique); Il a publié également des traductions des voyages de Cook, ainsi que les lettres de l'anonyme de Vaugirard, sur Gluck et Piccini.

1er décembre 1780.

« Il passe pour constant que l'élection des deux nouveaux académiciens a dû avoir lieu hier, et que c'est le comte de Tressan et M. Le Mierre qui ont été les heureux. »

2 décembre 1780.

« C'est M. Le Mierre qui a été élu le premier jeudi à la place de l'abbé Batteux, et M. le comte de Tressan, le second, à la place de l'abbé de Condillac. M. de Chamfort, malgré toutes ses intrigues, a été exclu cette fois, mais a de grandes prétentions pour la première vacance. »

D'où grande indignation de Chamfort (qui d'ailleurs n'avait obtenu que sept ou huit voix); il crut devoir exprimer son désappointement dans ce quatrain que tout le monde s'accorda à trouver fort injuste :

> Honneur à la double cédule (1)
> Du Sénat dont l'auguste voix
> Couronne par un digne choix
> Et le vice et le ridicule !

A quoi M. de Tressan, dont l'âge n'avait point épuisé la verve, riposta : « Pourquoi M. de Chamfort s'en plaindrait-il ? Il aurait deux voix de plus ! »

Mais reprenons le journal de Bachaumont :

(1) *L'armée à l'Académie*, par M. le capitaine d'état-major C. de la Jonquière.

11 décembre 1780.

« Comme beaucoup de gens se récrient contre la nomination du comte de Tressan à des places vacantes de l'Académie française, ses partisans rassemblent ses titres littéraires et en font l'énumération :

« D'abord les *Réflexions sommaires sur l'esprit*, ouvrage fait pour l'éducation des enfants auxquels il est adressé ; les *Discours académiques*, l'*Éloge de Maupertuis*, le *Portrait historique du roi de Pologne*. . . .

. . . .

« Enfin, on cite les extraits dont il a enrichi la bibliothèque des romans : *Tristan de Léonois, Ursino le Navarin*, le *Petit Jehan de Saintré* et la traduction libre de l'*Amadis* de Gaule, l'extrait de l'*Orlando inamorato* et la traduction élégante qu'il vient de publier de quarante-six chants de l'Arioste. Du reste, M. le comte de Tressan est, depuis 1750, des Académies royales des sciences de Paris, de Londres, de Berlin et d'Édimbourg : il avait dû cette distinction à un mémoire ingénieux et profond sur l'*Électricité considérée comme agent universel*, composé en 1749. »

Les nombreuses marques d'intérêt que le nouvel académicien reçut à la suite de son élection l'auraient consolé de ces attaques en admettant qu'il s'en fût attristé.

Ce 1er décembre 1780.

« J'apprends dans l'instant votre nomination, Monsieur et cher confrère, je m'empresse de vous en témoigner ma satisfaction et la part que j'y prends.

J'en fais mon compliment à vous et à l'Académie dont le choix, pour cette fois, recevra la sanction et l'approbation du public.

A quand votre réception ? J'espère que vous nous le ferez savoir ; je vous préviens même que Mme de Cassini se flatte d'un billet de votre part pour aller vous entendre ; elle n'a jamais assisté à une séance de l'Académie française. Dans toute autre occasion, elle y aurait été amenée par la curiosité ; dans celle-ci, elle y sera conduite par l'intérêt. Nous arrivons de la campagne, et apprenons la publication de votre Arioste ; je ne vous en dirai rien, ne l'ayant pas encore lu, mais je ne doute pas du succès qu'une pareille traduction doit avoir.

« Permettez-moi d'adresser mon compliment à Mme la comtesse de Tressan qui certainement, dans cette occasion, partage bien votre satisfaction. J'y joins mes respectueux hommages et l'assurance des sentiments distingués avec lesquels j'ai l'honneur d'être, Monsieur et cher confrère,

« Votre très humble et très obéissant serviteur.

« Le comte DE CASSINI. »

Désireux d'être agréable à son ami Cassini, M. de Tressan écrivit à Delille (1), alors directeur de l'Académie, pour lui demander des billets pour le jour de

---

(1) Delille, traducteur des *Géorgiques* et de l'*Énéide*, auteur des *Jardins* et du *Paradis perdu*, fut reçu à l'Académie en 1774. Il porta quelque temps le titre d'abbé, parce qu'il possédait l'abbaye de Saint-Séverin, mais il n'était pas pour cela engagé dans les ordres et put se marier sans violer ses vœux.

sa réception qui avait été fixée au 25 janvier 1781. Voici la réponse qu'il reçut :

« Monsieur le Comte,

« Je me croirais très heureux de vous être bon à quelque chose, mais je n'ai moi-même que huit billets et je n'en ai pu procurer à des amis de vingt ans. Je ferai savoir à M. de la Harpe ce que vous me mandez pour lui. Du reste, je n'ai pas le moindre crédit à l'Académie pour les billets et les places. C'est d'Alembert qui dispose de tout, et mon ancienneté et ma place de directeur et notre liaison n'ont pu le fléchir en faveur de quelques-uns de mes amis. Je pars pour la campagne ; à mon retour, j'aurai certainement l'honneur de voir Mme de Maupeou. Je recevrai et lirai avec bien du plaisir votre discours ; notre métier, dans cette affaire, est d'être un peu ennuyeux ; vous savez assez mal le vôtre, mais je ferai pour deux.

« Votre nomination m'a bien fait quelques tracasseries, comme je l'avais prévu, et mon suffrage m'a plus coûté qu'il ne vous a valu, mais enfin j'ai l'honneur d'être votre confrère et celui de vous présenter à l'Académie, je suis consolé.

« Daignez recevoir l'assurance du respectueux dévouement avec lequel je suis,

« Monsieur le Comte,

« Votre très humble et très obéissant serviteur,

« DELILLE. »

Voici une lettre bien amusante de Florian, chargé par Buffon de donner des conseils au nouvel académicien, à propos de son discours de réception :

Semur-en-Auxois, 29 décembre 1780.

« J'arrive de Montbard, Monsieur le Comte, où nous avons été passer deux jours, Monsieur, Madame de Guéneau (1), Madame de Florian et moi, et j'y ai porté, comme vous croyez bien, comme un passeport qui m'assurait d'une bonne réception, la lettre dont il vous a plu de m'honorer. Le plaisir qu'elle m'avait fait en m'assurant de votre souvenir et même de votre amitié, quelque grand qu'il fût, a été encore augmenté par celui que j'ai fait éprouver au sage de Montbard (2) et à M. et Mme Guéneau ; tous m'ont chargé de vous remercier de tout ce que contient pour eux d'obligeant cette lettre, laquelle les a privés d'une réponse, a engagé M. de Buffon à me charger de vous faire part d'une réflexion que lui a fait naître l'endroit dans lequel vous paraissez fâché de la nécessité, dans laquelle vous croyez être, de louanger un subtil métaphysicien, et je crois ce que ce sage m'engage de vous écrire : Mandez à M. de Tressan de ma part, m'a-t-il dit, que ce n'est pas à lui à faire l'éloge de M. l'abbé de Condillac, qu'il remplace ; que c'est l'affaire du répondant (3), parce qu'il est sensé mieux connaître le mérite du défunt, que celui qui peut le remplacer

---

(1) Guéneau de Montbeillard, né en 1720, à Semur-en-Auxois. Buffon l'associa à ses travaux et lui confia la description des oiseaux dans son *Histoire naturelle*, il s'en acquitta avec un tel talent de style que l'on fut longtemps à reconnaître dans ses articles une main étrangère. C'est à la même famille qu'appartenait Guéneau de Mussy, qui fut longtemps conseiller de l'Université.

(2) Buffon.

(3) Le directeur de l'Académie répondant au récipiendaire.

sans l'avoir connu. M. de Tressan n'est obligé que d'en dire un mot en passant. M. de Buffon s'est donné lui-même comme exemple : Je remplaçais, me dit-il, l'archevêque de Sens ; je me gardai bien de faire l'éloge de sa vie, je ne dis de lui qu'une simple phrase. Que M. de Tressan prenne la peine de lire mon discours, il verra comment je me tirai d'affaire dans une circonstance semblable à celle dans laquelle il se trouve. Il est vrai, a-t-il ajouté, que l'assistance se trouva blessée du peu d'éloges que j'avais donné à mon prédécesseur, et l'un de ses amis s'efforça de vouloir m'apprendre à louer un homme tel qu'était M. l'archevêque de Sens : il fit un beau discours, dans lequel il apprenait à l'univers quelle était la famille de M. de Sens, le pays où il était né, le jour de sa naissance, le lieu où il avait fait ses premières études, choses très intéressantes et qui cependant intéressèrent si peu, que le public se moqua pleinement et du discours et du discoureur. Soulagez donc, m'a-t-il dit, M. de Tressan de l'éloge de son prédécesseur, ce sera lui rendre un bon office.

« Voilà, Monsieur le Comte, si ce n'est dans les mêmes termes, du moins le vrai sens de ce que j'ai été chargé de vous mander. Ma commission remplie, je reviens à vous pour vous remercier de ce que vous avez daigné partager la douleur que me causera toute ma vie la perte de M. de Voltaire ; tous ceux qui le regrettent me sont chers, vous me l'étiez depuis longtemps, vous m'êtes plus cher encore.

« Adieu, Monsieur le Comte ; recevez mes vœux à ce renouvellement d'année, et puisque les expressions dont vous daignez vous servir avec moi semblent m'y autoriser, permettez que, quelqu'éloigné que je sois de son style, de finir ma lettre comme Cicéron finissait les siennes, en vous disant simplement : *Vale et me ama*, sans que cette familiarité même prenne rien sur l'attachement et le respect que je vous dois si bien.

« Florian. »

Le comte de Tressan fut reçu le 25 janvier 1781. Voici en quels termes Bachaumont raconte cette cérémonie :

26 janvier 1781.

« L'assemblée publique de l'Académie française pour la réception de M. Lemierre et le comte de Tressan a eu lieu hier avec une affluence de femmes plus considérable encore que ce qu'on avait vu ; l'empressement n'a pas été moins grand de s'y rendre de bonne heure, et Mme la duchesse de Chartres s'y est trouvée en place à deux heures et demie. Les académiciens, au coin du feu dans leur salle d'assemblée, ont laissé Son Altesse se morfondre impitoyablement ; au surplus, elle ne semblait pas s'ennuyer. Des virtuoses, plus zélés encore que les autres, malgré leur diligence, n'ayant pas trouvé à s'asseoir, sont restés debout.

« Le discours de M. Lemierre, du moins son début, s'est trouvé neuf par la fierté rare qu'il y a montrée. Au lieu de se prosterner aux genoux de l'Académie, à l'exemple de ses devanciers, il a prétendu que cette modestie déplacée dégradait également le récipiendaire et les juges ; il s'est rendu le noble témoignage de n'avoir brigué sa place que par ses travaux et ses succès ; il a reproché à ses confrères nouveaux de l'avoir fait attendre si longtemps, comme s'ils ne le voulussent couronner qu'au bout de sa carrière, ce qui, suivant lui, devait être l'objet de l'institution de la compagnie. Ce discours, dans lequel certaines gens ont trouvé trop de morgue, a eu généralement les suffrages de tous les hommes de lettres capables de sentir la dignité de leur être ; malheureusement M. Lemierre ne s'est pas soutenu sur le même ton et a fini par se rendre long et ennuyeux.

« M. le comte de Tressan a affecté de mettre dans son discours la naïveté et la loyauté de nos anciens chevaliers, mais on n'y a plus trouvé que les efforts languissants d'un vieux paladin.

L'abbé Delille, le directeur, dans ses deux réponses, a fort amusé l'assemblée ; on a cru voir revivre en lui l'abbé de Voisenon, si fécond en saillies gaies et spirituelles. Il faut convenir cependant que le premier a un style plus riche, plus ferme, et n'est point affecté et maniéré comme son devancier. »

A la suite de cet article, l'opinion générale fut : que Bachaumont avait outrepassé ses droits de critique, et que ce publiciste n'avait ni l'autorité ni le talent suffisants pour se permettre de traiter de vieux paladin un ancien lieutenant général de la valeur de M. de Tressan, gentilhomme qui, depuis trente ans, faisait partie des académies des sciences de Paris, de Berlin, de Londres et d'Edimbourg.

CHAPITRE XVIII.

Le comte de Tressan à l'Académie. — Mme Riccoboni. — Mme de Genlis, dans une lettre à son cousin, lui exprime son vif désir d'obtenir le prix d'Utilité (créé par Montyon). — Profond désappointement qu'elle éprouve en voyant cette médaille décernée à Mme d'Épinay. — Mme de Lawœstine. — Lettre de M. de Bastide à propos de l'épitre du comte de Tressan à sa fille. — Mariage de Mlle de Tressan. — Lettre de félicitations de Buffon.

Son nouveau titre et les fonctions qu'il comportait répandirent quelque charme sur les dernières années du comte de Tressan; il venait de la campagne à l'Académie aussi exactement que s'il eût habité la capitale; il apporta beaucoup de zèle dans l'accomplissement de ses devoirs d'académicien, et son exactitude à assister aux séances de l'Académie était telle que ses amis s'inquiétaient lorsque, par suite de circonstances indépendantes de sa volonté, il lui arrivait d'y manquer, ainsi qu'on en peut juger par les lettres que voici :

« Vous m'aviez annoncé, cher et illustre confrère, que vous reviendriez à Paris (1) dans le courant de la semaine dernière ; cependant, vous n'étiez pas hier à

(1) M. de Tressan trouvant que ces fréquents voyages devenaient pour lui trop fatigants et trop dispendieux avait manifesté l'intention de reprendre une maison à Paris, projet qu'il finit par réaliser.

l'Académie, et je crains que le mauvais état de votre santé ne vous ait retenu à la campagne ; rassurez-moi à cet égard ; je comptais vous renouveler de vive voix mon tendre et respectueux hommage au commencement de cette année, agréez-en ici les assurances et mettez-moi aux pieds de Mme la comtesse de Tressan. Vous savez que notre élection est pour jeudi prochain. Je serais bien fâché et bien inquiet si je ne vous voyais pas, ce jour-là, assis parmi nous, car je sais qu'une maladie sérieuse pourrait seule vous retenir.

« Adieu, mon cher comte, conservez-moi vos bontés, personne n'en sent plus le prix et ne désire plus vivement de les mériter que votre vrai et loyal serviteur.

« BRÉQUIGNY (1). »

Paris, 6 janvier 1782.

Paris, ce 6 avril 1781.

« J'ai été bien fâché, Monsieur le comte, de l'obstacle qui vous a empêché de venir à l'Académie et m'a privé de l'honneur de vous y voir, plus fâché encore de la cause qui vous a retenu à Franconville. J'espère que ma lettre vous trouvera en meilleure santé et que la violence même de votre mal aura pu l'abréger.

« M. de Champfort a eu la pluralité, nous étions 29. M. Bailly a eu un assez grand nombre de voix.

---

(1) Oudard de Bréquigny a donné entre autres publications utiles : *Diplomata chartræ, ad res franciscas spectantia 1791*, 3 vol. in-folio. *Ordonnances des Rois de la sainte race*. Il alla en Angleterre recueillir ce que le dépôt de la tour de Londres offrait d'intéressant pour notre histoire.

« Je ne manquerai pas de m'acquitter auprès de Mmes Seguier et de Beauharnais de ce que vous me chargez de leur dire pour vous.

« Mme Lemierre est très sensible à l'honneur de votre souvenir et vous en fait ses très humbles remerciements.

« Je désire bien ardemment vous voir à nos séances et vous assurer de vive voix que personne ne vous est plus respectueusement attaché.

« LEMIERRE. »

Parmi les autographes de 1782, je trouve dans une lettre adressée par Mme Riccoboni (1) au nouvel académicien une appréciation fort juste sur *Amadis*, *Huon de Bordeaux*, *Ursino* et les principaux romans de chevalerie du comte de Tressan, qui, dans ces ouvrages, a surtout excellé dans l'art de rajeunir nos vieilles chroniques ; les extraits qu'on en doit à sa plume féconde joignent, au mérite d'attacher les lecteurs superficiels par une fable toujours intéressante, le mérite plus solide de retracer un tableau fidèle des mœurs du temps, qu'il serait aussi difficile que fastidieux d'aller consulter dans le vieux langage des récits originaux.

C'est presque en ces termes que s'exprime cette

---

(1) Mme Riccoboni, née Marie-Jeanne Luberus de Mézières, fut à la fois actrice et auteur, elle eut peu de succès comme actrice et quitta la scène en 1761 pour se livrer tout entière à la composition de ses ouvrages. Son *Histoire du marquis de Cressy*, *Ernestine* et les *Lettres de miss Fanny Buttler* l'ont mise au nombre des romanciers les plus agréables.

femme célèbre qui, un beau jour, quitta la scène pour devenir auteur :

Paris, 21 janvier 1782.

« Le présent que vous avez bien voulu me faire, Monsieur, m'est extrêmement agréable ; le plaisir de vous le devoir augmente encore son prix, à mes yeux. Oh! que vous obligez les personnes de goût en rassemblant vos charmants extraits ; comme on s'impatientait à les chercher dans ce fatras de volumes où ils se cachaient ! Nous les avons tous relus pendant l'automne, aussi bien qu'*Amadis*, devenu, sous votre plume, le roman par excellence. Je ne vous demanderai point où vous avez pris *Orson*, c'est l'enfant de votre esprit et de votre cœur ; mais que vous ayez donné tant d'intérêt, de grâce, de gaieté à *Huon*, le plus long, le plus insipide et le plus plat des contes bleus, c'est ce qu'on ne peut concevoir en parcourant l'original.

» Votre dissertation est parfaitement bien faite et me paraît d'une grande justesse ; l'*Histoire norvégienne* touche, émeut et porterait à regretter les temps où vous la placez ; il serait doux d'habiter avec ces bons insulaires, si francs, si braves, si fidèles à leurs engagements. La peinture d'une vie agreste ramène presque toujours nos idées vers un bonheur dont les grandes sociétés nous éloignent, elle éveille dans notre âme le désir du repos, de la paix, elle y fait renaître l'amour de l'innocence, compagne de la simplicité. Des biens de convention dédommagent-ils assez de ceux que la nature nous offrait, elle les donnait à tous. En corrigeant son plan, nous n'avons pas imité sa libéralité, le partage inégal de ces biens créés par notre imagination est un continuel obstacle à la félicité des êtres humains. Si vos sauvages n'étaient point guerriers, j'aimerais à vivre avec eux. Mais je ne serais point *du bataillon sacré*, je déteste la guerre et gémis tous les jours des maux dont elle est la source.

« Je connais le premier théâtre de Mme de Genlis et n'ai point encore vu celui dont votre Zélie est sans doute tirée. Nous commencerons ce soir un roman qui doit être bien intéressant et bien capable d'attacher, puisqu'il réunit l'esprit et le génie des deux auteurs les plus admirés et les plus dignes de l'être. Vous devriez bien, Monsieur, engager Mme de Genlis à donner au théâtre *sa Rosière*, en substituant au Curé un autre personnage. Cette pièce n'a besoin d'aucun changement ; je n'en connais point de mieux faite, de mieux dialoguée : le naturel, la vérité, la naïve expression du cœur, dont tous nos écrivains s'écartent aujourd'hui, rend chaque scène de cette jolie comédie aussi touchante qu'agréable.

« Soyez juge, Monsieur, d'un tort que mes amis ont voulu me donner. Je vous devais, disaient-ils, un billet de félicitations sur votre entrée à l'Académie française. Obstinément j'ai soutenu le contraire et je le prétends encore.

En vérité, si l'on devait complimenter quelqu'un dans cette occasion, c'était l'Académie et point du tout M. le comte de Tressan, si supérieur à la place qu'il voulait bien remplir. Si vous ne me donnez pas raison, je vous trouverai bien modeste ou je penserai que vous ne vous connaissez point assez.

« Je suis bien fâchée, Monsieur, de vous savoir attaqué d'un mal aussi cruel que la goutte, et je souhaite bien sincèrement votre bonheur et votre santé.

« Ma compagne vous prie de recevoir ses remerciements ; elle est très sensible au souvenir dont vous l'honorez et voudrait que vous donnassiez un livre tous les mois.

« C'est le souhait de ceux qui vous lisent.

« J'ai l'honneur d'être, Monsieur, avec tous les sentiments qui vous sont dus et ceux d'une tendre reconnaissance pour la bonne opinion que vous daignez avoir de moi,

« Votre très humble et très obéissante servante,
« RICCOBONI. »

Le nom de Mme de Genlis cité dans cette lettre m'amène à parler de la dame d'honneur de la duchesse de Chartres. Félicie-Stéphanie duchesse de Saint-Aubin, comtesse de Genlis, fut mariée dès l'âge de quinze ans au comte Bruslart de Genlis ; elle devenait ainsi cousine du comte de Tressan, nièce de Mme de Montesson, qui avait épousé en secret le duc d'Orléans ; elle obtint par son crédit la place de dame d'honneur de la duchesse de Chartres et fut bientôt chargée de l'éducation de la fille de cette princesse (depuis Madame Adélaïde) et des trois princes ses fils : Louis-Philippe, duc d'Orléans, qui fut roi de France, le duc de Montpensier et le duc de Beaujolais.

Mme de Genlis émigra en 1792, revint en France pendant le Consulat et reçut une pension de Napoléon avec lequel elle entretenait correspondance. A la Restauration, elle perdit tout crédit, mais la Maison d'Orléans lui fit une pension jusqu'à sa mort. On lui reproche d'avoir excité le duc de Chartres (1) à prendre parti contre la Cour. Ses ouvrages ne s'élèvent pas à moins de quatre-vingts ; ils se rapportent presque tous à l'éducation ; les plus connus sont : *le Théâtre d'éducation à l'usage des jeunes personnes ; les Veillées du Château*, et enfin ses *Mémoires* (2), qui offrent des révélations curieuses, mais qui firent grand scandale.

« Je ne vous ai point répondu hier, cher cousin (écrivait-elle en 1782 à M. de Tressan), parce que j'avais une migraine affreuse. Je vais demain passer la journée avec M. le comte et Mᵐᵉ la comtesse du Nord, qui voulaient venir à Saint-Leu (3) et auxquels je suis contrainte de mener les enfants de Mᵐᵉ la duchesse de Chartres. Si j'avais pu me dispenser de cette course, je l'aurais fait ; mais des bontés particulières dont je suis l'objet ne me le permettent pas. Je ne reviendrai que vendredi au soir.

« Comme vous me parlez avec un extrême intérêt sur l'Académie et le jugement qu'elle doit prononcer, je vais vous répondre avec franchise :

---

(1) Mᵐᵉ de Genlis fut même accusée d'être la maîtresse du duc de Chartres.
(2) Les mémoires de Mᵐᵉ de Genlis ont paru en 1825 (10 vol. in-8.)
(3) Saint-Leu. Ce château a appartenu à la maison d'Orléans, puis à Louis Bonaparte (d'où le nom de duchesse de Saint-Leu, que prit la Reine Hortense, sa femme) ; au prince de Condé, et en dernier lieu au duc d'Aumale.

« Il n'y a qu'une seule médaille qui puisse me flatter, c'est celle qu'on va donner ; si je ne l'ai pas, ils feront bien de ne pas m'en offrir d'autres par la suite. Je sais qu'il y a une petite cabale pour la faire donner aux *Conversations d'Émilie* (1), petit ouvrage qui n'est connu que parce que je l'ai loué, et que je n'ai loué que parce qu'il est d'une femme. D'ailleurs, cet ouvrage, plein de fautes de langage, sans intérêt, rempli d'expressions du plus mauvais ton, n'est pas dans le cas de concourir. Le premier volume, le seul qu'on puisse lire et le seul dont j'ai parlé, a paru il y a quatre ans. Cette deuxième édition de cette année n'offre de nouveau que le deuxième volume, et de l'aveu de tout le monde, ce deuxième volume est détestable ; quand il serait excellent, comme ce n'est point un ouvrage complet, il ne serait pas dans le cas de concourir. Voilà ce que vous pourrez dire comme de vous-même ; et d'ailleurs, proposez-leur de lire, s'ils le peuvent, *ces insipides conversations*, et engagez-vous à leur présenter au moins vingt pages de phrases qui ne sont pas françaises et de mots dont les seules femmes de chambre se servent (mots dans la bouche de sa mère), tirés de cet ouvrage, qui m'engage, moi, à vous fournir cet extrait quand vous voudrez, en citant volume, page... Je désirerais que vous puissiez engager M. Gaillard à se trouver à l'assemblée qui décidera cette affaire. Je compte beaucoup sur sa justice. Au reste, je m'en rapporte bien à vous pour

---

(1) Ouvrage de Mme d'Épinay.

faire valoir *Adèle et Théodore*, cet ouvrage étant surtout de l'auteur du *Théâtre d'éducation*, et cet auteur une femme. A vous dire le vrai, cette médaille me fera plaisir; mais si je ne l'ai pas, l'injustice sera trop visible pour m'humilier, je n'y perdrai point de gloire et j'y gagnerai mon franc parler. Je me moquerai d'eux tout à mon aise, et je sais me moquer avec assez de grâce, incapable d'une méchanceté, je ne le suis pas de me venger par un badinage piquant, qui n'attaquera l'honneur de personne, mais qui pourra bien donner quelques ridicules. J'ai un joli petit conte tout prêt à *tout événement, la page est préparée.* Cependant ne croyez pas que j'ai fait ce conte à dessein, point du tout; si cela était, il ne vaudrait rien. La vengeance ne peut donner qu'un faux air de gaieté, son aigreur gâte tout. Mon conte est fait depuis deux ans, je ne serais pas fâchée qu'il vît le jour, car il aurait du succès; la médaille le condamnerait à l'oubli, puisqu'il y aurait de la bassesse à se moquer de ceux dont on reçoit un hommage. Il faut refuser l'hommage ou se refuser la moquerie.

« Addio il mio carissimo cugino ».

De Saint-Leu, ce mardi 11 juin 1782.

Mme de Genlis nous apprend dans ses *Mémoires* que cette campagne contre Mme d'Epinay ne se termina pas au gré de ses désirs.

« Je donnais (nous dit-elle) (1), dans cette même

---

(1) Mémoires de Mme de Genlis, tome III, p. 187.

année, les *Veillées du Château*. M. de Montyon ne doutait pas que je n'eusse sa médaille, malgré toute la mauvaise volonté de l'Académie; mais à sa grande surprise, et je l'ose dire au scandale de tout le monde, le prix de *l'ouvrage nouveau donné dans le cours de l'année et jugé le mieux écrit et le plus utile*(1) fut adjugé au second volume des *Conversations d'Émilie*. Ce volume eût-il été parfait ne pouvait concourir, puisqu'il n'était pas un ouvrage nouveau, mais seulement la suite d'un autre. Cette première édition des *Veillées du Château* renfermait dans le dernier volume des contes qu'on a détachés depuis pour les réunir à mes nouvelles *le Palais de la Vérité* et *les Deux réputations*. Dans ce premier conte, la philosophie était vivement attaquée, et, dans le second, je critiquais avec beaucoup de politesse, mais d'une manière qui ne permettait pas de répliquer, les contes prétendus *moraux* de M. de Marmontel; aussi j'étais bien sûre que je n'aurais pas la médaille, mais je pensais qu'on remettrait le prix.

« Les philosophes crurent me désoler en le donnant à Mme d'Épinay, mais les injustices, évidemment grossières et trouvées telles par le public, ne sont en littérature que des titres de gloire pour les auteurs.

« L'édition des *Veillées du Château* fut enlevée en huit jours. Cet ouvrage fut traduit, dans le cours de l'année, dans toutes les langues. M. Emsly, libraire à Londres, m'a dit en avoir fait, dans l'espace de deux

---

(1) Telles étaient les conditions exigées pour ce prix, dont le fondateur était M. de Montyon.

ans, vingt-deux éditions françaises, mais Mme d'Épinay était philosophe (1) et elle s'est bien gardée de parler religion à son Émilie ».

En feuilletant les Mémoires de Mme de Genlis, je lis ce joli passage :

« J'éprouvais le plus grand malheur de ma vie, je perdis ma fille aînée, en couches, à vingt et un ans. Après avoir passé cinq ans dans le plus grand monde, sans guide, sans mentor, avec une éclatante beauté, des talents ravissants, l'esprit le plus distingué, et sans avoir donné lieu à la plus légère médisance contre elle. . . . .
. . . .
Malgré ma douleur, dont ma santé se ressentait cruellement, trois jours après sa mort, je recommençais à donner mes leçons à mes élèves. Mme de Lawœstine m'apporta le surlendemain de petites tablettes qu'elle portait toujours dans sa poche ; il y avait deux ou trois pages de son écriture, les deux dernières écrites peu de jours avant sa malheureuse couche. En voici une qui fera connaître son caractère et le genre de son esprit généralement disposé à la plaisanterie.

« Elle avait formé une colonne en haut de laquelle elle avait écrit ce titre :

---

(1) Mme de Genlis semble faire ici allusion aux relations qui existèrent entre elle et J.-J. Rousseau, Grimm et Duclos ; elle combla de bienfaits J.-J. Rousseau et fit bâtir pour lui, près de son parc, la jolie petite maison de l'Ermitage, mais celui-ci devint jaloux de Grimm et ne paya plus sa bienfaitrice que d'ingratitude.

« *Calcul des infidélités de mon mari pendant les cinq années de notre mariage.*

« Elle les comptait année par année, ensuite elle mettait le total qui se montait à vingt-un. Après cela, elle disait : *Voyons un peu les miennes*, elle avait mis zéro à chaque année ; ce qui était terminé par :

« *Total : satisfaction*. Et elle aimait véritablement son mari !

« Il y a dans cette plaisanterie une grâce, une pureté, une véritable philosophie qui ont quelque chose de sublime. Elle fut regrettée dans la société comme je n'ai vu aucune personne l'être (1) ».

Je tiens également à donner la lettre suivante dans laquelle Chiniac de Bastide, le savant auteur de l'*Histoire des Lettres*, emploie, un siècle avant Alexandre Dumas fils, cette jolie épithète de l'*Ami des Femmes*, pour qualifier le comte de Tressan :

« J'attendais que Mme la marquise m'eût fait passer la dissertation pour remercier le Dieu des bienfaits. Je l'ai reçue hier soir et nous l'avons dévorée, la petite femme et moi. Je conseille à M. le comte de rester dans la persuasion où il est que son travail lui fera un honneur infini. Honneur est-il le mot propre ? Lorsqu'on inspire des transports, il n'y a plus d'expression pour rendre l'effet que l'on produit. Je voudrais être

---

(1) C'est d'elle que la Reine avait dit qu'elle avait le visage de Vénus et la taille de Diane. Plusieurs hommes furent passionnément amoureux d'elle sans jamais le laisser paraître, entre autres le vicomte de Gan et M. de Florian.

déjà au premier du mois prochain pour que les personnes de goût, et même les aimables voluptueux, n'oublieront de longtemps (certains esprits pourraient frémir de jalousie). Je ne détaille point. L'ensemble n'a point de prix. Le style est noble, facile, l'expression est douce, quelquefois vive, quelquefois chaude, l'amant, l'ami des femmes se reproduit à chaque instant dans l'extrait (1), c'est un monument pour elles, c'est une charmante leçon pour nous.

« L'épître à Mme de Maupeou (2) fera un égal honneur au père et à la fille ; je me fais honneur d'être, pour ainsi dire, l'organe d'un sentiment aussi juste et aussi noblement exprimé. On enviera la gloire d'un homme qui peut avoir de pareils présents à faire au public.

« Vous rappelez-vous, Monsieur le comte, ce que vous me disiez, il y a quelques jours, au sujet de Mme de Riccoboni?

« Eh bien ! deux heures après, elle m'en disait autant de vous. Cette femme, qui n'est généralement contente de vous et ne vous connaissait que par une renommée dont elle se défiait, est enchantée du caractère de votre esprit et de la délicatesse de votre plume. Elle adore *Ursino* et n'a jamais rien lu, dit-elle, depuis Mme de Tencin, dont elle ait été aussi touchée. Je l'ai vue trois fois depuis dix jours, et elle ne m'a guère parlé que de vous. Elle attend la suite de votre livre du *Vatican* avec la plus vive impatience. Vous avez pensé empê-

---

(1) De Bastide veut parler ici de l'*extrait d'Amadis* des Gaules.
(2) Épître que je cite plus loin.

cher, sans le vouloir, l'effet de sa bonne volonté pour moi. *Jamais je ne me placerai à côté d'un homme aussi charmant* (ce sont ses termes). A force de prier, de presser, de gémir, j'ai enfin obtenu le triomphe de l'amitié sur l'amour-propre. On m'a lu hier vingt pages, quelles pages! elles seront suivies de cinquante. Si le charme se soutient (et je n'en doute pas), elle n'aura jamais rien fait d'égal, et les meilleurs peintres n'auront jamais ni mieux dessiné, ni mieux colorié, ni offert de physionomies plus piquantes et plus intéressantes. Elle ne paraîtra qu'au mois d'août, car je ne mets pas tous mes œufs dans un panier, non par prudence, mais par économie.

« Je viens de communiquer l'épître à Mme la marquise de Maupeou, elle en est vivement pénétrée ; M. le comte n'en sera pas surpris.

« Je me tire un moment de ses bras pour me mettre humblement à ses pieds.

« DE BASTIDE. »

Voici l'épître en question :

EPITRE (1) *à la marquise de Maupeou, ma fille, en lui donnant l'*AMADIS *de Gaule, sur lequel j'avais écrit ces vers :*

De l'Amadis je te dois bien l'hommage,
Toi dont je fus l'unique précepteur ;
Dieux ! qu'il m'est doux de te voir à son âge,

---

(1) Cette épître se trouve dans le manuscrit du recueil de poésies laissé par le comte de Tressan.

Etre ma gloire et faire mon bonheur.
Oui, mon enfant ! ton esprit enchanteur,
Ton goût exquis, veillèrent sur l'ouvrage,
Tu le parais souvent de quelque fleur.
En te peignant dans ma briolanie,
On voit qu'aux mœurs de la Chevalerie,
Qui des amours fut toujours l'âge d'or,
Je prétendais ramener Galaor (1).
Garde ce livre et conserve les traces
De cette main qui le fit commencer
D'heureux essais avoués par les grâces;
Car tu ne dois qu'à toi l'art de penser;
De cette faux qui fait tout disparaître,
Ma tête approche, et ne craint point les coups;
Dans mes enfants je me suis vu renaître,
Du long sommeil ils me défendront tous.
Du vieux Nestor sans avoir la sagesse,
J'espère bien atteindre les longs jours,
Mais il me faut les plus riants secours :
Je veux te voir et t'écouter sans cesse,
Me promener sur les bords du Permesse;
Chemin faisant, rire avec les amours,
Me rappeler avec toi leurs bons tours;
Aux plus jolis voler quelque caresse,
Les amuser et t'amuser toujours.

Michou, c'est-à-dire Marie Stanislas (2) de la Vergne de Tressan, fille chérie du comte de Tressan, avait épousé, en 1773, le marquis de Maupeou, colonel du régiment de Bigorre infanterie ; ce fut un mariage

(1) La marquise Le Vayer, marraine de mon père, lui donna le nom de Galaor en souvenir du *Héros d'Amadis*, roman que le comte de Tressan dédia à sa fille.
(2) Noms donnés à Mlle de Tressan par Marie Leczinska et le Roi Stanislas.

d'inclination, ainsi que le témoigne cette chanson adressée à son futur gendre par l'auteur d'*Amadis* :

A un de mes amis qui peignait ma fille et que je savais amoureux de celle qu'il a depuis épousée.

> Que tu peins bien dans ce portrait
> Une Michou que j'aime,
> J'y reconnais à chaque trait
> Tous ceux de l'amour même ;
> Voilà ses yeux noirs et méchants,
> Mais qu'ils sont beaux, qu'ils sont touchants.
>   Le gai printemps,
>   Les fleurs des champs,
>   Au lever de l'aurore,
>   Ont l'air moins frais
>   Que les attraits
>   Que sa main fait éclore.
> De Rosalba le doux pinceau
> Rend moins bien la jeunesse ;
> Fais nous voir, Albane nouveau,
>   Ta charmante maîtresse ;
> Son portrait doit être enchanteur
>   Car dans ton cœur
>   Un Dieu vainqueur,
>   Par mille traits de flamme,
>   A pour jamais
>   Peint les attraits
>   Qui captivent ton âme.

Ce fut dans les termes suivants que Buffon adressa tous ses compliments à son ami à l'occasion du mariage de sa fille :

« Je ressens, Monsieur et très respectable ami, la joie la plus pure des grandes et bonnes nouvelles que vous m'apprenez. Votre bonheur fera toujours une partie du mien, et celui de Madame votre fille se répandra sur nous deux. J'irai vous embrasser et lui demander la liberté d'en faire autant à mon retour qui sera vers le 18 ou le 20 de ce mois.

« Permettez, en attendant, que je présente mes hommages respectueux et sincères à Mme la comtesse de Tressan et mes compliments de félicitation à M. le marquis de Maupeou sur son bon goût et sur l'heureux choix qui fera la satisfaction de sa vie. Vous connaissez, Monsieur et très respectable ami, tous les sentiments qui m'attachent à vous et avec lesquels j'ai l'honneur d'être votre très humble et très obéissant serviteur.

« Montbard, ce 10 mai 1773.

« BUFFON. »

CHAPITRE XIX.

Peu de temps avant sa mort le comte de Tressan évoque le souvenir de ses anciens compagnons d'armes. — Le duc de la Vauguyon, le comte de Croissy, le marquis de Charost, M. de la Faye. — Souvenir du siège de Philisbourg. — Lettre du maréchal de Lowendal, datée du camp devant Berg-op-Zoom. — Lettre du comte de Brandt pendant son voyage à Madagascar et aux Indes. — Lettres des Princes de Nassau et de Beauffremont. — Le duc de Nivernais.

Lorsque parvenu à la fin de sa carrière, on se prend à songer aux années vécues, on est envahi par un profond sentiment de tristesse en constatant le grand nombre d'amis, camarades de collège ou de régiment qui ont disparu. Mon père, qui avait été élevé à la Cour de S. M. le roi Charles X, tenait un contrôle très exact de ses camarades des pages, et quand l'un d'eux venait à mourir, il ne pouvait parvenir à dissimuler la peine qu'il en éprouvait. Les termes dans lesquels s'exprimait le comte de Tressan lorsqu'il évoquait le souvenir de ses anciens compagnons d'armes nous montre qu'il n'échappait pas non plus à cette impression. Écoutons-le plutôt :

« J'ai vécu pendant cinquante-trois ans comme un frère avec le duc de La Vauguyon, gouverneur des enfants de France ; nous nous étions juré fidélité d'armes, et je le pleurerai jusqu'au dernier soupir.

« Il exista toujours une vive sympathie entre le comte de Croissy et moi ; étant lieutenant général, il devint ambassadeur auprès de Charles XII, qu'il suivit dans les sièges et les combats que ce grand capitaine donna. Le comte de Croissy était frère de M. le marquis de Torcy, ministre, et de Mme la duchesse de Saint-Pierre ; il n'a eu qu'une fille de Mlle de la Brive, comtesse de Croissy, mariée à M. le marquis de Chabanais. Les marquis de Colbert et de Chabanais sont ses petits-fils.

« Lorsque le comte de Croissy se retira de la Cour, il vécut à Paris où, quoique très goutteux, il avait tous les jours à son excellent souper les plus jeunes et les plus jolies femmes, enfin la meilleure société de Paris.

« Comme cousin et comme ami, j'étais souvent de ses soupers, et la mémoire du comte de Croissy m'est chère comme elle doit l'être à tous ceux qui l'ont connu, ainsi que celle de son frère et de sa sœur.

« M. le marquis de Charost, mon ami intime, fut tué à Clauzen, en 1735, à la tête du régiment de la Couronne, par le feu même de son régiment, au moment où il arrivait pour l'empêcher de tirer.

« Une autre perte que je déplore est celle de M. de La Faye, tué au siège de Gênes à la tête d'un régiment d'infanterie. Nous étions très amis depuis vingt ans ; il fut blessé et tomba dans mes bras au siège de Philisbourg.

« A propos du siège de Philisbourg, voici un souvenir qui sera toujours présent à ma mémoire :

« M. de Calvière, alors lieutenant des gardes du corps, mon camarade et mon ami, se plaignait tout un soir avec moi, pendant ledit siège, d'être privé de rendre les honneurs les plus tendres à son père (âgé de quatre-vingt-six ans, qui était adoré de sa famille et méritait de l'être), et d'être séparé de Mme la marquise de Calvière, ainsi que de deux charmantes filles dont l'aînée avait le nom d'Olympe et la seconde celui d'Alix. Mon ami me les peignait avec tout le feu dont son âme sensible était pénétrée, et fit passer tous ses sentiments dans la mienne. Je courus chez moi lui écrire la lettre suivante au nom de Mme la marquise de Calvière ; j'eus le temps de la lui envoyer au moment où l'on allait fermer ses rideaux ; il se releva sur-le-champ et, malgré la pluie, il vint m'embrasser dans ma tente avec un sentiment dont le souvenir me sera toujours honorable et cher. Voici la lettre en question :

> Aimable objet de la plus pure flamme !
> Toi qu'en mes vers l'amour para de fleurs !
> Toi qui sans lui règnerait dans mon âme !
> Reviens, Daphnis, reviens sécher mes pleurs.
>
> Seule en ces lieux, éperdue, alarmée,
> J'ai vu fleurir, j'ai vu mûrir nos champs ;
> On ne meurt point, quand on est bien aimée,
> Mais on languit même dans son printemps.
>
> Entre mes bras, j'aime à serrer sans cesse
> De ton amour les gages précieux.
> Dieux ! que leurs traits redoublent ma tendresse !
> J'y reconnais et ta bouche et tes yeux.
>
> Ainsi que toi ton Olympe sait plaire,
> Et de son cœur peindre la vérité.
> Par mille jeux, Alix cherche à distraire
> Le noir chagrin qui ne m'a pas quitté.

Mon seul secours est cette aimable enfance
Et tout mon temps se passe à la former;
Mon seul désir, en cette longue absence,
C'est d'embellir ce que tu dois aimer.

Déjà l'hiver ravage nos campagnes,
Les noirs frimas et les vents orageux
Viennent blanchir la cime des montagnes;
Qu'attends-tu donc pour te rendre à mes vœux ?

Reviens baiser les lèvres de tes pères;
Viens couronner leurs antiques foyers,
A notre amour, à ces Dieux tutélaires
Viens consacrer ta vie et nos lauriers.

« Onze ans plus tard, mon ami Calvière quittait le service, en qualité de lieutenant général, et m'annonçait la grave résolution qu'il avait cru devoir prendre par la lettre que voici :

A Vézenobre, près d'Alais, ce 26 décembre 1755.

« Je ne sais ce qu'on a pu vous mander au sujet de ma retraite, mon cher camarade; elle n'a pas été bien brillante; je n'avais pas fait de pacte avec la fortune, qui ne se donne qu'à qui bon lui semble. Peut-être ma détermination a-t-elle été sage ? C'est du moins ce que je devais à moi-même et à mes enfants; mais, pour en juger, il faut pouvoir se placer dans des circonstances singulières qui échappent aux premières impressions du public; il a plutôt fait de juger que de faire mieux; je respecte ses jugements; cependant je pense qu'après un travail très long, assidu, pénible, où l'on n'a rien eu à se reprocher et auquel on ne peut plus fournir qu'en traînant la hanche, je pense, dis-je, qu'il est permis, et dans l'ordre, de donner à sa santé perdue et à l'arrangement négligé de ses affaires, quelques restes de vie qu'on a vainement essayé de lui rendre utiles, car c'est cette utilité générale qui doit décider des grands sacrifices, et non l'appas incertain de quelques sacs de mille francs de plus.

« Ce qu'il y a de sûr, mon cher Tressan, c'est qu'il y en a grand nombre de moins heureux que nous, pourvu que nous ayons le courage d'en convenir, et, sans aller plus loin, ce sont tous ceux qui se flattent trop eux-mêmes, ceux qui n'ont eu pour objet que les récompenses, car alors il n'y en a jamais assez ; ceux enfin qui croient avoir droit de se plaindre de leurs maîtres, sans examiner combien il est difficile que la vérité puisse parvenir jusqu'à eux sans quelque mélange. D'ailleurs, combien de bons capitaines de grenadiers qui ont travaillé aussi péniblement que nous, pour le moins, et qui n'ont pas le demi-quart des bienfaits qu'on a laissés tomber sur nous.

« Vous reconnaîtrez à ces conclusions, mon aimable camarade, une sorte de philosophie toute d'une pièce et dépourvue de ces grâces légères dont vous avez toujours embelli la vôtre, mais divers chemins peuvent conduire au même but ; vous avez choisi celui qui vous paraissait parsemé de fleurs ; je n'ai garde de vous en blâmer, peut-être est-il aussi le plus assuré.

« Mon château, dont on vous a dit trop de bien, est une gentilhommière un peu renforcée, trop grande pour moi, et dont j'ai tâché de rajuster quelques recoins, en y faisant contribuer tous les arts que nous aimons l'un et l'autre ; mais je serai obligé de réformer à cet égard mes premières idées, quoiqu'elles n'eussent rien d'exagéré ; c'est presque toujours un bien réel que de restreindre ses projets et ses espérances.

« Parmi les choses agréables que j'y conserve, je dois compter les stances pleines de sentiment que vous avez faites autrefois, au nom de mes enfants et de ma femme ; elle n'ose prononcer que vous n'en ayez pas pu faire quantité d'autres tout aussi bien, mais elle soutient qu'il est impossible de rien faire de plus riant sur un sujet aussi peu de mode que le mariage.

« Ma fille aînée, dont vous demandez des nouvelles, est élevée au couvent de Montfleuri, près de Grenoble, jusqu'à ce que je trouve pour elle un parti plutôt honnête que bien riche ; la seconde a déjà douze ans, son portrait en jardinière a amusé les regards de M. le Dauphin ; pour le petit garçon, il n'a que six ans ; j'ai grand désir de le bien élever, et si je pouvais avoir quelque regret d'avoir aussi peu réussi du côté du bien, ce serait relativement à cet objet ; mais il en aura toujours assez pour vivre en galant homme et pour s'attacher à ses maîtres, plutôt par devoir comme citoyen que par intérêt.

« Je me figure d'ici voir le vôtre, sémillant, faisant valoir toutes les prérogatives du régiment de Champagne, ayant peut-être les défauts agréables de son grand-père, avec toute la générosité et les autres qualités dangereuses de son papa, et se faisant aimer d'autant plus qu'il lui ressemble de plus près ?

« Trouvez bon que j'assure ici Madame sa mère de

mon respect et de ma sincère reconnaissance pour l'honneur de son souvenir.

« Je vous permets de croire de moi tout ce que vous voudrez, pourvu que vous aimiez toujours un peu quelqu'un qui vous a aimé, même dans les temps orageux, et qui vous aimera tant qu'il vivra, mon cher camarade, le plus tendrement et le plus sincèrement du monde. « CALVIÈRE. »

Cette lettre me paraît contenir un véritable enseignement philosophique pour tout officier ayant pris sa retraite prématurément.

Un autre de mes compagnons d'armes que je ne saurais oublier fut le maréchal de Lowendal. J'ai conservé précieusement la lettre qu'il m'écrivait alors qu'il faisait le siège de Berg-op-Zoom :

Au camp devant Berg-op-Zoom,
le 6 août 1747.

« J'ai reçu ce matin, mon cher général, la lettre que vous m'avez fait l'honneur de m'écrire, et je suis bien flatté de me retrouver dans votre souvenir après une lacune de deux campagnes qui nous sépare, lorsqu'elle devrait nous réunir. Le pauvre Glasco est mort de ses blessures ; Heguarey est en train de guérison, il se porte bien et a la croix ; vous savez la perte que nous avons faite du pauvre Dillon (1), je ne cesse de le regretter ; la brigade (2) en général est déconfite,

---

(1) Dillon avait eu trois fils tués à Fontenoy.
(2) Le maréchal de Lowendal veut parler de la brigade de la maison du Roi, brigade dont le comte de Tressan avait eu le commandement.

mais comme elle a travaillé en présence et sous les yeux du maître, elle vient d'être comblée de grâces.

« Le prince Édouard est aussi furieux que vous du parti que son frère a pris ; pour moi, je vous avoue que je m'attendais à quelque chose de pis, et je le regarderais même comme un bonheur si cela pouvait accélérer un mariage pour le prince.

« Nous sommes ici à notre vingt-quatrième jour de tranchée ouverte, et depuis hier au chemin couvert d'une place aussi meurtrière que j'en ai encore vue, et cela sans que les ennemis aient fait encore un seul coup de main ; vous connaissez la direction des feux de feu Cohorn (1), cette place est son chef-d'œuvre et les fusils tuent nos soldats, en les posant sur les remparts ; nous en avons perdu environ six cents, hier au soir, dans le logement à faire, car les ennemis s'étagent sur leurs ouvrages.

« Nous avons en outre une armée de vingt-quatre mille hommes à deux lieues de nous qui nous ferait grand plaisir si elle voulait nous attaquer, car je prévois que nous aurons encore bien de la chicane à essuyer, et le journalier est coûteux ; je crois cependant que nous en viendrons à bout avant le 20, mais il faut s'attendre à nous établir sur la brèche.

---

(1) Memno, baron de Cohorn, habile ingénieur, surnommé le Vauban hollandais, né dans la Frise, en 1641, s'éleva de grade en grade au rang de Lieutenant général. Rendit à la Hollande les plus grands services dans les guerres qu'elle eut à soutenir contre Louis XIV. Son chef-d'œuvre est la forteresse de Berg-op-Zoom, longtemps regardée comme imprenable. Il a écrit sur l'art de fortifier les places un ouvrage devenu classique.

« Vous avez bien raison de vous applaudir de votre commandement, vos derrières sont libres et c'est ce que les nôtres ne sont pas ; il y a quatre lieues d'ici à Anvers et le chemin est long pour les convois ; d'ailleurs, l'Escaut est couvert de vaisseaux anglais et hollandais qui nous ôtent jusqu'à la liberté de nous promener sur la plage.

« Portez-vous bien, mon cher général ; j'espère qu'au moins cet hiver nous vous reverrons à Paris ; vous devenez aussi par trop garnisonier et les absents ont tort dans ce pays-là, comme bien vous savez ; j'aspire au plaisir de vous y embrasser et de vous y renouveler les plus tendres sentiments qui m'attachent à vous pour toujours, mon cher général. »

Je serai toujours reconnaissant à mon ami de Brandt des bons soins qu'il donna à mon beau-frère de Russel (1) à bord du vaisseau le *Prince de Conty*, alors que tous deux faisaient route pour les Indes. Si je déplore la triste fin du comte de Brandt, je dois rendre hommage à cette amitié si dévouée, qui, après lui avoir fait partager l'étonnante fortune de Struensée, l'entraîna à périr avec lui :

« J'espère, mon cher général, que vous aurez déjà

---

(1) Le chevalier de Russel, frère de Mme la comtesse de Tressan, servit (en qualité de lieutenant) dans la compagnie Ecossaise (de Stuart), puis dans le régiment royal d'infanterie allemande de Deux-Ponts (régiment dont la création remontait au 5 mars 1757).

reçu ma longue lettre de Madagascar (1) par la voie de l'Ile de France, nous voici à la vue de l'Ile de Ceylan et, par conséquent, dans l'espérance d'atteindre Pondichéry en peu de jours, d'où j'aurai l'honneur de vous écrire, peut-être par le même vaisseau.

« Depuis notre départ de Madagascar, nous n'avons rien eu de nouveau, excepté que le pauvre Russel a fait une maladie dangereuse, le flux de sang l'a tenu trois semaines sur le grabat, mais il est heureusement échappé et j'espère que cela lui épargnera une maladie dans l'Inde. — M. Dubois, le chirurgien qui se charge de cette lettre, s'est recommandé une seconde fois à l'honneur de votre protection, par les soins qu'il a donnés pendant la maladie de Monsieur votre beau-frère; j'ai déjà eu l'honneur de vous écrire sur son compte de l'Ile de Madagascar d'où je vous ai mandé les soins qu'il s'était donnés pour le cabinet, voici le second voyage qu'il fait dans l'Inde comme second chirurgien, son mérite personnel lui donne des droits à votre protection et j'ose dire que s'il était connu de vous, vous n'auriez pas besoin de la recommandation de votre ami pour lui rendre service; rien ne sera plus aisé que de lui obtenir la place de premier chirurgien, et j'ose dire que son goût est assez bon en fait d'histoire naturelle, pour être assuré qu'il fera du bien au cabinet. Je lui ai remis une caisse pesant au moins quatre-vingts livres, ce n'est que l'envie que j'ai de

---

(1) Cette première lettre du comte de Brandt, datée de Madagascar, n'existe malheureusement pas dans la collection d'autographes laissée par le comte de Tressan.

vous envoyer promptement quelque chose pour le cabinet qui m'a tant pressé de vous faire celle-ci, ma seconde sera meilleure. La botte contient du corail, quelques conches, des oursins, des buccins, le tout de Madagascar ; quelques oiseaux de terre et de mer avec trois pièces d'étoffes faites de roseaux que vous trouverez assez fines pour la matière dont elles sont faites. J'ai aussi remis au sieur du Bois un paquet contenant trois sagaies ou lances du pays, j'aurais aussi envoyé un bouclier, mais il ne vaut pas la peine, ressemblant assez au couvercle d'une marmite. J'espère que tout vous viendra en sûreté, car il me tarde, il me semble, que le cabinet jouisse des fruits de mes voyages.

« Je vous supplie de présenter mes très humbles respects à la chère comtesse, aux chers enfants, à mon aimable compatriote et à toutes les aimables personnes qui lui appartiennent, aux familles de Gustine, d'Hammonville, Lauraguet et d'Hemes, à l'abbé Montinot, Plumket, etc..,

« Adieu, mon cher général, aimez-moi toujours et soyez sûr que la tendre amitié que vous m'avez inspirée ne finira qu'avec ma vie.

« DE BRANDT (*). »

A bord du vaisseau le *Prince de Conty*, en vue de l'île de Ceylan.   Ce 28 août 1754.

---

(1) De Brandt, après avoir étudié la médecine et la chimie, fit plusieurs voyages, il engagea Struensée à quitter son pays et à partir aux Indes, mais ce dernier, ayant été nommé médecin particulier de Christian VII, devint premier ministre et attira son ami de Brandt en Danemarck. Struensée accusé de conspirer, fut mis en jugement et eut la tête tranchée, de Brandt périt avec lui.

Ayant été amené à parler, dans cet ouvrage, des personnages illustres du siècle dernier avec lesquels M. de Tressan s'est trouvé en rapport, je ne puis faire autrement que de soumettre au lecteur les lettres qui suivent et qui lui furent adressées par les princes de Nassau et de Bauffremont :

« Monsieur,

« Sachant votre goût à vous amuser, dans les moments que vous ne pouvez pas employer pour le service du Roi, à des sciences métalliques et aux connaissances de différentes autres productions de la nature, d'ailleurs aussi pleinement convaincu de vos sentiments d'amitié pour moi, je n'hésite pas, Monsieur, de vous prier de nous donner, s'il vous plaît, une nouvelle marque en faisant approfondir sous vos yeux et en me communiquant ensuite vos lumières sur une matière métallique qui m'intéresse et dont voici le détail précis.

« Il vous sera indubitablement connu, Monsieur, qu'un certain canton de ma comté de Saarbruck est bien fourni de houille et de charbon de terre et qui sont de la meilleure qualité du monde. Il s'est aussi passé bien des années que des débris de ces houilles, en y mettant le feu, l'on a tiré de l'alun ; mais, depuis, les personnes qui ont l'inspection sur ces travaux prétendent avoir trouvé, dans cette même masse, une autre matière qui doit former du vitriol.

« Je vous prie donc, Monsieur, de trouver bon, s'il vous plaît, que, par nos voitures publiques qui passent par Nancy, je prenne la liberté de vous adresser une petite cassette contenant des échantillons tant de cet alun de nouvelle fabrique que du prétendu vitriol en question, vous suppliant en même temps de vouloir bien, après avoir reçu cette cassette, faire faire, en votre présence ou sous votre direction, l'examen le plus rigoureux des matériaux qu'elle contient et me communiquer ensuite vos lumières sur leur bonne ou mauvaise qualité, comme aussi si vous voulez bien me donner les moyens d'en perfectionner la fabrication, autant que faire se pourra.

« Vous ne sauriez douter, Monsieur, que les sentiments de reconnaissance que je vous aurai à l'égard de cette peine, dont je vous fais un million d'excuses, augmenteront, s'il est possible, ceux de la considération particulière et du très parfait attachement avec lesquels je suis plus que personne,

« Monsieur,

« Votre très humble et très obéissant serviteur.

« Le prince DE NASSAU. »

A Saarbruck, ce 29 octobre 1755.

De Paris, ce 11 juillet 1768.

« Les marques de bonté que vous voulez bien me donner, Monsieur, seraient bien capables de suspendre ma douleur, et je ne sais comment vous remercier de ce que vous me dites d'obligeant sur ce triste événement qui nous accable. Je suis pénétré de reconnaissance de tous vos sentiments, je me flatte de les mériter par le sincère retour dont je vous paye ; veuillez me les continuer, je vous en prie. J'ai fait part à Mme de Listenois de l'honneur que vous lui faites de vous ressouvenir d'elle ; elle me charge de vous en remercier et de vous assurer du désir qu'elle aurait de faire votre connaissance avec vous ; elle est de la race et par conséquent sera de vos amies. J'ai l'honneur d'être, avec le plus grand attachement, mon aimable et cher comte, votre très humble et très obéissant serviteur.

« BAUFFREMONT,
« Prince DE LISTENOIS. »

Dans un chapitre précédent, j'ai raconté la querelle survenue entre le comte de Tressan et le duc de Nivernais, et j'ai vanté la générosité de ce personnage qui, oubliant toute rancune, donna sa voix à son ancien détracteur, lorsque ce dernier se présenta à l'Académie.

Touché de ce procédé, le nouvel élu écrivit au duc de Nivernais pour le remercier, et, depuis, le comte et le duc entretinrent des relations fort courtoises. Un certain sentiment de défiance semble néanmoins avoir persisté dans l'esprit du duc de Nivernais, si on en juge par la lettre suivante :

Au château de Saint-Ouen, le 26 octobre 1782.

« Je suis bien loin, Monsieur le Comte, de mériter ce que vous me dites de flatteur, et je prendrais vos expressions pour un persiflage si je ne connaissais votre politesse. Mais je suis très sensible à l'intérêt que vous voulez bien prendre à ce qui m'intéresse, et je vous prie d'en agréer mes remerciements, aussi bien que l'assurance de tous les sentiments avec lesquels j'ai l'honneur d'être très parfaitement, Monsieur le Comte, votre très humble et très obéissant serviteur.

« Le duc DE NIVERNAIS. »

CHAPITRE XX.

Fontenelle. — Lettre de son petit-fils. — M. de Musset raconte un exemple bien curieux de pressentiment. — Mort de d'Alembert. — Mademoiselle de Lespinasse. — Derniers moments du Comte de Tressan. — Bailly prononce son éloge.

Le comte de Tressan avait beaucoup vécu avec Fontenelle. C'était à lui qu'il devait en grande partie le bonheur que la culture des lettres avait répandu sur les dernières années de sa vie, et c'est à lui qu'il voulut consacrer son dernier ouvrage.

Contrairement à son élève (1), dont la destinée comme écrivain fut d'être jugé sévèrement par les gens de lettres et lu avec avidité par les gens du monde, Fontenelle eut le talent d'écrire sans jamais s'attirer d'ennemis ; il est vrai de dire qu'il se fit remarquer par sa modestie et sa réserve, il faisait sentir l'utilité de ses ouvrages, sans blesser l'amour-propre des ignorants, sans les éblouir par trop d'éclat ou les effrayer en attaquant de front trop de préjugés à la fois. C'est ainsi qu'il parvint à exercer sur les esprits de son siècle une influence d'autant plus forte qu'elle se faisait moins sentir.

Étant secrétaire de l'Académie des Sciences, il rédigea l'*Histoire de l'Académie* et les *Éloges des Académiciens*.

---

(1) Fontenelle avait dirigé les premières études de M. de Tressan.

Ces deux ouvrages sont regardés comme les modèles du genre et sont la base de sa réputation.

Fontenelle s'occupa aussi de métaphysique et professa le cartésianisme tout en s'écartant de Descartes sur la question de l'origine des idées.

Bien qu'on lui ait reproché de la sécheresse de cœur et de l'égoïsme, on cite de lui des traits de générosité. Il témoigna toujours beaucoup d'amitié à Houdard de la Motte, ainsi qu'à mon arrière-grand-oncle.

De l'éloge de Fontenelle, je ne citerai que la préface dans laquelle le comte de Tressan semble prévoir sa fin prochaine et céder sans regret à la force qui l'entraînait dans la tombe :

Préface de l'Éloge de Fontenelle.

« Un vieillard, retiré dans sa province et qui, dès l'année 1717, a joui souvent du bonheur de voir et d'écouter feu M. de Fontenelle, désire rendre un faible hommage à sa mémoire.

« Ayant appris par les papiers publics que l'Académie française a proposé pour le prix de l'Éloquence l'éloge de M. de Fontenelle, ce vieillard n'a pas assez présumé de ses forces pour oser envoyer ce faible ouvrage au concours : mais le respect, l'amour, la reconnaissance même qu'il conserve pour celui qui mérita véritablement le nom de Sage, le presse d'élever un moment sur ses bras l'urne de M. de Fontenelle, tandis qu'il voit préparer la sienne. »

A la suite de ce discours, le petit-fils de Fontenelle, qui, lui aussi, comptait parmi les immortels, écrivit à l'auteur de l'éloge ;

« J'ai lu avec un grand plaisir, mon cher confrère, ce que vous avez bien voulu faire en l'honneur de mon grand-père Fontenelle. Je ne me permettrai que bien peu d'observations. Je ne trouve pas juste ce que vous dites que, si M. de Fontenelle n'eût pas été à cent six ans, nous aurions perdu *les Mondes*, non plus que ce que vous dites ensuite que *les Mondes* sont fondés sur le cartésianisme. M. de Fontenelle eût pu faire *les Mondes*, étant newtonien, et tels qu'ils sont, il n'y a pas plus d'une vingtaine de pages où il soit question de tourbillons.

« Je n'aime pas la comparaison qui est vers la fin ; je ne puis voir Fontenelle comme un rocher ; ce n'est pas qu'il n'ait une grande constance et une véritable immobilité, mais il est si ingénieux, si doux, qu'il y a dans l'idée de ce rocher, je ne sais quoi de trop imposant.

« Adieu, mon cher confrère, je vous embrasse bien tendrement. « FONTENELLE. »

Une profonde tristesse s'était emparée de l'esprit de l'aimable vieillard dans ses dernières années ; à propos du sentiment intime qu'il semblait avoir de sa fin prochaine, voici un bien curieux exemple de pressentiment, on pourrait même dire de seconde vue, raconté par M. de Musset, dans la lettre suivante adressée au comte de Tressan un an avant sa mort :

« Monsieur,
« C'est à mon retour chez ma mère, sœur du marquis du Tillet, que la lettre dont vous m'avez honoré

m'est parvenue ; je ne puis trop vous remercier du plaisir qu'elle a fait à toute ma famille ; ma mère me charge de vous en témoigner en particulier sa reconnaissance ; elle m'a engagé à faire toutes les recherches que vous me prescrivez, elle n'a pas eu de peine à m'y déterminer. Sa volonté unie à la vôtre, Monsieur, est une loi pour moi. J'ai écrit en conséquence à mon cousin-germain, M. de Ferrières, fils de la sœur aînée de votre ancien compagnon d'armes, et je l'ai prié de m'envoyer une copie exacte de deux des meilleures nouvelles du *Sylphe amoureux*.

« L'exemplaire de cet ouvrage, que j'ai vu dans la bibliothèque de mon cousin, à *Marsay*, est le seul que je connaisse. J'en fais chercher un autre à Paris, et si je le trouve, je vous demande la permission de vous l'offrir. Quant au manuscrit que je possède, j'en ferai l'extrait incessamment et aurai l'honneur de vous l'adresser, si vous voulez bien me le permettre.

« Ma mère, en lisant celui que j'ai fait du *Sylphe amoureux*, m'a assuré que j'avais eu tort de fixer l'époque de la mort de mon oncle au *24 septembre 1744* ; elle prétend qu'il fut tué le 24 août, mais comme j'ai lu cette date du *24 septembre*, écrite de la propre main de mon grand-père, elle veut bien suspendre son jugement jusqu'au moment où vous aurez prononcé entre elle et moi.

« Depuis votre lettre, Monsieur, nous avons parlé souvent du marquis du Tillet, et voici ce que ma mère m'a raconté à son sujet : Le 25 août, jour de la Saint-Louis, elle s'était levée d'assez bonne heure, étonnée, en passant dans l'appartement de ma grand'mère, d'apprendre qu'elle était déjà rendue dans la chapelle de Marsay pour y entendre la messe ; elle s'y rendit aussitôt et trouva Mme du Tillet en prières. Celle-ci, au moment où elle l'aborda, lui dit d'un ton très altéré :

» *Priez Dieu pour mes frères.* Elle continua à le prier de son côté pour ses enfants, et elle communia à la messe qui fut célébrée un moment après. Revenue au château, ma mère se rendit auprès de la sienne, avec une impatience et un trouble plus faciles à concevoir qu'à exprimer:

» *Quelle nouvelle avez-vous donc reçue, ma mère ? Que vouliez-vous donc me dire de mes frères ce matin ?* Et des larmes s'échappaient malgré elle de ses yeux.

« Ne pouvant calmer l'inquiétude de sa fille, ni cacher la sienne propre, Mme du Tillet raconta à ma mère que, pendant la nuit, elle avait vu sortir d'un bois et marcher, dans une plaine coupée de fossés, un corps assez considérable d'hommes armés qu'elle avait reconnus pour des Français ; ils s'avançaient contre une troupe ennemie, et vous jugez, Monsieur, des tourments qui déchiraient le cœur d'une mère présente aux préparatifs d'une bataille où son imagination découvrait tous les dangers que son fils avait à courir. Soudain, un bruit effrayant de canon et de mousqueterie se fait entendre ; un homme, d'une grande taille et couvert d'un manteau écarlate, frappe les regards de Mme du Tillet, elle le voit tomber atteint d'une balle, il se relève et tombe de nouveau sur un tas de morts et de mourants. La malheureuse femme, baignée de larmes, se réveille, se jette à genoux et s'écrie : *Imitons les Macchabées dans leur soumission et dans leur foi. Prions Dieu pour les morts.*

« Huit jours après, deux hommes de sa connaissance viennent à Marsay ; elle les fait passer dans son cabinet, et sans leur donner le temps de parler : *Mon fils aîné a été tué, leur dit-elle, je le savais. Mais, au nom de Dieu, cachons cet événement à mon époux.* Elle rentre avec eux, dévore ses larmes devant son mari et a eu le courage de le préparer elle-même à apprendre cette affreuse nouvelle.

« Ne mettons point de merveilleux dans tout ceci, n'y voyons qu'un rêve, mais jugeons des maux qu'une mère éprouve, lorsqu'à une imagination vive, elle joint une sensibilité profonde. Quel blessé sur le champ de bataille a plus souffert que Mme du Tillet ? C'est le cas de s'écrier avec le poète : *Bella, horrida bella.*

« Mais c'est surtout pour une mère tendre que la guerre est horrible. On nous récompense du sacrifice que nous faisons de notre vie dans les combats, et les femmes, qui souffrent plus que nous tant que la guerre dure, sont à peine associées à la gloire de leurs époux et de leurs fils. C'est sans doute pour nous un nouveau motif de travailler à leur bonheur.

« Heureux celui qui, comme vous, Monsieur, n'a jamais eu rien à se reprocher sur ce point, et qui, amant loyal, bon père et bon époux, s'est battu comme un chevalier et pense comme un sage.

« J'ai l'honneur d'être avec respect, Monsieur,

 « Votre très humble et très obéissant serviteur,

  « Louis A.-M. de Musset. »

10 novembre 1782.

L'année 1783, qui devait être fatale au comte de Tressan, lui apporta une grande tristesse, ce fut la mort de d'Alembert ; il perdit en lui un ami fidèle qui possédait des qualités qui l'ont fait aimer et estimer de ses contemporains ; au plus vif amour pour la vérité, il joignait la bienfaisance et le désintéressement. Il eut, du reste, certains points de ressemblance avec mon grand-oncle ; comme lui, il refusa les propositions brillantes du grand Frédéric, il voua à Voltaire un attachement constant et entretint avec ce philosophe une correspondance suivie.

Je me garderai bien de formuler un jugement quelconque sur celui qui fut, avec Diderot, l'architecte de cette vaste tour de Babel qu'on appelle l'*Encyclopédie*, et qui, devenu secrétaire de l'Académie, rédigea des *Éloges* qui l'ont placé à côté de Fontenelle. Je ne puis que le plaindre, parce qu'il fut malheureux ; il fut trompé par la seule femme qu'il eût jamais aimée, femme qui certainement ne le valait pas. Et pourtant, Mlle de Lespinasse n'était pas belle ; il est vrai que d'Alembert ne semblait pas non plus né pour l'amour. A ce sujet, on ne peut faire mieux que d'écouter Arsène Houssaye, le maître si regretté :

« A ses derniers jours, elle tendit la main à d'Alembert qui ne la quittait pas : « Mon ami, lui dit-elle tristement, il y a vingt ans que vous m'aimez, il y a vingt ans que vous m'avez sacrifié toutes les libertés de votre cœur, il y a vingt ans que je vous trompe. »

« Cette confession fut un coup de foudre pour d'Alembert ; ce coup de foudre fut un trait de lumière.

Il vit passer les figures des amants de Mlle de Lespinasse.

« J'y avais songé, dit-il, mais pouvais-je le croire ? Je ne le crois pas encore ! »

« O d'Alembert ! mon pauvre philosophe, retenez bien ceci de la bouche d'une mourante :

« La raison humaine n'est qu'un fantôme qui s'éva-
« nouit chaque fois que Dieu nous jette un rayon de
« sa lumière. »

« Voyez ce que ma raison a pu contre l'amour.

« Oh ! oui, dit d'Alembert dans sa douleur et en pleurant comme un enfant, c'est une leçon suprême que Dieu m'a donnée, à moi qui, dans mon orgueil, voulait m'élever aussi haut que son intelligence. »

Je n'ai plus qu'une lettre à citer, elle est datée du 24 octobre 1783, et fut adressée à M. de Tressan (dix jours avant sa mort), par M. le chevalier de Bongard :

« Si je pouvais être consolé, ce serait par vous, Monsieur le Comte, votre estime, votre amitié, sont des biens trop précieux pour n'être pas vivement sentis par mon cœur, vous venez de me faire éprouver des sentiments que je croyais éteints depuis longtemps au fond de mon âme, du plaisir et de la vanité, votre bonté est bien faite pour m'inspirer l'un et l'autre.

« Je considérerai, je vous l'avoue, la perte de M. d'Alembert, comme un surcroît que la destinée ajoute à tous nos malheurs. Il n'y a guère que vous, Monsieur le Comte, qui puissiez dédommager ses amis. Je sens, comme tous ceux qui vous connaissent, tous les charmes de votre esprit, et, peut-être plus qu'un autre, l'excellence et la douceur de votre âme. Conservez-moi un peu de bonté. Je prends une part bien sincère à toutes vos souffrances et j'en attends la fin avec l'impatience la plus vive.

« Recevez, je vous prie, Monsieur le Comte, les assurances de mon attachement et de mon respect.

« Le Chevalier DE BONGARD. »

Ce 21 octobre 1783.

L'espèce de pressentiment que le comte de Tressan croyait avoir éprouvé de sa mort ne devait pas tarder à se réaliser à la suite d'un accident auquel il ne fit pas assez attention.

Il était allé pendant l'été au château de Saint-Leu, faire sa cour à Mme la duchesse d'Orléans; il voulut en revenir après le souper. Un postillon ivre le versa dans la route. Il ne s'aperçut pas dans le moment des effets de la commotion qu'il avait reçue; il fit même assez de chemin à pied pour se persuader que sa chute n'aurait pas de suite; il ne voulut pas qu'on le saignât : mais ses connaissances anatomiques ne lui laissèrent pas longtemps ignorer que son état était incurable; il l'exposait à ses médecins avec une présence d'esprit et une fermeté qu'il n'avait pas montrées dans ses autres maladies. Il paraissait avoir rassemblé toutes les forces de son âme pour se pénétrer des principes et des sentiments, que ni les agitations d'une carrière pénible, ni les faiblesses de la sensibilité, ni le courant philosophique de son siècle n'avaient pu lui enlever. Il porta ses regards vers les cieux et ne les tourna plus vers la terre que pour plaindre sa famille éplorée, la remercier de ses tendres soins, invoquer pour elle l'appui de ses amis et la bienfaisance du Roi.

Il s'éteignit le 1ᵉʳ novembre 1783, dans sa 79ᵉ année, laissant trois fils ; l'aîné, colonel de troupes légères, qui ne lui a survécu que six mois ; le second, l'abbé de Tressan, grand vicaire de Rouen ; le troisième, le chevalier (1), capitaine d'infanterie, et une fille, la marquise de Maupeou-Sablonières.

Ce fut Bailly qui remplaça le comte de Tressan à l'Académie et prononça son éloge. Grimm, dans sa correspondance, nous donne des extraits de ce discours :

« C'est le jeudi 26 avril, que M. le comte de Choiseuil-Gouffier, élu par l'Académie française, à la place de M. d'Alembert, et M. Bailly à celle de M. de Tressan, y sont venus prendre séance et ont prononcé leurs discours de réception ; soit l'intérêt inspiré par les nouveaux récipiendaires, soit la curiosité de voir de quelle manière seraient loués les deux académiciens qu'ils remplacent, jamais séance académique ne fut plus brillante et plus nombreuse. Un homme étonné de cette prodigieuse affluence me dit à l'oreille :

---

(1) Le chevalier de Tressan, surnommé Freluche.

« Vous le voyez, les plus grands hommes disparaissent, le monde va toujours. »

« Le discours de M. de Choiseul était consacré tout entier à la mémoire de M. d'Alembert, on s'accorda à trouver l'éloge d'un ton noble et soutenu.

. . . .

« Il y a moins de naturel, moins de simplicité dans le discours de M. Bailly que dans celui de M. de Choiseul. Mais on y trouve aussi plus d'idée, plus de finesse et de profondeur, la manière dont il caractérise l'esprit et les talents qui distinguent les ouvrages du comte de Tressan, respire toutes les grâces du modèle qu'il avait à prendre.

« ..... C'est presque au bord du tombeau que vous l'avez couronné et l'on peut dire que c'est le chant du cygne qui vous l'a fait connaître. M. de Tressan, bien qu'il eût écrit tard, quoiqu'il n'ait fait peut-être que se laisser entrevoir, a montré un talent naturel et un style qui avaient un caractère. Ce caractère précieux aux gens de goût et surtout à des Français était la grâce. La grâce, fille de la nature et compagne de la vérité, réside dans le style, quand il est ingénu et sans effort; elle fuit la recherche et l'exagération. Ce qui est élevé doit être présenté sous une expression simple; ce qui est ingénieux doit paraître échapper à la naïveté. . . . .
. . . .

« Le style gaulois a de la grâce, parce qu'il est naïf, et il tient cette naïveté de la simplicité des mœurs antiques. M. de Tressan les étudia dans nos vieux romans, qui en sont les dépositaires; il sentit que son talent était de peindre ces mœurs ; son style en reçut l'empreinte, et il transporta dans notre langue perfectionnée le ton naïf et la grâce naturelle du langage gaulois. . . . .

« Malade et tourmenté de la goutte, c'est au milieu de ses souffrances qu'il entreprit la traduction de l'Arioste achevée en moins de dix mois, le talent maîtrisait l'âge et la maladie, la gaieté française avait alors le même effet que le stoïcisme. . . . .

« Il peignait les hauts faits d'armes comme un Français qui sent qu'il est né pour s'y distinguer, il peignait l'amour comme un homme qui se plaît à son souvenir. . . . .
. . . . »

Nous nous bornerons à citer une réflexion de Condorcet, tout à fait aimable, sur les dernières occupations de la vie de M. de Tressan :

« Dans un âge où les hommes les plus actifs commencent à éprouver le besoin de repos, M. de Tressan devint un de nos écrivains les plus féconds et les plus infatigables ; il publia ces contes où des tableaux voluptueux n'alarment pas la décence, une plaisanterie, fine et légère, répand la gaieté au milieu des combats éternels et des longues amours de nos paladins. Rajeunis par lui, nos anciens romanciers ont de l'esprit et même de la vérité, leur imagination vagabonde n'est plus que riante et folâtre. . . . . . .

« La vieillesse est peut-être l'âge de la vie auquel ces ingénieuses bagatelles conviennent le mieux, et où l'on peut s'y livrer avec moins de scrupules et plus de succès. C'est alors qu'on est désabusé de tout, qu'on a le droit de parler de tout en badinant, c'est alors qu'une longue expérience a pu enseigner l'art de cacher la raison sous un voile qui l'embellisse et permette à des gens trop délicats d'en soutenir la lumière, c'est alors qu'indulgent sur les erreurs de l'humanité, on peut les peindre sans humeur et les corriger sans fiel. »

Et maintenant ma tâche est terminée, j'ai montré le tableau varié qui fut la vie du comte de Tressan, tour à tour élève des philosophes, soldat épris de son épée, chevalier galant, écrivain distingué, mais le plus mauvais des courtisans. Toute sa vie il fut poète et resta toujours chevaleresque.

Bachaumont n'était pas loin de la vérité lorsqu'il le traitait de paladin. Il le fut en effet à Fontenoy, lorsqu'entraînant la Maison du Roi sur les baïonnettes anglaises il criait : « Mes amis il faut sauter. »

C'est également cette nature généreuse qui le faisait se ruiner à Boulogne lorsqu'il recevait, en grand seigneur qui veut donner une haute idée de la France, les étrangers de passage.

Son véritable panégyriste fut l'abbé Delille, qui, dans l'exergue qu'il traça au bas de son portrait, nous l'a montré tel qu'il fut :

> Savant illustre, intrépide guerrier,
> Poète aimable et galant romancier,
> Le compas de Newton occupe sa jeunesse ;
> Les chants des troubadours bercèrent sa vieillesse ;
> De vos preux chevaliers il conta les tournois,
> Imita leur vaillance et chanta leurs exploits.

Marquis DE TRESSAN.

APPENDICE

CERTIFICAT

auquel Voltaire fait allusion dans sa lettre datée des Délices, le 16 août 1760.

Cette pièce, signée du comte de Tressan, lui fut dictée par le Roi de Pologne, pour constater l'exacte vérité des faits contenus dans l'*Histoire de Charles XII*.

Avis important sur l'Histoire de Charles XII.

On se croit obligé, par respect pour le public et pour la vérité, de mettre au jour un témoignage éclatant, qui apprendra quelle foi on doit ajouter à *l'Histoire de Charles XII*.

Il n'y a pas longtemps que le roi de Pologne, duc de Lorraine, se faisait relire cet ouvrage à Commercy, il fut frappé de la vérité de tant de faits dont il avait été le témoin et si indigné de la hardiesse avec laquelle on les a combattus dans quelques libelles et dans quelques journaux, qu'il voulut fortifier par le sceau de son témoignage, la créance que mérite l'historien; et que ne pouvant écrire lui-même, il ordonna à un de ses grands officiers de dresser l'acte suivant :

« Nous, lieutenant général des armées du roi, grand maréchal des logis de Sa Majesté Polonaise, et commandant en Toulois, les deux Barrois, etc.,

« Certifions que Sa Majesté Polonaise, après avoir

entendu la lecture de l'*Histoire de Charles XII* écrite par M. de Voltaire (dernière édition de Genève), après avoir loué le style..... de cette histoire, et avoir admiré ces traits..... qui caractérisent tous les ouvrages de cet illustre auteur, nous a fait l'honneur de nous dire qu'il était prêt à donner un certificat à M. de Voltaire, pour constater l'exactitude des faits contenus dans cette histoire. Ce prince a ajouté que M. de Voltaire n'a oublié ni déplacé aucun fait, aucune circonstance intéressante, que tout est vrai, que tout est en ordre dans cette histoire. Qu'il a parlé sur la Pologne et sur tous les événements qui y sont arrivés, comme s'il en eût été le témoin oculaire.

« Certifions de plus que ce prince nous a ordonné d'écrire sur le champ à M. de Voltaire, pour lui rendre compte de ce que nous venons d'entendre et l'assurer de son estime et de son amitié.

« Le vif intérêt que nous prenons à la gloire de M. de Voltaire, et celui que tout honnête homme doit avoir pour ce qui constate la vérité des faits dans les histoires contemporaines, nous a pressé de demander au roi de Pologne la permission d'envoyer à M. de Voltaire un certificat en forme de tout ce que Sa Majesté nous avait fait l'honneur de nous dire. Le roi de Pologne, non seulement y a consenti, mais même nous a ordonné de l'envoyer, avec prière à M. de Voltaire d'en faire usage toutes les fois qu'il le jugera à propos, soit en le communiquant, soit en le faisant imprimer.

« Fait à Commercy, le 11 juillet 1759.

« Le comte DE TRESSAN. »

Lettre du Dauphin, fils de Louis XV, au comte de Tressan.

« Je vous souhaite la bonne année, dispensez-moi de la tournure de ce beau et nouveau compliment, il ne vous en dirait pas davantage et vous ennuyerait plus longtemps.

« LOUIS.

« A Versailles, ce 3 janvier 1753. »

(1) Passeport délivré (pendant l'émigration) à l'abbé de Tressan, par S. M. le Roi Louis XVIII.

Louis, par la grâce de Dieu, Roi de France et de Navarre,

Étant bien informé que le Sʳ Maurice-Elisabeth de la Vergne de Tressan, grand vicaire du diocèse de Rouen, abbé de l'abbaye royale de Morigni, est demeuré fidèle aux principes de la religion et de la monarchie, nous invitons tous ceux qu'il appartiendra de laisser passer, librement, le dit Sʳ abbé de Tressan, voyageant en Europe, avec le Lord vicomte de Folkestone, sans lui donner, ni souffrir qu'il lui soit donné aucun empêchement et même de lui accorder tous secours et assistance dont il pourrait avoir besoin.

A l'effet de quoi nous lui avons fait expédier le présent, signé de notre main et nous y avons fait apposer notre petit sceau. Donné à Blankenburg, le 27 novembre, l'an de grâce 1797 et de notre règne, le troisième.

LOUIS.

(1) Copie de la pièce originale qui est entre les mains de l'auteur.

RÉFUTATION DE L'HOMME-MACHINE
DE LA MÉTRIE

Si dans vos vers, sage naturaliste,
Un scepticisme et profond et prudent
Sur votre esprit avait pris l'ascendant ;
Si vous étiez un peu moins dogmatiste,
Je pèserais vos raisons de douter.

Mais, cher Damon, loin de vous écouter,
Quand sottement vous cherchez à détendre
Des nœuds sacrés ; quand je vous vois lutter
Contre le jour qui peut seul nous conduire,
Les plus beaux vers ne peuvent me séduire
Et dans les miens je dois les réfuter.

Un vil mortel, un nouvel Erostrate
Ose abuser du grand art d'Hippocrate,
Par le scalpel il découvre à nos yeux
De nos efforts les accords merveilleux,
Il voit leur force, il prévoit leur ruine,
Il en conclut..... l'homme est une machine
Que le concours des atômes forma,
Et que l'éther plus rapide anima.

Ah ! cher Damon, se peut-il que votre âme,
Méconnaissant cette céleste flamme
Qu'en votre sein versa le Créateur,
Puisse écouter la voix d'un imposteur ?
Quoi ! notre esprit, cette vive lumière,
Quoi ! ces ressorts l'un à l'autre liés,

Pour nos besoins féconds et variés,
Assujettis aux lois de la matière,
Par le hasard seraient modifiés ?
Le croirez-vous ?... Quoi ! notre intelligence,
Notre pensée est un corps circonscrit,
Qu'un agent meut par sa vive effluence,
Qui suit sans choix les lignes qu'il décrit ?
A ces traits-là reconnaît-on l'esprit ?
Reconnaît-on la sublime substance
Qui se souvient, compare, aime et choisit ?

Le hasard n'est qu'un être fantastique,
Qu'un mot qui sert l'ignorance publique ;
Jamais ce mot, qui d'elle est émané,
N'offre à l'esprit un sens déterminé,
Tout mouvement un Dieu moteur l'imprime,
Tout obéit à sa direction.
De ces décrets la chaîne quoique intime
Reste cachée à la perception.
Depuis le temps de l'enfance du monde ;
Même parmi les êtres végétants,
Observe-t-on sur la terre, sur l'onde,
Où dans les airs de nouveaux habitants
Nés du concours des atômes flottants ?
Non, cher Damon, une force féconde
Entretient tout sans que rien se confonde.
De son pouvoir la source est dans les cieux.
Chaque saison la nature abondante
Répand les dons qu'une main bienfaisante
Dans leur principe a su nous préparer.
Mais produit-elle une nouvelle plante ?
D'astres nouveaux les cieux sont-ils parés ?
Or je demande à ce puissant génie,
Qui par pitié veut dessiller mes yeux,
Comment l'espèce à l'autre espèce unie
Se reproduit ?... Aux mortels curieux
Tout est obscur... et le nouveau système

Que l'on propose est toujours mal prouvé
Par Malpeghi, Verschiens, Havé même.
Ce doute obscur ne peut être levé,
Et notre essence est toujours un problème.
Si notre esprit dépendait de nos sens,
Plus leurs ressorts seraient fermes, puissants,
Plus cet esprit atteindrait au sublime.
Ont-ils rendu Milon digne d'estime?
Et dans Pascal ils étaient languissants.
Par ces raisons mon esprit en suspens
S'il ne croyait, que serait-il?... sceptique.
Mais je déteste un traité dogmatique,
Qui m'avilit, qui m'ôte tout espoir,
Et qui surtout veut me faire entrevoir
Que la vertu, l'honneur sont des chimères,
Fantômes vains, faiblesse de nos pères,
Liens adroits, dont la société
A par degrés connu l'utilité.

DIFFÉRENDS

ENTRE LE COMMANDANT MILITAIRE DE BOULOGNE ET LES AUTORITÉS DE CETTE VILLE.

Le comte de Tressan ne fut jamais, à vrai dire, gouverneur de Boulogne ; la commission royale qu'il avait reçue de Louis XV, au moment des préparatifs de la descente en Angleterre (janvier 1746), le chargeait de commander dans la ville et château de Boulogne et pays boulonnais, *tant aux habitants* qu'aux gens de guerre, sous l'autorité du gouverneur (1) ou commandant pour Sa Majesté dans la province. L'ambiguïté de cet ordre de service, qui prescrivait au lieutenant général de Tressan de commander aux

---

(1) Les gouverneurs du Boulonnais qui se succédèrent depuis 1621 seulement furent :

1621. Antoine d'Aumont, marquis de Nolay, baron de Chappas.

1635. Antoine d'Aumont de la Roche-Buron, pair et maréchal de France.

1658. Louis-Marie-Victor d'Aumont, duc d'Aumont, chevalier des ordres du Roi.

1669. Louis, duc d'Aumont, marquis de Villequier, chevalier des ordres du Roi, premier gentilhomme de sa chambre.

1723. Louis-Marie, duc d'Aumont, premier gentilhomme de de la Chambre du Roi.

1732. Louis-François d'Aumont, marquis de Chappas et duc d'Humières.

1753. Louis-Marie, duc d'Aumont (encore gouverneur en 1789).

habitants de la ville, fit croire à ce dernier que le maire et les échevins étaient tenus de lui rendre des comptes. On conserve aux archives de la mairie de Boulogne plusieurs lettres de sa main aux maire et échevins avec lesquels il se mit en lutte dès les premiers mois de son entrée en charge.

La première de ces lettres doit être du mois de novembre et contient ce passage: « Il me paraît singulier que Messieurs de ville prennent sur eux de vouloir chasser des habitants de la ville sans m'en rendre compte. Je m'aperçois depuis longtemps qu'ils s'érigent en maîtres sur tout; mais, tant que je serai ici, je leur ferai connaître ce qu'ils me doivent, puisqu'ils persistent à l'ignorer. »

Dans une lettre du 14 décembre, écrite au maïeur lui-même, on lit ceci: « Il m'est revenu quelques propos que je n'ai point voulu croire; on m'a dit qu'un des Messieurs de la ville avait dit que la ville n'était en rien soumise à l'autorité que le Roi m'a fait l'honneur de me conférer et que mon commandement ne s'étendait que sur le militaire. J'ai reçu très mal celui qui m'a fait ce rapport, ne pouvant croire qu'un pareil discours ait été tenu et que quelqu'un reçu dans un corps de ville soit assez ignorant pour ne pas connaître l'étendue d'une lettre de commandement par le Roi. »

Après quelques jours de réflexion, le commandant militaire de Boulogne, pensant qu'il devait soumettre le différend au duc d'Aumont, gouverneur de la province, écrivit au maire:

« J'ai relu votre lettre avec plus d'attention et je trouve en effet que les droits de Messieurs de ville, pour l'exercice de la police, sont fondés sur des arrêts. Je n'ai de ma vie eu de discussions, je les déteste. Je ne suis même pas assez instruit des règles pour être sûr que mon droit soit bon, quoique toutes les apparences s'y trouvent. Mais que M. d'Aumont me mande qu'il est mauvais, je l'abandonne. »

M. d'Aumont commandait à Dunkerque, il ne donna pas raison à M. de Tressan, qui acheva de se rendre, en reconnaissant que son commandement *était tout militaire*, dans cette lettre au maïeur qui est du 29 décembre et la dernière :

« J'ai connu mieux que jamais, par votre lettre, le tort que j'ai eu de suivre de mauvais conseils et de vous proposer une difficulté si mal fondée. J'en suis d'autant plus sensible à la politesse et à l'amitié avec laquelle vous avez soutenu une si bonne cause. Aussi je vous prie d'oublier toute cette tracasserie, de rendre justice aux sentiments que je vous ai marqués dans mes lettres, lorsque je croyais mon droit bien établi, et de croire que je me fais un vrai plaisir de vous avouer que j'avais eu tort dans la forme, en vous assurant que je n'en ai point eu dans l'intention. »

Ce nuage dissipé, M. de Tressan redevint et demeura, pendant tout le temps de son commandement, l'homme aimable que l'affabilité de ses manières, les agréments de son commerce et les rares qualités de son esprit firent toujours rechercher.

Le maïeur Mutinot, tout en lui reprochant son despotisme, n'avait pas méconnu « ses admirables talents pour la société », en n'en séparant pas son talent pour la poésie, qui s'y confondaient et se faisaient valoir mutuellement.

M. de Tressan était, depuis le 10 mai 1748, lieutenant général des armées du Roi. Il quitta Boulogne en 1750. On ne pouvait l'y oublier et on l'y regretta. Les circonstances toutes particulières qui avaient fait donner le commandement militaire de cette ville à un officier général n'existaient plus : il n'y fut point remplacé, au moins dans son grade.

Cette notice est en partie extraite de l'*Année historique de Boulogne-sur-Mer*, par F.-M. Marande.
(*Fascicule de septembre 1868.*)

De Boulogne, ce 24 mars 1747.

A *Monsieur de Montcrif* (1).

« Notre Seigneur me favorise par le retour de mon charmant mal de tête ; tout s'affaiblit chez moi, ma pauvre carcasse se ruine.

« Ces paroles sont tirées de la *Vie de la Bienheureuse Mère Julienne Jouvin* et conviennent parfaitement à l'état présent du mouton. Je vous supplie, mon cher fauteuil, de dire à notre sainte duchesse que je partage ses maux en esprit et en réalité ; *il y a dans mon coffre de terre une racine qui le détruira un jour*, mais je la prie de demander à Dieu qu'il me donne encore

(1) Réponse du comte de Tressan à une lettre de Montcrif. (Voir chapitre IV, page 47.)

un peu de temps pour devenir meilleur. Notre bonne supérieure de l'hôpital de Boulogne, sachant que je souffrais, m'est venue voir et m'a apporté la *Vie de Bienheureuse Mère Julienne* qui m'a fait grand plaisir à lire et m'a fort édifié ; j'ai été charmé d'y remarquer qu'elle avait sacrifié toutes les fleurs de sa jeunesse ; elle était belle, jeune et pleine d'esprit, sans le croire, sans en tirer vanité, mais aussi sans le cacher, comme sainte Apoline ; c'est ainsi qu'une vertu solide édifie le monde sans le craindre ; les plus grandes saintes ou presque toutes ont été charmantes, ainsi que notre sainte duchesse ne gronde plus les fauteuils et les moutons quand ils oseront la peindre comme ils la voient.

« J'ai reçu réponse de M. de Chalmazel ; j'attends celle de M. de Séjent, et le cher fauteuil aura eu la bonté de faire tout ce que je lui demandais. M. de Chalmazel dit que tout ce qui a paru à Versailles a l'air bien matériel auprès du charmant Zelindor qui s'élève en vrai Sylphe au-dessus de tous ses rivaux.

« J'ai lu dans le *Mercure* des extraits du discours de M. Duclos, j'ai trouvé le style un peu brusque et entortillé ; voilà le diable, quand on veut se surpasser, on quitte son ton naturel, on le croit trop commun parce qu'on y est accoutumé, on en cherche un meilleur et on devient obscur et extraordinaire.

« Je vais vous dire encore, à brûle-pourpoint, que je ne connais point d'ouvrage en notre langue qui rassemble autant de maximes vraies, où les pensées se succèdent dans un plus bel ordre et qui soit aussi agréablement écrit que votre *Essai sur les moyens de plaire*; ce livre a autant de force et plus que La Bruyère et n'en a pas l'amertume, le *Théophraste moderne* est l'ouvrage d'un Timon le Misanthrope qui aboie l'humanité sans trop se soucier de la rendre meilleure; les *Essais* parlent un autre langage; quand ils montrent le défaut, ils donnent le précepte; l'on écoute plus volontiers un ami qu'un correcteur, et, en lisant votre charmant ouvrage, il n'y a personne qui ne se prenne d'estime, de confiance et d'amitié pour l'auteur, il n'y a point de livre plus utile pour adoucir les mœurs.

« J'ai oublié de vous dire que j'en ai fait passer un exemplaire à Londres; je suis sûr qu'il sera traduit en anglais, et je suis charmé qu'ils prennent une idée juste de ce qu'ils appellent la politesse française, ils ne la regardent aujourd'hui que comme une comédie remplie de lazzis, il est bon qu'ils connaissent qu'elle est fondée sur les principes de l'honneur et de l'équité et qu'ils distinguent le singe qui joue le rôle de marquis d'avec l'honnête homme qui fait les délices de la société.

« Adieu, mon cher fauteuil, que je suis heureux de vous écrire une lettre entière, sans vous importuner d'affaires, mais veillez et priez toujours pour moi et faites ressouvenir la Reine avec bonté du chantre des mules grises et de la rue Chapon (1). »

(1) Lettre faisant partie de la collection de Rosny.

Extrait d'une lettre du roi Stanislas à la Reine Marie du 13 novembre 1765.

« ..... Vous avez été trop occupée pour vous souvenir du pauvre Tressan ; lorsque vous serez plus tranquille, vous reprendrez la bonté de lui continuer votre protection. »

(Les occupations de la Reine, auxquelles fait allusion le roi, sont la douloureuse maladie du Dauphin à Fontainebleau, où il mourut le mois suivant.)

Pierre De Nolhac,
Conservateur du Palais de Versailles.

DISCOURS

DE

M. LE COMTE DE TRESSAN

PRONONCÉ A L'ACADÉMIE FRANÇAISE

LE 25 JANVIER 1781

LORSQU'IL FUT REÇU A LA PLACE DE M. L'ABBÉ DE CONDILLAC

Messieurs,

Le service de mon maître m'imposa le devoir, pendant mes belles années, de m'occuper des travaux et des leçons d'Uranie. Admis dans son temple depuis trente ans, j'y jouissais du bonheur d'écouter ses plus dignes interprètes. Vous achevez, Messieurs, d'honorer et d'embellir mes vieux jours en me recevant dans celui de toutes les muses; c'est un nouvel honneur pour moi d'y être admis le même jour que l'auteur, si justement applaudi, d'*Hypermnestre*, de la *Veuve de Malabar*, et d'un grand nombre d'ouvrages couronnés par vos mains et par la voix publique. Mon cœur s'émeut à l'aspect de ce nouveau Lycée; tout me rappelle la mémoire chère et sacrée de ceux qui protégèrent mon enfance, et qui se plurent toujours à m'éclairer.

Sage Fontenelle, aimable Bussy-Rabutin (1), Hénault, Maupertuis, Mairan, la Condamine, vous dont le nom vivra toujours dans le cœur de vos dignes confrères, c'est à vos leçons, c'est à votre amitié que je dois en partie ce nouvel honneur que je reçois aujourd'hui, et je vous compterai toujours au nombre de mes bienfaiteurs.

Que ne dois-je pas aussi au grand homme que nous avons perdu ! Combien de fois, dans mon adolescence, M. de Voltaire ne quitta-t-il pas cette lyre et cette trompette éclatante qui déjà l'immortalisaient, pour placer ma jeune et faible main sur une flûte champêtre, ou pour lui apprendre à se servir de la plume d'Hamilton !

Pardonnez, Messieurs, au vieillard que vous faites asseoir près de vous, d'oser vous parler de ses premières années. Mon exemple peut être utile à ceux qui commencent leur carrière avec des dons supérieurs aux talents qu'on m'avait soupçonnés. Puisse cet exemple encourager mes jeunes compatriotes à mériter que deux illustres compagnies couronnent un jour leurs cheveux blancs !

Les plus puissants secours leur sont offerts : les sciences ne sont plus voilées par ces nuages qui servaient l'orgueil des anciens philosophes; les belles lettres sont éclairées par les plus heureux travaux, et embellies par un goût épuré. Toutes les portes du temple des muses sont ouvertes, et leurs bienfaits se répandent sur ceux qui savent les recueillir.

(1) Evêque de Luçon.

C'est par vous, Messieurs, qu'elles ont perdu leur ancienne sévérité, et que, sans être moins honorées, elles sont devenues plus utiles. La géométrie transcendante, la muse de l'histoire, permettent quelquefois aux grâces de conduire la plume de ce successeur de Newton, qui nous a rendu l'esprit et la narration sublime de Tacite. Souvent aussi, lorsqu'un nouveau Pline soulève les voiles dont la nature s'enveloppe, elle se pare des fleurs qu'une main sûre sait si bien lui choisir.

Tout favorise aujourd'hui l'émulation de ceux qui veulent acquérir des connaissances ou perfectionner leurs talents. De grands hommes en ont simplifié les moyens : des théories lumineuses facilitent les progrès des sciences et des beaux-arts; des méthodes sûres leur apprennent à connaître ces théories dans leurs détails les plus intimes, à les bien saisir, à se les approprier.

Le célèbre académicien auquel j'ai l'honneur de succéder, essaya d'assurer et de diriger la marche de l'esprit humain, en aplanissant la route qu'il doit suivre pour s'élever à la contemplation de la vérité.

Je n'entreprendrai point, Messieurs, d'analyser les ouvrages profonds de M. l'abbé de Condillac, je ne peux au plus que les indiquer.

Ce digne émule de Locke était doué de tout ce qui caractérise un grand observateur. Laborieux, patient, sachant captiver son génie, il s'était convaincu de bonne heure que toute idée isolée, quelque brillante qu'elle soit, ne porte que le trouble et l'erreur dans l'entendement, lorsqu'elle n'est pas liée à l'ordre d'un grand nombre de vérités relatives. Cette liaison intime des idées, leur analogie, leur correspondance mutuelle, fut la base inébranlable sur laquelle il appuya ses spéculations métaphysiques ; jamais il ne se servit d'un mot sans en avoir défini le véritable sens.

Son premier *Traité sur les connaissances humaines*, devait commencer nécessairement par une recherche sur l'origine des langues ; c'est après le langage d'action que la nature accorde à presque tous les êtres sensibles, qu'il démontre que les premiers accents de la voix se sont joints aux signes imitatifs, pour en augmenter l'expression, et qu'ils se sont modulés et multipliés avec les besoins des hommes ; c'est en suite de ces mêmes besoins qu'il fait naître successivement les arts et les métiers, et les nouveaux mots qui les représentent et qui les expliquent.

La méthode analytique, que M. l'abbé de Condillac s'était formée, lui fit découvrir facilement le peu de solidité de plusieurs différents systèmes. Ce fut en portant la clarté dans leur chaos, qu'il prouva que leurs auteurs n'avaient travaillé qu'au hasard, et que leurs édifices étaient bâtis sur les mêmes fondements que l'astrologie judiciaire, la divination, la magie, erreurs populaires enfantées par la superstition, l'avide curiosité, l'intérêt personnel et par l'amour du merveilleux. C'est avec les fortes armes du raisonnement qu'il combattit la métaphysique de Descartes, de Spinosa, de Leibnitz, et qu'il démontra qu'aucune analogie éclairée ne les avait conduits.

Ce fut dans le *Traité des sensations* que M. l'abbé de Condillac porta le dernier coup au système des idées innées, trop longtemps enseigné dans l'école.

Ne pourrait-on pas comparer les grandes découvertes métaphysiques à celles de quelques îles éparses en des mers inconnues? Un navigateur audacieux aperçoit au loin une de ces îles; il la place sur sa carte, elle y reste longtemps inconnue, on néglige de la retrouver. Un second navigateur plus heureux aborde dans cette île, la parcourt, en observe l'intérieur. Un troisième est assez puissant pour s'en emparer, et pour élever un monument dans son centre. Le dernier qui s'approprie cette île est un cultivateur laborieux qui la défriche. C'est ainsi que le célèbre axiome d'Aristote qui dit « que nous ne recevons d'idées que par les sens, » fut inutile, ignoré même pendant une longue suite de siècles, dans les annales de la philosophie. Le sage Locke s'empara de cette idée et l'agrandit, la plume de l'éloquent auteur de l'histoire naturelle la mit en action dans les jardins d'Éden : M. l'abbé de Condillac s'en servit pour animer par degrés sa statue.

A l'exemple de Socrate, le philosophe français savait faire naître ses propres idées dans l'esprit de ceux qui l'écoutaient; souvent on croyait produire lorsqu'on n'était qu'entraîné par l'ordre et la progression lumineuse de ses propositions.

Un génie utile à l'État, et si cher à cette compagnie, sut apprécier le talent supérieur qu'avait M. l'abbé de Condillac pour former un grand prince ; il le proposa pour l'éducation de l'Infant duc de Parme.

On voit dans les seize volumes qui traitent du cours de cette éducation, quelle est la méthode simple que le savant instituteur employa.

Dans les quatre premiers, il apprend au jeune

prince à se bien connaître lui-même, à se servir du plus simple de tous les moyens pour acquérir de nouvelles idées, les considérer dans tout leur jour, les apprécier, les fortifier l'une par l'autre, les ranger dans un ordre philosophique et en tirer des résultats nécessaires.

C'est après l'avoir ainsi préparé qu'il lui fait jeter la vue sur toute la suite des siècles; il lui découvre l'origine des sociétés, l'enfance des nations, leurs progrès, leurs premières opinions, les arts qu'elles ont inventés par degrés, l'élévation de leur puissance, leur politique, leurs fautes, leur décadence.

Ce grand ouvrage est un traité continuel de philosophie pratique pour un souverain : le récit des faits y paraît toujours subordonné à l'explication des causes. Ce n'était point un prince érudit que M. de Condillac voulait former ; c'était un père, c'était un maître éclairé sur tous les devoirs respectifs ou généraux de la société, qu'il voulait donner à ses sujets. Le *Traité de Logique* qu'il publia peu de temps avant sa mort paraît, au premier coup d'œil, supposer beaucoup de connaissances antérieures dans ses lecteurs ; cependant, en saisissant bien ses principes, en s'assujettissant à suivre la marche de ses propositions, on arrive sans effort à toutes les conclusions de cet ouvrage, et l'esprit jouit alors de ce calme agréable et trop peu connu que produit en nous la présence de la vérité.

C'est dans les mains de l'amitié (1) que M. l'abbé

---

(1) M. de Keralio.

de Condillac a déposé son dernier ouvrage. L'auteur y considère les défauts de presque toutes les langues vulgaires comme obstacle aux progrès de l'entendement ; la seule langue de l'algèbre lui paraît parfaite : « Ses signes, dit-il, sont précis, ils naissent d'une analyse simple ; leur analogie est toujours complète. »

Cette langue, en effet, pourrait suffire à sa statue tant que son cœur et son imagination ne seraient pas encore animés ; mais quelle espèce de société pourrait-elle former entre des êtres plus sensibles ? et ne détruirait-elle pas tous les charmes de celle dont nous jouissons ?

Admirons les esprits transcendants qui s'occupent de ces hautes spéculations : elles perfectionnent le grand art de raisonner ; mais ce qui est géométriquement vrai n'est pas toujours possible, et la société, d'ailleurs, n'a-t-elle pas des intérêts bien directs à ne pas tout accorder à cet art ? Pourquoi se priverait-elle de jouir et d'apprécier, d'après un sentiment intérieur, ces effets agréables produits en nous par l'éloquence et par l'harmonie ? Pourquoi se servirait-elle d'une langue qui consternerait les grâces, qui glacerait le génie national ? Eh ! que pourrait-elle ajouter pour la lumière, la précision et la beauté des images au théâtre d'éducation et aux annales de la vertu qu'une nouvelle muse (1) nous fait admirer ? Chaque langue a son caractère particulier ; c'est au goût, c'est au sentiment à l'enrichir, en la rendant plus étendue et plus expressive. Les langues diverses s'appauvriront

---

(1) Mme la comtesse de Genlis.

toujours dans la décadence des empires, et cette décadence entraîne nécessairement celle des lettres et des beaux arts; mais combien ne gagnent-elles pas dans des siècles éclairés et dans les royaumes florissants!

Ceux des Valois qui travaillèrent à restaurer les lettres eussent-ils osé croire que la langue de Ronsard pût devenir assez riche, assez harmonieuse sous les Bourbons pour approcher de celle du Cygne de Mantoue? Et cependant, les dons et les travaux de Palès n'ont rien perdu de leurs charmes sur les lyres enchanteresses du chantre des *Saisons* et de notre Virgile français.

C'est par vos heureux travaux, Messieurs, que notre langue acquiert sans cesse de nouvelles richesses, et le grand Arnaud avait prévu vos succès, lorsqu'il fonda cette Académie, l'une des plus anciennes de l'Europe.

Les muses commençaient à peine alors à rejeter le clinquant et les vieux atours dont le faux goût les avait surchargées; dès qu'elles se parèrent des guirlandes immortelles qui leur furent offertes par Malherbe et l'aîné des Corneille, Richelieu saisit ce moment de leur élever un temple des mêmes mains qui tenaient les rênes de l'État. La politique profonde de ce ministre lui faisait craindre que le feu noir et caché de la Ligue ne jetât encore quelques étincelles; ce fut en éclairant les esprits, en les attachant aux lettres, aux spectacles, aux beaux-arts, qu'il réussit à les distraire des idées qui pouvaient leur rappeler un reste de division et de férocité; ce fut ainsi qu'il parvint à leur faire aimer le calme heureux dont jouit un paisible et bon citoyen. Plus, en effet, Messieurs, un État est tranquille dans son intérieur, plus il est éclairé et plus il est respectable à ses voisins.

L'un des plus illustres conservateurs des lois, le chancelier Séguier, s'occupa de soutenir les progrès naissants de cette compagnie lorsqu'elle perdit son fondateur. Son nom, consacré dans vos fastes, Messieurs, y reparaît toujours avec la même gloire.

Le grand Roi, dont le règne égale celui d'Auguste, et dont les vertus et la majesté furent supérieures à celles de cet empereur, Louis, frappé du pouvoir que les travaux de cette compagnie commençaient à prendre sur les esprits, voulut être alors votre seul protecteur et transmit cet exemple à ses successeurs.

Pourrions-nous, Messieurs, nous rappeler, sans en être vivement émus, les marques honorables que nos Rois nous ont données sans cesse de leurs bontés? Si, parmi les Romains, les regards des sénateurs vertueux furent la récompense d'un citoyen utile, quel effet ceux du Souverain ne doivent-ils pas faire sur des Français toujours passionnés pour leurs Rois!

Hélas! nous n'avons vu que l'aurore d'un beau jour; le Ciel n'a fait que nous montrer un Dauphin dont il avait éclairé l'esprit et formé le cœur! Déjà les trois premières Académies de cette capitale s'étonnaient de l'entendre parler avec tant de supériorité la langue qui leur est particulière; elles le voyaient s'occuper de leurs travaux. Quel juste espoir ne donna-t-il pas à la France! Quelle source éternelle de larmes pour ses anciens serviteurs! Ah! Messieurs, je ne sens que trop, en ce moment où la perte la plus cruelle vient de consterner toute l'Europe, qu'il est des douleurs que le temps ne peut calmer ! Hâtons nous de porter nos regards sur le commencement du règne de notre auguste maître.

Admirons la jeunesse, l'esprit et la beauté assises près de lui sur le plus beau trône de l'univers ; elles appellent les beaux arts ; elles tempèrent la majesté du souverain pouvoir ; elles rendent heureux le digne successeur de Charles V, de Louis XII et de Henri IV. Français, lorsque ce prince, conduit comme le fils d'Ulysse, se plaît à suivre les principes de ces bienfaiteurs de la France, lorsqu'en sacrifiant une partie de sa splendeur extérieure, il en acquiert une immortelle dans les fastes de la nation ; lorsqu'il est persuadé que la vraie gloire consiste moins à faire des conquêtes qu'à conserver l'honneur de sa couronne, la liberté du commerce, celle des nations, sans faire sentir le poids de la guerre à des sujets fidèles. Ah ! prouvons-lui du moins que de vrais Français se sacrifieront toujours pour son service, et que son autel est élevé déjà dans leurs cœurs.

J'ai toujours cru, Messieurs, m'unir à vos travaux en m'occupant à retracer tout ce qui tient aux lois, aux mœurs, aux usages de l'ancienne chevalerie. Toujours animé pour la gloire de mon Roi et pour celle de la noblesse française, lorsque les armes sont devenues trop pesantes pour des mains qui les portaient depuis soixante ans, je me suis proposé de mettre en actions tout ce qui peut rappeler à nos jeunes guerriers l'ancien esprit de leurs pères ; j'ai tâché de peindre avec force cette ardeur héroïque, qui ne laisse voir que des lauriers sur le front hérissé d'une phalange ennemie, ou sur une brèche embrasée, cet honneur épuré qui n'interprète ni n'excuse aucun acte faible ou coupable, cette inébranlable fidélité pour le Souverain auquel on doit sa vie, et pour celle qui peut en assurer le bonheur.

Eh ! quel plus noble et plus doux espoir, en effet, peut animer un chevalier français, que celui de paraître aux yeux de son Souverain après une action brillante ; d'être compté dans le nombre de ceux qui se rendent utiles à l'État, soit par leurs services, soit par leurs connaissances, et de voir les vertus et la beauté applaudir à ses succès ! Qu'il se rappelle sans cesse ce passage de Tacite, si honorable pour les anciens Francs : « Les mœurs font plus chez eux, dit cet historien philosophe, que les plus fortes lois chez les autres nations. »

Mes vœux les plus ardents et les plus tendres sont aujourd'hui remplis, Messieurs : oui, les Guesclin, les Bayard renaîtront parmi nous ; nos jeunes paladins français n'ont point dégénéré de ceux qui furent chantés par la voix harmonieuse du poète ferrarais. Ils ont volé sous les ordres d'un nouveau Renaud ; ils ont étonné le Nouveau Monde par leur audace ; ils sont revenus porter aux pieds de Louis des palmes qui furent inconnues aux Grecs, aux Romains, et que les fleuves de l'ancien continent ne voient point croître sur leurs bords. Ils volent une seconde fois ; ils portent la bannière des lys vers ces rives éloignées... Heureux, heureux le père qui reçoit des mains de son fils un rameau de ces nouvelles palmes, si digne d'être enlacées avec les lauriers de Mahon et de Fontenoy !

RÉPONSE

DE

M. L'ABBÉ DELILLE

Directeur de l'Académie française

AU

DISCOURS DE M. LE COMTE DE TRESSAN

Monsieur,

Le tribut d'éloges que vous avez payé à la mémoire de M. l'abbé de Condillac me dispenserait de rien ajouter à ce que vous en avez dit, si mon devoir et mon inclination ne m'avertissaient également de jeter aussi quelques fleurs sur son tombeau. Vous ne regrettez qu'un homme de lettres, et je regrette un confrère.

M. l'abbé de Condillac orna d'un style noble, clair et précis différents objets de la métaphysique, cette science à la fois si vaste et si bornée. Si vaste par son objet, si bornée par les limites prescrites à la raison. Placée entre les mystères augustes de la religion et les mystères impénétrables de la nature, entre ce qu'il est ordonné de croire et ce qu'il est impossible de connaître, elle peut creuser dans ce champ si étroit, mais elle ne peut l'élargir.

Abandonnés par leur religion à toute la liberté de leurs rêveries philosophiques, les anciens, si admirables d'ailleurs en morale et en politique, ne nous ont guère transmis, dans leur métaphysique, que des absurdités qui, pour l'honneur de la raison, devraient être dans un profond oubli, mais qu'un respect curieux pour tout ce qu'a pensé l'antiquité a condamnées à rester immortelles.

Et cependant, telle est la destinée des anciens que, dans presque tous les arts, presque toutes les sciences, les modernes se sont appuyés sur eux ; ils n'ont pas achevé tous les édifices des arts, mais ils ont posé les fondements de tous ; et le système de Locke n'est, comme on le sait, qu'un développement très neuf d'un axiome très ancien, que rien n'existe dans la pensée qui n'ait passé par les sens. C'est ce même axiome que M. l'abbé de Condillac a développé d'une manière encore plus lumineuse, en reprenant, où Locke les avait laissées, des idées dont il semblait avoir méconnu la fécondité, comme on voit dans les mines un ouvrier habile revenir sur les traces des premiers travaux et saisir une veine abandonnée.

Tel est l'objet du beau *Traité des Connaissances humaines*, qui plaça tout d'un coup M. l'abbé de Condillac au rang des philosophes les plus distingués. Je ne m'étendrai pas sur ses autres ouvrages que vous avez si bien appréciés : je ne me laisserai pas même séduire par cet ingénieux *Traité des Sensations*, dont il dut l'heureuse idée à une femme, et qui réunit à l'intérêt de la vie, le charme d'une fiction. Mais je ne puis ne pas m'arrêter avec plaisir sur le moment où

M. l'abbé de Condillac fut appelé sur un théâtre plus digne de ses vertus et de ses lumières par le choix qu'on fit de lui pour être l'instituteur de l'infant de Parme. On a vu des philosophes célèbres refuser des propositions semblables, avec des conditions plus honorables encore et plus flatteuses, et défendre, contre la promesse de la plus haute fortune et des plus grands honneurs, leur repos honorable et leur douce médiocrité.

L'abbé de Condillac n'avait pas les mêmes raisons de refus. Il s'agissait d'un enfant du sang de France, et le philosophe, en acceptant, fut encore citoyen.

Eh! qui convenait mieux à cette place que celui qui avait étudié si profondément l'esprit humain? Mais il ne s'agissait plus de ces brillantes hypothèses, de cette statue animée par une ingénieuse fiction; il s'agissait de former un enfant royal; il fallait épier, saisir, au moment de leur naissance, chacune de ces pensées d'où devait dépendre un jour le sort d'un État, les diriger, les épurer, et, pour achever cette grande création, allumer dans cette âme un feu vraiment céleste, l'amour du bien public.

Lorsqu'on a dit d'un écrivain: il fut grand orateur, grand poète, grand philosophe, le public entend dire encore avec plaisir : il fut simple et bon. Tel fut M. l'abbé de Condillac. Pour le regretter autant qu'il mérite de l'être, il ne suffit pas d'avoir lu ses ouvrages; il faut avoir connu ses amis ou l'avoir connu lui-même. Il fut pleuré... qu'ajouterais-je à ce mot?

Le public vous voit avec plaisir, Monsieur, prendre ici la place de cet illustre académicien. Votre nom et votre rang ajoutent un nouveau lustre à vos talents, et vos talents rendaient votre nom et votre rang inutiles.

Aux dons de la nature, vous avez ajouté ce goût exquis, perfectionné par le commerce des sociétés les plus brillantes, dont vous-même avez été l'ornement. On sait combien les agréments de votre esprit ont embelli cette célèbre Cour du feu roi de Pologne, composée des hommes et des femmes les plus distingués par la naissance, les grâces, le génie, et qu'Auguste, maître du monde, eût envié à Stanislas détrôné.

Depuis longtemps, vous vivez dans une retraite philosophique où les lettres font votre bonheur et votre gloire. Il semble qu'elles veulent vous payer aujourd'hui les heures que, dans vos plus belles années, vous avez dérobées pour elles aux plaisirs de la jeunesse et au tumulte des Cours. Permettez-moi seulement de remarquer une chose très nouvelle, dans ce partage que vous leur avez fait de votre vie. Dans votre jeunesse, vous vous êtes occupé de choses sérieuses, et de savants mémoires sur quelques objets de la physique vous ont mérité l'adoption de l'Académie des Sciences. Dans un âge plus avancé, vous vous êtes livré aux brillantes féeries des romans et aux enchantements de la poésie. Digne rival des Chaulieu, des La Fare, de ce saint Aulaire qui composa à quatre-vingts ans quelques vers qui l'ont immortalisé (car, dans le plus petit genre, la perfection immortalise), successeur de ces hommes aimables dans la célèbre société du temple, vous avez hérité d'eux, non seulement leurs grâces et leur urbanité, mais encore l'art heureux de tromper comme eux les ennuis de l'âge par les prestiges dont vous entoure votre génie aimable et facile. Le talent le plus jeune vous envierait la fécondité de votre plume élégante ; et ce que vous appelez votre vieillesse, car ce mot semble ne devoir jamais être fait pour vous, ressemble à ces beaux jours d'hiver si brillants, mais si rares dont la plus belle saison serait jalouse.

Peut-être tous ceux qui ne cultivent les lettres que comme un moyen de bonheur devraient-ils vous imiter ; peut-être faudrait-il que nos études, au lieu de suivre l'impression et le caractère de l'âge, luttassent contre son impulsion ; que, comme vous, Monsieur, on opposât des méditations sérieuses et profondes à la bouillante effervescence et aux dangereuses erreurs de la jeunesse ; que, comme vous, on égayât des fleurs de la littérature la plus aimable, ce déclin de l'âge, où la raison chagrine ternit et décolore nos idées, et que, par ce moyen, on retînt du moins, le plus longtemps qu'il serait possible, les douces illusions qui s'envolent.

Mais pour cela, Monsieur, il faudrait et ce fonds de raison qui vous a distingué de si bonne heure, et cette tournure d'imagination toujours jeune, toujours fraîche, qui, n'en déplaise à tous les romans possibles, est la véritable fée, la véritable enchanteresse. C'est par elle que vous avez rajeuni nos anciens contes de chevalerie ; ils ont acquis plus de goût et d'élégance, et n'ont presque rien perdu de leur antique naïveté.

On dit que nos anciens paladins, revenus de leurs

expéditions valeureuses, dans l'oisiveté de leurs châteaux, se faisaient compter les exploits des braves les plus célèbres. Vous avez mieux fait encore, Monsieur, dans la paix de votre retraite, vous avez célébré vous-même les exploits de ces anciens héros de la chevalerie à laquelle vous appartenez par votre naissance. C'est par ce même attrait, sans doute, que vous avez traduit le charmant poëme de l'Arioste, archives immortelles de ces nobles extravagances de la bravoure chevaleresque qui, depuis, corrigée par le ridicule et réduite à son juste degré, est devenue le véritable caractère de la valeur française. Au reste, Monsieur, cet esprit de chevalerie que nous croyons si moderne, peut-être remonte-t-il plus haut qu'on ne pense. Il me semble que la Grèce eût aussi ses paladins et ses troubadours. Hercule, Pyrithoüs, Thésée allaient aussi cherchant les aventures, exterminant les monstres, offrant leurs vœux et leurs bras à la beauté, et Homère allait chantant ses vers de ville en ville. Enfin, rien ne ressemble plus à l'héroïsme d'Homère que l'héroïsme du Tasse; car votre Arioste a chanté sur un autre ton, ou, pour mieux dire, sur d'autres tons : en effet, il les a tous.

Vous savez que lorsque son poëme parut, quelqu'un lui demanda où il avait pris toutes ces folies. Vous, Monsieur, qui l'avez reproduit dans notre langue, vous lui avez plus d'une fois demandé où il avait pris ce génie si souple et si facile, qui parcourt sans disparates les tons les plus opposés ; qui, par un genre de plaisanterie nouveau, ne relève les objets que pour mieux les abaisser; de l'expression sublime descend subitement, mais sans secousse, à l'expression familière, pour causer au lecteur, tout à coup désabusé, la plus agréable surprise ; se joue du sublime, du pathétique, de son sujet, de son lecteur ; commence mille illusions qu'il détruit aussitôt ; fait succéder le rire aux larmes ; cache la gaieté sous le sérieux et la raison sous la folie, espèce de tromperie ingénieuse et nouvelle, ajoutée aux mensonges riants de la poésie.

Il semble que le peu d'importance qu'il paraît attacher à toutes ces imaginations aurait dû désarmer la critique. Cependant, à ce poète si peu sérieux, même quand il paraît l'être le plus, elle a très sérieusement reproché le désordre de son plan. Vous savez, mieux que personne, Monsieur, combien ce désordre est piquant, combien il a fallu d'art pour rompre et relier tous ces fils, pour faire démêler au lecteur cette trame, comme il le dit lui-même, d'événements entrelacés les uns dans les autres, pour l'arrêter au moment le plus intéressant, sans le rebuter ; et, ce qui est le comble de l'adresse, entretenir toujours une curiosité toujours trompée.

Vous vous rappelez la fameuse querelle des anciens et des modernes. Connaissez-vous un auteur qui eût pu mettre un plus grand poids dans la balance ? Les modernes, qu'on opposait aux anciens, devaient aux anciens même une partie de leur force. L'Arioste seul, vraiment original, pouvait lutter contre eux avec ses propres armes, et ces armes, comme celles de ses héros, étaient enchantées.

Laissons à l'Italie cet éternel procès de la prééminence du Tasse et de l'Arioste, qui amuse la vanité nationale ; leurs genres sont trop différents pour être comparés. Admirons la beauté noble, régulière et majestueuse de la poésie du Tasse ; adorons les caprices charmants, le désordre aimable et l'irrégularité piquante de la muse de l'Arioste. Une seule chose les rapproche : c'est le plaisir avec lequel on les lit, même dans les traductions les plus faibles, où pourtant l'Arioste avait, quoique sous la même plume, perdu beaucoup plus que le Tasse ; car quel style parmi les modernes égale celui de l'Arioste? Vous l'avez vengé, Monsieur, de l'infidélité de ses premiers traducteurs, et je dirai volontiers, en style de chevalerie : Vous avez redressé les torts de vos prédécesseurs. Cependant je vous crois déjà trop de dévouement à la gloire de l'Académie pour exiger que j'établisse votre supériorité aux dépens d'un homme estimable dont le nom est sur sa liste. L'ouvrage de M. Mirabaud se lit avec intérêt, et, pour tout dire en un mot : il a traduit un roman, vous avez traduit un poëme.

Quelle obligation n'avons-nous pas, Monsieur, à votre vie retirée et paisible, puisqu'elle nous a valu des ouvrages aussi aimables! Combien vous devez la chérir vous-même, puisqu'elle a tant contribué à votre gloire!

Cependant, Monsieur, je ne puis m'empêcher de faire contre elle quelques vœux, non en faveur d'un monde souvent frivole, qui ne vous offrirait aucun dédommagement des vrais plaisirs que vous auriez perdus, mais en faveur de l'Académie qui vous adopte; vous voyez qu'on s'y occupe de tout ce que vous aimez. Quittez donc quelquefois votre asile pour elle, et vous croirez ne l'avoir pas quitté.

PORTRAIT HISTORIQUE

DE

STANISLAS-LE-BIENFAISANT

La mort de Stanislas assura la réunion des deux duchés de Lorraine et de Bar, à la France, ce fut le présent de la bonne reine Marie et le plus précieux souvenir de Louis XV.

Il faut entendre le comte de Tressan s'exprimer sur cet événement mémorable, dans le portrait qu'il a tracé en trois jours, de ce héros philosophe, pour la Reine qui le lui avait demandé et qui a voulu qu'il fût imprimé sans changement :

La Pologne touchait presque à sa perte, ses palatins étaient divisés ; la veuve du grand Sobieski conservait au fils du libérateur de l'empire un parti dans la république agitée, Auguste sur le trône, et digne de l'occuper, avait été forcé par sa capitulation d'attaquer la Livonie ; les premières hostilités exercées contre les Suédois avaient vivement ému le cœur de leur jeune roi ; Charles, impétueux, inflexible, avait pris les armes ; la victoire avait guidé ses premiers pas ; il avait pénétré dans la Pologne, il ébranlait déjà le trône de son ennemi, lorsque Stanislas parut avec tout l'éclat qui présageait ses grandes destinées.

Ce jeune palatin, exercé aux armes et aux affaires d'état, sous les yeux paternels des deux plus grands hommes de la République, avait reçu dans sa seule famille le précepte et l'exemple de toutes les vertus ; paré de toutes les fleurs et de toutes les grâces de la jeunesse, l'éloquence, la douce persuasion étaient déjà sur ses lèvres ; l'amour de la patrie brûlait dans son cœur; un courage modeste, la fermeté, l'élévation de son âme brillaient dans ses regards ; tel était Stanislas lorsque la Pologne le députa vers Charles XII.

Ce prince altier dédaignait l'art de négocier avec ses voisins ; il voulait, il pouvait alors leur donner la loi, détrôner un prince qui l'avait attaqué, donner un roi de sa main à de fiers républicains jaloux de leur liberté, enchaîner les volontés, imprimer la terreur. Tels étaient les désirs, ou plutôt les transports, de l'âme héroïque de l'Alcide du Nord.

C'est sous ces dangereux auspices que Stanislas vint lui porter des propositions de paix. Un court silence naquit entre eux de leur admiration réciproque : Charles éprouva, dès le premier coup d'œil, un sentiment nouveau, il sentit, peut-être la première fois de sa vie, le bonheur d'aimer! Une heureuse sympathie agit également sur le cœur de Stanislas; l'union des grandes âmes est toujours facile!

Dès les premiers jours de cette conférence, déjà l'ambassadeur républicain a la confiance de tout espérer d'une négociation qui n'a que la paix pour objet ; mais déjà Charles ne balançait plus à mettre le comble à sa gloire, en arrachant à son rival une couronne qu'il destinait à son ami.

Il est du caractère de l'héroïsme de s'élever au sublime de tous les sentiments : dès que Charles aima, il crut devoir à son ami de le rendre son égal ; il couronna Stanislas de sa main ; ils régnèrent, ils combattirent ensemble et bientôt la fortune les trouva assez grands pour les éprouver.

Ils furent tous deux malheureux et tous deux se montrèrent supérieurs à leurs malheurs ! Exposés l'un et l'autre à des espèces de hasards et de périls que les rois ne peuvent prévoir, et que le reste des hommes n'éprouve qu'en frémissant, leur fermeté d'âme fut égale, mais elle porte l'empreinte de leurs caractères.

Charles, indomptable, bravait, avec un petit nombre de généraux et de domestiques fidèles, un corps formidable de janissaires, dont il était entouré ; tandis que Stanislas déguisé, fugitif, conservait une présence d'esprit, une tranquillité d'âme, une gaieté inaltérable, en traversant des états où l'on avait mis sa tête à prix.

La suite des événements répondit à leurs caractères, Charles mourut les armes à la main ; et c'est le genre de mort qu'il eut choisi ! Stanislas vécut heureux dans sa retraite ; les respects, les hommages qu'on lui rendit alors, étaient d'autant plus flatteurs qu'ils étaient plus personnels, la beauté de son génie, la candeur de son âme, mille dons charmants, et surtout celui de plaire, lui formèrent une cour partout où il trouva des hommes sensibles aux charmes de l'esprit et de la vertu.

Quelles ressources son âme active n'avait-elle pas pour savoir jouir d'une vie privée ; et pour mettre à profit un temps toujours précieux, toujours trop court pour un esprit courageux et avide de savoir? Il saisit presque sans secours les principes de toutes les sciences et de tous les arts utiles ; il embrassa toutes les connaissances, il acquit presque tous les talents. C'est de là que nous avons vu tour à tour, en des mains qui semblaient ne devoir être exercées qu'aux armes, la plume de Solon et d'Antonin, l'équerre de Vitruve, les crayons d'Apelles, et plus souvent encore le soc utile et honorable du laboureur.

C'est à Deux-Ponts, à Weissenbourg, que, dans le silence de la retraite, il étudia l'homme, et qu'il découvrit les moyens de le rendre plus sage, plus actif et plus heureux ; c'est dans cette même retraite que s'étudiant lui-même, une religion éclairée, une foi vive et pure, le consolèrent dans ses malheurs. Une philosophie, qui lui était naturelle, lui prouva que les plus grands événements, qui fixent l'attention de l'univers, n'ont qu'une relation momentanée avec des êtres fragiles qui volent rapidement sur des fleurs, ou qui chancellent sur des précipices, pour se plonger l'instant d'après dans les ombres de la mort et dans l'éternité. Il connut que la vraie vertu est le lien nécessaire qui unit les hommes, et que le plus sublime attribut de cette vertu, c'est la bonté. Qu'il n'est aucun état qui soit absolument privé du bonheur d'exercer la bienfaisance, et que le monarque n'est grand qu'autant que son âme est embrasée du désir de faire le bien général, et éclairée dans les détails et les moyens d'y réussir ;

toutes ces grandes vérités, il nous les a prouvées depuis par ses bienfaits.

Stanislas fut heureux dans sa retraite; il avait en lui-même de quoi l'être. La Providence venait d'adoucir ses malheurs, par la félicité la plus pure pour les âmes vertueuses et sensibles; une épouse aimable, une fille chérie avaient bravé mille périls pour le rejoindre; il goûtait avec elle cette paix, ce silence délicieux d'un cœur qui se sent assez heureux pour ne rien désirer.

Quelques serviteurs fidèles, attachés à sa fortune, formaient une cour suffisante pour un prince qui jamais n'exigea rien dans le service de sa personne et qui reconnut toujours les soins qui lui prouvaient qu'il était aimé.

Il s'était formé sans effort une telle soumission aux décrets de la Providence, une telle constance d'âme que rien ne pouvait en altérer la tranquillité. Une imagination vive et fleurie, une gaieté singulière dans l'esprit, lui faisaient tourner en plaisanterie jusqu'aux privations, jusqu'aux besoins mêmes.

Plein de ressources contre la langueur et la faiblesse que les âmes longtemps agitées éprouvent dans la solitude, tout semblait s'animer autour de lui; tous ses jours marqués par quelqu'amusement qu'il faisait naître, avaient la vivacité d'un jour de fête; il semblait avoir fixé le bonheur dans une retraite où son cœur jouissait pleinement du seul bien qui fût digne de lui; il aimait, il était tendrement aimé. J'en atteste ici tous ceux qui l'ont servi! en est-il un seul que la fortune eût pu lui ravir? Et n'ont-ils pas toujours regardé le bonheur de voir leur maître comme la plus douce et la plus noble des récompenses ?

Il avait si bien goûté les charmes d'une vie privée, et les ressources immenses d'un esprit éclairé, qu'il désirait peut-être alors qu'aucun grand événement ne vint troubler des jours si sereins et si paisibles ; mais ses grandes destinées n'étaient point accomplies ; éprouvé, perfectionné par l'infortune, il devait l'être encore par la prospérité.

Le génie protecteur de la France plane sur l'Europe et, d'un regard guidé par l'Éternel, il parcourt, il contemple des trônes affermis ou renversés, mais toujours égaux à ses yeux. Une lumière pure, élancée de celui de Stanislas, arrête son vol rapide et fixe son choix.

La princesse de Pologne est bientôt unie au plus aimable, au plus aimé de tous les hommes, au plus grand, au plus puissant de tous les rois, le ciel bénit son ouvrage, une heureuse fécondité fait le bonheur de la France et donne un plein calme à l'Europe en affermissant les traités.

Quelques années s'écoulent, Auguste meurt, la république incertaine se partage entre le fils d'un roi digne de ses regrets, et le compatriote qu'elle avait admiré comme citoyen, qu'elle avait aimé sur le trône, et qu'elle respectait comme beau-père de Louis ; la France prend les armes ; Stanislas obéit aux décrets qui règlent son sort ; il s'arrache à regret du sein de son auguste famille, il quitte en soupirant les bords de la Loire et de la Seine, pour voler sur ceux de la Vistule, où l'amour et les vœux de ses anciens sujets le rappellent, il paraît, il est couronné.

Quelques palatins comblés des bienfaits d'Auguste forment une scission; le Russe accourt à leur voix. Stanislas eût pu combattre, mais, trop philosophe, trop citoyen pour ne pas épargner le sang de la patrie, il tente, il espère de ramener les esprits par une négociation; il s'enferme à Dantzick, il y est assiégé, et, malgré lui, le sang commence à couler pour sa défense.

C'est dans ce même temps qu'une maladie, qui fut longtemps mortelle, que cette même maladie qui menaça les jours de Louis-le-Grand, attaque ceux de Stanislas et se déclare ! Un célèbre chirurgien français décide une opération qu'il juge pressée ; il répond de sa vie, mais il porte à six semaines le temps de sa guérison ; un topique douteux, mais qui peut-être détruira le mal en trois semaines, lui est offert ; Stanislas ne balance pas, il sait que Dantzick ne peut tenir plus d'un mois sans être enseveli sous ses ruines; il sait que sa captivité entraînera celle de tous ses amis, et la ruine des intérêts de la France ; il s'abandonne aux soins de l'empirique qui peut le plus tôt le mettre en état d'exécuter un projet qu'il a formé; le danger terrible et présent de sa position ne trouble point son sang, ni l'effet de ce remède salutaire; il guérit en peu de jours et dès lors il ne s'occupe plus qu'à suivre ce projet dangereux, qui ne pouvait être conçu que dans l'âme la plus héroïque.

Un événement en retarde pendant quelques jours l'exécution ; un faible secours surmonte tous les obstacles et pénètre jusqu'aux lignes des Moscovites; un jeune guerrier y conduit quelques bataillons français. Pénétré de la haute idée que lui inspire le prince qu'il vient défendre, le maître qu'il sert et la nation qu'il commande, emporté par son courage et par son amour pour Stanislas, le marquis de Plelo tente jusqu'à l'impossible; il ne peut survivre au fatal événement qu'il prévoit, il meurt dans l'effort généreux qu'il fait pour le retarder?

Stanislas donna des larmes à sa perte, celle d'un ami était le seul malheur qui pût lui en arracher! Mais bientôt ce calme, cette fermeté d'âme au-dessus de tous les périls se montre dans toute sa force et sa simplicité. Il exécute son projet..... Eh! quel projet pour un roi!.... Il demande, il reçoit un habit de paysan des mains de l'ambassadeur de France; il s'en revêt d'un air aussi serein qu'il s'était revêtu des ornements royaux; il sourit à la douleur, à l'effroi qui se peignent alors dans tous les yeux; son âme est calme, et son esprit tranquille au moment qu'il se dévoue pour le bien général, et qu'il rassemble sur sa seule tête tous les périls qui menacent la vie ou la liberté de ceux qui ont suivi sa fortune.

Ce héros de tous les moments, de toutes les situations, où la fortune puisse placer le citoyen, le guerrier, l'homme obscur et le monarque; ce prince fugitif traverse à pied des campagnes et des forêts occupées par ses ennemis; le fer, la fatigue, la faim même le poursuivent dans sa fuite et menacent enfin ses jours: il leur oppose la force, la confiance et l'adresse. Il arrive à Kœnisberg en 1734, où le prince royal de Prusse faisait alors son séjour; ce jeune prince y recevait encore ces espèces d'instructions propres à donner quelque existence à l'esprit des hommes ordinaires, mais déjà trop faibles, trop bornées pour un génie transcendant qui savait multiplier, agrandir toutes les idées qu'il recevait, en former des résultats nouveaux et les réduire en principes.

J'ai déjà dit que l'union des grandes âmes est toujours facile : Frédéric rendit hommage au rang, aux malheurs, à la confiance inébranlable de Stanislas ; il se prit d'une tendre amitié pour un prince qui lui donnait la leçon vivante d'un ordre inaltérable dans ses principes et de la plus grande intrépidité ; la mort seule en a rompu les liens. Frédéric conduisit Stanislas à Berlin, où le feu roi de Prusse reçut ce prince malheureux comme son égal et comme un frère ; il prévint l'ambassadeur de France dans tous les soins qui pouvaient le faire reparaître avec toute la majesté royale.

Stanislas arrive enfin sur les frontières de France, il écrit lui-même à la Reine, sa fille, ce singulier événement ; il porte tout l'enjouement de son esprit dans une narration qui doit faire frémir l'homme le plus intrépide ; il ne s'y permet de réflexions sérieuses que celles où son âme s'élève au Dieu puissant qui l'a conduit et dont la main a répandu l'aveuglement sur ses ennemis.

L'exil volontaire de Stanislas rend la liberté à sa patrie, arrête le fer prêt à frapper et réunit les factions divisées. Auguste II monte sur ce même trône où la France était destinée à trouver sans cesse ses ornements, le bonheur de ses maîtres et l'espoir de la plus ancienne dynastie du monde.

L'Europe, attentive à ce grand événement, se réunit ; sa voix générale est dirigée par la même puissance qui dirigea deux fois les vœux de la Pologne. Stanislas lui paraît trop grand, trop digne de régner pour ne pas lui décerner une couronne ; Stanislas conserve le titre et la puissance de roi ; ce titre auguste !... Ses vertus l'avaient honoré !... Les États d'Austrasie lui sont soumis par le concert unanime de toutes les puissances prépondérantes. La Lorraine est déclarée reversible à la France ; et par l'enchaînement des décrets de la Providence, la princesse de Pologne est placée à côté d'Anne de Bretagne, dans le rang de celles de nos reines qui ont enrichi la monarchie par de nouveaux États.

Stanislas, en prenant possession de la Lorraine, paraît comme un ange consolateur qui vient adoucir ses regrets ; la renommée avait annoncé ses vertus ; il se fait connaître lui-même, et bientôt il réussit à suspendre les pleurs dont la tombe de Léopold était encore baignée, il remplace tout ce que les Lorrains pouvaient espérer du grand prince qu'ils perdaient, mais qu'ils voyaient près d'être assis sur le trône des Césars.

O Lorrains ! peuple fidèle, et qui savez si bien aimer vos maîtres, c'est à vous de parler de celui que nous avons perdu. Ordres divers d'une nation illustre, laborieuse et distinguée dans tous les arts, parlez ! Si les larmes étouffent votre voix, que vos cris se fassent entendre ! Peignez à vos enfants, d'âge en âge, ce Sage couronné, qui, comblé de travaux et de gloire, portait encore la vie, le nerf et la lumière dans toutes les professions actives, qui sont les vraies ressources et les ressorts les plus puissants d'un État. Rappelez tous les actes de sa vie ; c'est une leçon pour les souverains ; c'est un gage de l'amour de l'Être suprême, qui semble aimer à renouveler l'empreinte de son image dans les rois de la terre.

Que les monuments qu'il éleva, que les asiles, que les établissements qu'il fonda pour tous les états et pour tous les âges, que ces torrents émanés d'une source inépuisable de bienfaisance annoncent à l'univers que, pendant un règne de trente ans, Stanislas n'ouvrit point les yeux à la lumière sans l'idée d'un bienfait nouveau, et qu'il ne les ferma pas le soir sans avoir saisi tous les moyens de lui donner l'existence !

Et vous, compagnons malheureux de mon bonheur passé, vous qui jouissiez avec moi de celui de le servir, séparez la majesté royale de l'homme, comme il aimait à l'en séparer lui-même : connûtes-vous jamais un ami plus aimable ? Ne fut-il pas toujours le nôtre ? Qui mieux que notre maître a possédé l'art charmant de dire, à ceux qui composaient sa Cour, ce qui pouvait leur être flatteur, honorable et personnel ? Soixante ans d'expérience avaient achevé dans Stanislas ce que la nature avait si heureusement commencé ; il connaissait, il savait apprécier les hommes ; leur état, leur caractère décidaient de l'espèce de récompense qu'il destinait à leurs services ; il abandonnait à des gens obscurs, mais nécessaires, le superflu de ses richesses, comme étant le seul lustre de leur état ; il récompensait par sa confiance, ses caresses et sa société intime ceux dont la naissance, les principes et les sentiments lui étaient connus.

Un plaisir mêlé d'impatience renaissait pour nous aux heures où nous allions jouir du bonheur de le voir ; nous étions obligés, pour lui plaire, d'oublier alors que nous servions un maître ; il nous forçait de nous élever à une espèce d'égalité dont il aimait à jouir, et où la supériorité de son rang, de son esprit et de son âme ne nous inspirait plus que les sentiments agréables de l'admiration et de l'amour.

Toujours occupé de quelque objet utile, et conservant de grandes vues jusque dans ses amusements, s'il eût été possible de forcer les lois de la nature, il eût atteint un but qu'il ne se proposa jamais que pour reconnaître toutes les ressources, toute l'étendue des forces mouvantes, et souvent les inventions les plus utiles furent le prix de son travail. Il simplifia, il perfectionna les instruments de plusieurs arts et surtout ceux du labourage. Sa belle et fertile imagination lui fit varier sans cesse les moyens d'orner ses palais, de parer, d'animer ses jardins par des eaux jaillissantes. Les plans des monuments qu'il éleva et des maisons qu'il embellit sont dans les mains de toute l'Europe et serviront à jamais de modèle.

Cette variété qu'il aimait, il la portait dans sa société particulière ; la connaissance qu'il avait des hommes était un bien acquis dont il aimait à jouir. Souvent il excitait entre nous des disputes, et pour mettre en jeu les différents caractères, il nous animait et se plaisait à soutenir le parti du plus faible. Jamais on n'a mis plus d'esprit et plus d'art que ce prince à soutenir un paradoxe ; mais jamais aussi, lorsqu'il en était temps, personne ne l'anéantissait par des traits si lumineux. C'est ainsi qu'il démêlait, qu'il appréciait la portée de l'esprit de ceux qui l'entouraient, c'est ainsi qu'il finissait toujours par les éclairer.

Années heureuses, vous coulâtes trop rapidement... Nous n'osions les compter ! Mais l'activité, la santé, la force brillaient sur le front de Stanislas, les grâces même n'en étaient point effacées. Ses derniers écrits avaient tout le feu de ceux de sa jeunesse ; rien ne paraissait menacer une tête si chère, et le jour de sa naissance était encore un jour de fête pour nous.

Ceux qui virent la réception que fit ce prince à ses augustes petites-filles, l'activité, la magnificence, la galanterie même qu'il mit à toutes les fêtes qu'il leur donna, se formèrent alors une illusion agréable : ils crurent le voir rajeunir !...

Quelles fêtes !... Eh ! que ce mot exprime faiblement le sentiment qu'elles inspirèrent ! On ne pouvait plus s'arrêter aux spectacles qu'elles offraient ; il n'en était plus qu'un pour les âmes sensibles ; tous les cœurs étaient émus, tous les yeux étaient fixés sur deux princesses charmantes, que Stanislas serrait tour à tour dans ses bras et que rien ne pouvait distraire elles-mêmes du bonheur de le voir et de l'écouter.

A ce spectacle si touchant, il en succéda bientôt un autre plus singulier, mais non moins attendrissant. Les enfants d'Auguste II remplacèrent Mesdames, et le cœur et les bras de Stanislas leur furent également ouverts. Quels droits la vraie vertu n'a-t-elle pas sur les âmes fortes et sensibles !... Quarante ans de travaux, de périls et d'infortunes sont effacés de son souvenir ; il reconnaît dans les enfants de son compétiteur les mêmes vertus qui sont le bonheur de son auguste petit-fils ; il les reçoit comme les siens, il les occupe sans cesse par de nouveaux soins, par de nouvelles caresses ; il réussit ainsi à leur faire oublier qu'ils sont dans le palais de Stanislas, il leur fait goûter le bonheur de se croire dans celui d'un père.

J'ai dit souvent que Stanislas savait aimer ; mais quel maître, quel ami, et surtout quel père fut jamais aimé plus tendrement ? Hélas !... comment mon cœur désespéré me laissera-t-il la force de le peindre encore, dans ces jours heureux où son âme jouissait du bonheur de se rejoindre, de s'unir à celle de toute son auguste famille ? Entouré de tous ses enfants, comme les patriarches, assis au milieu d'eux, les rangs étaient confondus, rien ne tenait plus leur empressement.

Assez nombreux pour le dérober aux yeux de la Cour, quelques-uns étaient assez jeunes encore pour se disputer ses caresses ; il les prenait tour à tour dans ses bras, et son attendrissement redoublait lorsque la fille adorée d'Auguste élevait les plus petits sur ses genoux et semblait lui dire : Voilà les liens heureux qui nous ont réunis ; aimez, reconnaissez en eux les traits d'un petit-fils qui vous ressemble.

Stanislas devait bientôt jouir d'un bonheur si pur. Tout était préparé pour le voyage de Versailles, lorsque les atteintes d'un mal peu dangereux, mais qui parut diminuer ses forces, portèrent l'alarme dans tous les cœurs. Nous commençâmes à frémir ! Un sentiment douloureux glaça notre âme en nous donnant la première idée d'un malheur que nous n'avions jamais voulu prévoir. Nos yeux attentifs se fixaient sur les siens ; il cherchait en vain à nous rassurer lui-même, nous ne l'étions point assez pour cacher nos craintes. Bientôt la Lorraine trembla pour les jours de son bienfaiteur ; ses cris pénétrèrent jusqu'à Compiègne, ils y portèrent la consternation.

La Reine éperdue vole à son secours ; Louis presse lui-même tout ce qui peut accélérer sa marche. Cette princesse arrive tremblante à Commercy ; l'orage était dissipé. Hélas ! le ciel leur accorda de jouir encore sans trouble de quelques beaux jours. Qu'ils passent rapidement ces jours heureux, et que leur souvenir coûte de regrets ! Lorsque la Reine, prête à partir, voit approcher le moment d'une séparation si douloureuse, elle voudrait cacher ses larmes, dérober sa marche ; mais elle ne peut se résoudre à perdre un seul des moments où elle peut voir encore ce qu'elle aime ! Sa Majesté nous appelle tour à tour, elle recommande à nos soins ce maître... ce maître que nous adorions ! Que dis-je ? Elle le recommande à tout ce qui paraît à ses yeux. Tout ce qui peut l'approcher, le servir, ne faire même que le voir, tout est intéressant pour elle : elle a l'air de connaître, d'honorer de sa confiance jusqu'au peuple qui l'entoure ; et lorsque ce peuple élève la voix au ciel pour lui souhaiter de longs jours : Vive mon père ! s'écrie-t-elle ; priez, mes enfants, priez pour le vôtre !

La Reine part, Stanislas la suit, la devance ; ils jouissent encore pendant quelques moments du bonheur de se voir. Ce furent les derniers que le ciel devait leur accorder. Ils se séparent enfin, et Stanislas retourne à Lunéville.

Jamais la santé de ce prince ne parut meilleure que dans ce temps ; l'impression de la joie pure qu'il venait de goûter animait ses yeux et colorait son teint ; il n'en fallait pas moins pour rassurer tout un peuple qui n'était point encore remis de ses premières alarmes.

En arrivant à Nancy, nous vîmes ses habitants accourir en foule, gardant d'abord un silence profond et portant des regards inquiets sur leur maître ; mais quelles acclamations, quels vœux, quels cris s'élevèrent quand ce peuple fut rassuré ! Quand je dis peuple, il faut y comprendre tous, tous les habitants de cette capitale.

Rois, voilà vos vrais triomphes ! Ces vœux ardents de vos peuples, ces cris d'acclamation ne percent point en vain la nue ; l'Éternel les entend et l'histoire les consacre dans ses fastes.

Stanislas avait déjà repris ses occupations ordinaires, lorsque la nouvelle la plus accablante vient frapper son âme d'un coup mortel : ce petit-fils si cher..... Hélas ! fatale époque pour la France ; pertes cruelles ! comment oser vous rappeler ? Ah ! grand Dieu ! que me reste-t-il encore à peindre quand je ne peux plus que gémir ? Mes larmes effacent les traits de ma main tremblante !

Être suprême ! ô toi dont nous adorons les décrets sans oser sonder leur profondeur, puissions-nous, dans notre douleur, ne te montrer que notre résignation et nos larmes! Ce n'est qu'au pied du trône de Louis le Bien-Aimé que nous pouvons trouver quelque adoucissement à nos malheurs; ce n'est qu'en voyant notre maître, ce maître dont la France éperdue craignit plus la perte que celle de ses frontières et de sa gloire; ce n'est qu'en voyant le vainqueur de Fontenoy entouré de trois princes élevés par la sagesse à toutes les vertus de leur père, que nous croyons encore que l'Éternel veille sur la postérité de saint Louis et sur la première monarchie de l'univers.

O Stanislas, ton ombre heureuse doit pardonner ces transports à notre juste douleur !...

Comme nous anéanti par la perte fatale de ton auguste petit-fils, toute ta fermeté ne put résister à ce coup terrible; des soupirs, un morne silence, une douleur profonde obscurcirent tes derniers jours; ce ne fut encore que l'accident le plus affreux ! ce ne furent même que les approches de ta dernière heure qui rendirent à ton âme tout le calme et toute la vigueur de tes belles années. Alors, plein de foi, d'amour et d'espérance, on t'a vu tressaillir de joie, lorsque l'éloquent Elisée te fit une peinture aussi vraie que sublime de la mort du juste, et te fit goûter les premières délices d'un bonheur éternel.

Attentif à nous cacher les maux violents qui le dévoraient, l'air serein reparut alors sur le front de Stanislas; sensible jusque dans ses derniers moments, ses yeux mourants nous cherchaient encore ! et nous étions encore tendrement serrés par une main que nous baignions de nos larmes.

Il n'est plus, ce grand homme, ce maître chéri, ce

frère de son peuple, ce libérateur de sa patrie, il n'est plus !...

Vérité cruelle qui retentit dans nos cœurs, qui les glace et qui répandra l'amertume sur le reste de notre vie ! Qu'il vive, du moins, dans la mémoire des hommes comme un de ceux qui a le plus travaillé pour leur bonheur ! Que les temples, les places publiques et jusqu'aux hameaux retentissent du nom de leur bienfaiteur !

La terre se tut en présence d'Alexandre et de Cyrus; son sein fut abreuvé de sang, sa surface fut ravagée par les flammes, les monuments qui la décoraient furent renversés ! Conquérants barbares ! tels sont les événements affreux qui caractérisent votre siècle ; l'histoire ne vous place qu'à regret au rang des grands hommes ; la vraie philosophie, cet amour pur de la sagesse, déteste les actes sanglants et les conquêtes souvent coupables qui vous tracèrent une route trop facile vers l'héroïsme ; les gémissements sourds de la misère, les cris aigus du désespoir ont troublé les champs de vos funestes triomphes ; vos palmes furent ternies par le sang, la terre se tut et la nature frémit en votre présence !

Quel contraste plus frappant que celui d'un roi qui n'oublia jamais les droits respectifs de l'humanité et qui, dans les différents rapports qui l'unirent aux autres hommes, se sacrifia lui-même et réussit sans cesse à leur être utile. Jamais Stanislas ne sépara sa propre gloire d'avec celle de sa nation ; il ne se regarda sur le trône que comme le premier mobile d'une vaste machine dont il devait entretenir l'harmonie. Couronné deux fois, l'une par les mains de l'amitié, l'autre par celles de ses concitoyens, deux fois sa vertu sublime lui fit déposer son sceptre sur les autels de la paix ; la sûreté de sa patrie, le sang de ses sujets, la fortune de ses amis, ces objets (toujours les plus grands pour un sage) lui parurent d'un prix bien supérieur à celui d'un trône ; mais en perdant un empire extérieur sur les Polonais, il s'en assurait un à jamais durable dans leurs cœurs, et ses deux abdications seront également immortelles dans l'histoire de la philosophie et dans les fastes de l'univers.

Si la terre se tut en présence des conquérants qui la ravagèrent, quelle nation policée pourrait ne pas répéter avec nous : la terre dut tressaillir de joie en présence de Stanislas ! Sa surface fut embellie ; son sein fut cultivé par un travail plus industrieux et toujours paisible ; nul citoyen en état d'agir ne fut inutile, nul citoyen languissant ne fut sans secours. Semblable à l'astre du jour, il vivifia, il rendit fécond tout ce que sa belle âme et son puissant génie embrassèrent dans leur sphère d'activité.

Stanislas laisse aux rois un grand exemple : à la patrie, à ses sujets, tout ce qui doit rendre leur reconnaissance immortelle ; à ses serviteurs, le souvenir tendre et douloureux des charmes qu'il répandit sur leurs jours, et la consolation d'orner son urne de quelques fleurs et de la baigner de leurs larmes.

TABLE DES CHAPITRES

	Pages.
Préface...	IX

Chapitre premier. — Origine des La Vergne. — Le comte de Tressan raconte les premières années de sa jeunesse. — Il accompagne le duc d'Orléans envoyé à Strasbourg pour épouser au nom du roi la princesse Marie Leczinska. — Ses relations à la Cour et à Paris. — Vers adressés à Mᵐᵉ de Pompadour.................................. 1

Chapitre II. — La Reine dans son intérieur. — Surnom du comte de Tressan — Anecdote racontée par le comte d'Argenson. — Portrait de Marie Leczinska par le président Hénault. — Les idées nouvelles se propagent dans la noblesse et le clergé. — Femmes philosophes. — Réfutation de l'*Homme-machine* de La Mettrie. — Voyage de M. de Tressan en Italie ; rappelé en France par la guerre de la succession de Pologne, il prend part aux campagnes de 1733 et 1734. — Il assiste aux sièges de Kehl et de Philipsbourg, où il est blessé.................................. 19

Chapitre III. — Disgrâce du comte de Tressan. — Pamphlets et chansons. — Le comte de Maurepas, ministre de la marine et de la maison du Roi. — La bataille de *Fontenoy* contée et chantée par un de ses héros........ 28

Chapitre IV. — Le comte de Tressan relate les principaux événements de l'année 1747. — Quatre lettres de Moncrif dans lesquelles il est question de la Reine et de la duchesse de Villars, d'un nouveau livre de l'abbé de Voisenon. — Le roi accorde les grandes entrées au comte d'Argenson. — La duchesse de Villars s'oppose au projet qu'avait formé le comte de Tressan de venir passer quelques jours à Versailles. — La santé de la Reine s'améliore. — Moncrif, le modèle des courtisans. — Lettres de Voltaire.................................. 45

Chapitre V. — Notions que l'on avait sur l'électricité en 1747. — Lettre d'un médecin de l'époque sur l'application de l'électricité à la médecine. — Principes du magnétisme et de l'hypnotisme exposés dans le mémoire sur la nature et les effets du fluide électrique. — Lettre de Jean Le Roy, dans laquelle il est question de philosophie, des femmes savantes et d'instruments d'optique   59

Chapitre VI. — Le comte de Tressan, gouverneur du Toulois et d'une partie de la Lorraine. — Le roi de Pologne le fait grand maréchal de sa maison. — Stanislas Leckzinski; sa vie. — La Cour de Lunéville. — Grands seigneurs et philosophes. — Les Jésuites, exilés de France, sont accueillis à la Cour de Lorraine. — La marquise de Boufflers. — Mme du Châtelet.   68

Chapitre VII. — Souvenirs du Gouverneur de Lorraine. — Création de l'Académie de Nancy. — Lettre de Frédéric II. — Lettre de la Tourette. — Suite de la correspondance de Voltaire avec le comte de Tressan. — Inauguration de la statue de Louis XV sur la place de Nancy.   87

Chapitre VIII. — Vengeance de Mme de Pompadour. — Lettre de Voltaire. — M. de Tressan est desservi auprès de la reine Marie Leczinska. — Lettre du R. P. Menou. — Querelle entre M. de la Galaizière et les magistrats de Nancy. — Le chancelier de Lorraine jugé par Saint-Lambert dans son ouvrage sur *Les Saisons*. — Chanson de ce poète sur les travers de l'époque.   103

Chapitre IX. — La Cour du grand Frédéric.   114

Chapitre X. — Émoi produit dans le camp des gens de lettres par les comédies de Palissot : le *Cercle* et la *Comédie des Philosophes*. — Rousseau tourné en ridicule demande la grâce du coupable. — Extrait du *Journal* de Barbier, dans lequel il est parlé de la *Comédie des Philosophes*. — L'abbé Morellet arrêté et conduit à la Bastille. — Le duc de Choiseul défend Palissot. — Un article de l'*Encyclopédie* intitulé *Parade*. — Le comte de Tressan entre en possession du commandement de Bitche. — Lettre de Buffon.   128

Chapitre XI. — Lettres de Voltaire datées de Lauzanne : il se montre reconnaissant envers le roi Stanislas, Mmes de Boufflers et de Bassompierre, des témoignages d'intérêt qu'il reçut de la Cour de Lorraine lors de la mort de Mme du Châtelet. — Il prévoit une guerre prochaine. — Ses réflexions à propos du *Mondain*. — Inquiet des mesures qui pourraient être prises contre lui, il prie le comte de Tressan de le renseigner sur ce qui se passe. — Lettre dans laquelle il est question du talent d'actrice de

Mme Denis et des persécutions contre Diderot et d'Alembert. — Correspondance de Voltaire aux *Délices*. 146

Chapitre XII. — Le comte de Tressan obtient la dispense de résider à Bitche. — Il se retire avec toute sa famille à la Cour de Stanislas. — Ce monarque cherche à consoler le grand maréchal de sa maison de ses malheurs. — Lettres du roi de Pologne. — Soirées de la marquise de Boufflers. — Madrigaux, chansons, épigrammes. — Voyages de Stanislas à Versailles. — Mort du Dauphin. — Lettre de M. le Dauphin au comte de Tressan. — Stanislas victime de l'accident le plus affreux. — Mort de ce prince. 165

Chapitre XIII. — Lettre de l'abbé de Saint-Cyr. — M. de Tressan cède sa collection d'histoire naturelle à la Margrave de Bade ; il prend sa retraite à Nogent-l'Artaut. — Consultation donnée par le comte de Tressan à un de ses amis. — M. de Nointel guéri de la grippe par des demoiselles de l'Opéra. — Bel exemple de reconnaissance donné par le chirurgien Le Cat, médecin de Louis XV. — La Bibliothèque des romans. — Opinion du marquis de Paulmy sur les romans de chevalerie qu'il éditait alors 181

Chapitre XIV. — Le comte de Tressan poète. — Vers qu'il fit à propos de son fils. — Il cherche à oublier ses douleurs et ses infirmités en s'abandonnant à sa muse. — Tristesses et regrets. — Voltaire, patriarche de Ferney ; il fait bâtir une église ; ses dernières lettres au comte de Tressan, lettres dans lesquelles il est parlé : des oraisons funèbres, des tracasseries éprouvées par les gens de lettres. — Diatribe violente contre le peuple français auquel il reproche d'avoir assassiné trois de ses rois. — Échange d'épîtres entre M. de Tressan et l'auteur de *Zaïre*. — Voyage de Voltaire à Paris ; sa dernière lettre, sa mort (30 mai 1778). 199

Chapitre XV. — L'hôtel de la rue Neuve-d'Orléans. — M. de Tressan se retire à Franconville. — Sa correspondance avec sa fille, la marquise de Maupeou. — Fanchon. — Saint-Lambert, témoin d'une idylle. 220

Chapitre XVI. — La comtesse d'Houdetot et Saint-Lambert deviennent voisins du comte de Tressan. — Leurs rapports avec l'ermite de Franconville. — Le chevalier de Tressan demande à prendre du service en Amérique, pendant la guerre de l'Indépendance. — Réponse de Franklin à ce propos. — Cassini s'emploie pour les fils de son ami de Tressan 235

                                                                Pages.

CHAPITRE XVII. — L'Académie française en 1780 262
CHAPITRE XVIII. — Le comte de Tressan à l'Académie. —
  Mme Riccoboni. — Mme de Genlis, dans une lettre à son
  cousin, lui exprime son vif désir d'obtenir le prix d'Utilité
  (créé par Montyon). — Profond désappointement qu'elle
  éprouve en voyant cette médaille décernée à Mme d'Épinay.
  Mme de Lawœstine. — Lettre de M. de Bastide à propos
  de l'épître du comte de Tressan à sa fille. — Mariage de
  Mlle de Tressan. — Lettre de félicitations de Buffon . . . 279
CHAPITRE XIX. — Peu de temps avant sa mort, le comte de
  Tressan évoque le souvenir de ses anciens compagnons
  d'armes. — Le duc de la Vauguyon, le comte de Croissy,
  le marquis de Charost, M. de la Faye. — Souvenir du
  siège de Phillisbourg. — Lettre du maréchal de Lowendal,
  datée du camp devant Berg-op-Zoom. — Lettre du comte
  de Brandt pendant son voyage à Madagascar et aux
  Indes. — Lettres des princes de Nassau et de Bauffremont.
  — Le duc de Nivernais 296
CHAPITRE XX. — Fontenelle. — Lettre de son petit-fils. —
  M. de Musset raconte un exemple bien curieux de pres-
  sentiment. — Mort de d'Alembert. — Mlle de Lespinasse.
  Derniers moments du comte de Tressan. — Bailly pro-
  nonce son éloge 311
APPENDICE 325
Certificat auquel Voltaire fait allusion dans sa lettre datée
  des *Délices*, le 16 août 1760 327
Lettre du Dauphin, fils de Louis XV, au comte de Tressan. 329
Passeport délivré (pendant l'émigration) à l'abbé de Tressan,
  par S. M. le Roi Louis XVIII 330
Réfutation de l'*Homme-Machine* de La Métrie 331
Différends entre le Commandant militaire de Boulogne et les
  autorités de cette ville 334
A Monsieur de Moncrif 337
Extrait d'une lettre du roi Stanislas à la Reine Marie, du
  12 novembre 1765 340
Discours de M. le comte de Tressan, prononcé à l'Académie
  française le 25 janvier 1781, lorsqu'il fut reçu à la place
  de M. l'abbé de Condillac 341
Réponse de M. l'abbé Delille, directeur de l'Académie française, au discours de M. le comte de Tressan 352
Portrait historique de Stanislas-le-Bienfaisant 361

VERSAILLES. — IMPRIMERIE HENRY LEBON, RUE DU POTAGER, 17.

www.ingramcontent.com/pod-product-compliance
Lightning Source LLC
Chambersburg PA
CBHW050431170426
43201CB00008B/621